D1618748

Böhlau

Herausgeber
K.a.V. Norica
Philisterverband

Ernst Bruckmüller
Engelbert Schragl
(Red.)

Kompetenz und Solidarität

125 Jahre Norica

Böhlau Verlag Wien · Köln · Weimar

Bitte beachten Sie die Inserate
am Schluss dieses Sammelbandes.

Bibliografische Information der Deutschen Bibliothek.
Die Deutsche Bibliothek verzeichnet diese Publikation
in der Deutschen Nationalbibliografie; detaillierte
bibliografische Daten sind im Internet über
http://dnb.ddb.de abrufbar.

ISBN 978-3-205-78285-8

© 2008 by Böhlau Verlag Ges. m. b. H. & Co. KG, Wien · Köln · Weimar
http://www.boehlau.at
http://www.boehlau.de

Gedruckt auf umweltfreundlichem, chlor- und säurefrei gebleichtem Papier.
Druck: CPI Moravia books, CZ-691 23 Pohořelice

Inhalt

Vorwort des Philisterseniors

Der primäre Zweck der Gründung katholischer Studentenverbindungen, beginnend im 19. Jahrhundert, war ein weltanschaulicher, inhaltlicher: Es galt, an den Universitäten dem dort dominierenden national-freiheitlichen Gedankengut das katholische entgegenzusetzen. Des Weiteren war die akademische Ausbildung als vom katholischen Bürgertum verstärkt wahrzunehmende Chance zu sehen, dem vertretenen Weltbild gesellschaftspolitische Wirksamkeit zu verleihen. Die im universitären Bereich geläufigen burschenschaftlichen Formen und Gebräuche (mit Ausnahme des katholischerseits abzulehnenden Duellwesens) zu übernehmen war Ausdruck üblicher Geselligkeit, sollte die Resonanz in der Studentenschaft begünstigen und ein vermeintliches Vorrecht der Burschenschaften pars pro toto in Abrede stellen. Speziell hervorzuheben ist das Farbentragen, also das Auftreten in Couleur. Die hiefür nötige Courage der katholisch Korporierten rechtfertigt die Assoziation »Farbe bekennen« als bleibendes Essentiale. Was den übrigen studentischen Comment betrifft, haben es die katholischen Verbindungen stets verstanden, zwischen Tradition und Traditionalismus zu unterscheiden.

Für die katholischen Verbindungen war schon aus ihrer Gründungsintention stets eine Dominanz des Inhaltlichen signifikant. Dies verdient deshalb in Erinnerung gerufen zu werden, weil das aus geschichtlichem Wissen genährte Urteilsvermögen an Sensibilität verloren hat und nicht geläufige äußere Erscheinungsformen leicht unrichtige Zuordnungen erfahren.

Der vorliegende Sammelband, von der ersten CV-Verbindung Wiens zu ihrem 125-jährigen Bestandsjubiläum herausgegeben, zeigt durch die Art und Vielfalt der Themen und durch die Art ihrer Behandlung, dass die Jubilarin trotz ihres hohen Alters keineswegs rückwärtsgewandt ist. Wo Geschichtliches reflektiert wird, geschieht es mit dem Blick in die Zukunft. Wo der Blick ins korporative Innere gekehrt ist, dient es der Erforschung dessen, was an uns liegt, nach außen zu wirken.

Dass alte Ziele unter sich wandelnden Gegebenheiten immer neu zu verfolgen sind, zeigt sich beispielsweise am Prinzip der Katholizität. Ihr in der akademischen Gesellschaft Raum und Gehör zu verschaffen war vornehmliches Ziel der katholischen Verbindungsgründungen. Heute ist die Katholizität, der christliche Glaube insgesamt, in anderer Weise und wesentlich stärker gefährdet als damals.

Insgesamt mangelt es nicht an uns gestellten Aufgaben. Generationenverbund und Fächerverbund, Interdisziplinarität als markante Spezifika der akademischen Verbindung schaffen optimale Voraussetzungen für vernetztes Denken, Diskussionskultur und aktive wie passive Kritikfähigkeit. Möge dieses aus der Gemeinschaft erwachsende Pozential gegen den zeitgeistigen Zug zu Egoismus, kurzgreifendem Utilitarismus und Hedonismus Bestand haben und die gebotene Wertschätzung und Nutzung finden, um in sich ändernden gesellschaftlichen Rahmenbedingungen die Zukunftsfähigkeit christlicher Lösungsansätze zum Wohle der Gesellschaft herauszuarbeiten.

Georg Krasser
Philistersenior

Ernst Bruckmüller und
Engelbert Schragl

Einleitung

Die Gründung der ersten Verbindungen des Cartellverbandes in Deutschland fiel in bewegte Zeiten. »Katholisch« und »akademisch« erschienen den herrschenden liberalen Anschauungen als unauflösliche Widersprüche. Allenfalls auf den theologischen Fakultäten durfte man sich als Katholik bekennen. Tatsächlich fanden die frühen Verbindungen auch hier ihre ersten Mitglieder. In Preußen entbrannte zwischen der in einer Minderheitssituation befindlichen katholischen Kirche und den herrschenden Kräften eine massive Auseinandersetzung, der »Kulturkampf«. Katholische Verbindungen bezogen hier eine klare Position: Es musste möglich sein, auch als gläubiger Katholik ein Studium an einer wissenschaftlichen Hochschule zu absolvieren und selbst wissenschaftlich zu arbeiten, ohne Beeinträchtigung des akademischen Anspruchs.

In Österreich entstanden die ersten katholischen Verbindungen etwas später. Die Gründung der Katholischen akademischen Verbindung Norica in Wien 1883 fällt noch in die Phase der Herrschaft eines kämpferischen Freisinns an den Universitäten, während dessen politische Herrschaft seit 1879 eigentlich bereits gebrochen war. Die Gründung katholischer Verbindungen auch in Österreich war in dieser Auseinandersetzung ein Mittel, katholischer Gesinnung auch auf Hochschulboden Anerkennung und Gleichberechtigung zu erkämpfen.

Was waren die Ziele dieser damals neuen katholischen Verbindungen? Vorrangig ging es um die Heranbildung einer katholischen Intelligenzschicht, durch gegenseitiges Beispiel, freundschaftlichen Umgang, verbunden mit persönlichem Engagement in Kirche, Staat, Gesellschaft und den Hohen Schulen. So formulierte man von Beginn an als Prinzipien: *religio, scientia* und *amicitia*, später (seit 1908) zusätzlich *patria*. Tatsächlich stellten die jungen österreichischen CV-Verbindungen dem politischen Katholizismus in seiner Formierungsphase bald die zunächst noch fehlende universitär gebildete Elite zur Verfügung

An den Grundsätzen wurde seit der Gründung bis heute auch unter wesentlich geänderten Verhältnissen unverändert festgehalten. Sie sind bis heute unbestritten. Aber geben sie in der Gegenwart und Zukunft für junge Menschen Sinn und Perspektiven? Haben Gemeinschaften wie farbentragende Studentenverbindungen mit ihrer mehrhundertjährigen Tradition (wenigstens in einigen ihrer Formen) in einer Welt der fortschreitenden Individualisierung und der Infragestellung von Gruppen- und Selbstdisziplin noch Sinn und Anreiz? Darauf einfache Antworten zu suchen wäre wohl verfehlt. Patentrezepte versagen.

So hat sich der Philisterverband, also die »Alten« in der Verbindung, aus Anlass des 125-jährigen Bestehens der K.a.V. Norica entschieden, mehrere Mitglieder der Verbindung um Beiträge zu bitten, die einzelne Aspekte der Realisierung der Prinzipien im Rahmen eines Sammelbandes in durchaus persönlicher Sicht darstellen sollen. »Kompetenz und Solidarität« erschienen den Herausgebern als jene Begriffe, die zentrale Aspekte des Lebens in und mit einer CV-Verbindung im 20. und 21. Jahrhundert benennen. Historische Erklärungen, Reflexionen und Erfahrungsberichte stehen dabei gleichberechtigt nebeneinander, Ratschläge und Möglichkeiten der Weiterentwicklung haben ebenfalls ihren Platz.

Thematische Schwerpunkte sind zunächst der soziokulturelle Wandel, seine Auswirkungen auf die Verbindung, aber auch der Beitrag bedeutender Mitglieder zur Reflexion und Gestaltung dieses Prozesses (Wolfgang Mantl); ferner Europäisierung und Internationalisierung (Benno Koch, Michael Schweitzer) als zentrale Prozesse der Gegenwart; ebenso Veränderungen im universitären Umfeld (Heinz Krejci, Michael Lang). Immer stand in der Norica der katholische Glaube im Mittelpunkt, sein Stellenwert im Leben wird von drei Noricern diskursiv erörtert (Romeo Reichel, Max Figl, Wolfgang Moser). Die Erfahrung von Vernetzung und Kompetenz in einem Lebensbund stellt Christian Sonnweber dar. Unter dem Titel »Männerbund und Neue Frau« wird aus der konkreten Erfahrung der letzten 25 Jahre das Thema der möglichen Integration von Studentinnen in das Leben einer farbentragenden Verbindung behandelt, wobei Versuche nüchterner Analysen neben dem Ausdruck persönlicher Betroffenheit stehen (Ernst Bruckmüller, Michaela Steinacker, Elmar Puck).

Das Wirken der akademischen Verbindung Norica war stets von starkem gesellschaftspolitischen Engagement gekennzeichnet. Dieser Sammelband soll Diskussionsbeiträge für die weitere Entwicklung der Norica, für den CV und über den Cartellverband hinaus für mögliche Zukunftsperspektiven, auch im Hinblick auf die akademische Jugend, bieten. Sollten sich daraus lebhafte Debatten über die zukünftige Gestaltung der Verbindung und des Cartellverbandes ergeben, dann wäre das Ziel dieser Publikation erreicht.

Wien, im Juli 2008

Wolfgang Mantl

Produktive Einpassung in die geschichtliche Welt. Norica und der soziokulturelle Wandel der letzten 125 Jahre

»Reichlicher Gerechtigkeit also und reichlicher Besonnen-
heit bedürfen die, denen es am besten zu gehen scheint und
die im Genusse all dessen sind, was glücklich gepriesen
wird, wie wenn es beispielsweise welche gibt, die, wie die
Dichter behaupten, ›auf den Inseln der Seligen‹ wohnen.«
Aristoteles[1]

I. Abenddämmerung der Monarchie und Instabilität der Ersten Republik

»Das Einseitige ist niemals das Katholische und jeder
Fanatismus ist unkatholisch, auch wenn er sich auf die an-
geblich katholischesten Gegenstände richtet.«
Ignaz Seipel[2]

Neuere und neueste Geschichte sind trotz zahlreicher Detailarbeiten und Gesamt-darstellungen alles eher als fraglos akzeptiert. Es gibt immer von neuem Interpreta-tionskonflikte – auch unter politischer Instrumentalisierung für die Gegenwart und ihre konkurrierenden Parteien und Gruppen. Während viele Juristen, Betriebswirte, Mediziner und Techniker immer geschichtsferner leben, stehen die »Erinnerungs-felder« der Geistes- und Sozialwissenschafter in voller Blüte, zumindest in Anbe-tracht der Zeiten seit 1848.

Alteuropäische Befindlichkeiten wurden in einer ersten Welle durch Humanis-mus, Renaissance, Reformation und Katholische Reform verändert, in einer zweiten Welle durch die Aufklärung mit ihren Postulaten des Selbstdenkens, der Mündig-

---

1   Aristoteles, Politik, Siebentes Buch. Stuttgart 1989, 359. – Das Bild der »Insel der Seligen« findet sich schon bei Homer, Hesiod und Pindar.
2   Ignaz Seipel, Katholizismus und Gegenwart. Eröffnungsvortrag einer im Festsaale der Wiener Hofburg vom Akademischen Verein »Logos« veranstalteten »Katholischen Woche« am 4. Mai 1924. In: Josef Geßl (Hg.), Seipels Reden in Österreich und anderwärts. Wien 1926, 133.

keit, der Urteils- und Kritikfähigkeit, wodurch eine Autoritätsskepsis gegenüber »Vorgaben« von Staat und Kirche entstand, im religiösen Bereich besonders auch als Kampf gegen den Aberglauben, positiv gesehen mit dem Ruf nach Öffentlichkeit, Wettbewerb und Toleranz. Der Rationalismus der Aufklärung brachte eine Distanzierung eines Gutteils der Reflexionseliten vom religiösen Leben (Wissenschaft, Kunst und Freimaurertum als »Religionsersatz« der Intellektuellen). Religion wird immer mehr zum Proprium des einfachen Mannes, (Offenbarungs-) Religion und vor allem die katholische Kirche erscheinen als Ort von Finsternis, Priestertrug sowie als »Störfaktor« im naturwissenschaftlich-technisch fundierten Modernisierungsprozess des Lebens. Innerkirchlich liegen die Jansenisten und andere reformkatholische Strömungen im Streit mit den Jesuiten und der Kurie. Utilitaristische Erwägungen verschärfen die Zölibatsdiskussion und die Ordensskepsis. »Entkirchlichung« erfolgt im Sinne einer Herabstufung der Kirchen zu Religionsgesellschaften, zu Privatvereinen, zur Privatsache. Dies wirkt als kulturpolitisches Postulat über die Aufklärung und den Liberalismus hinein in den Säkularismus und Sozialismus des 20. Jahrhunderts. Freilich erweist sich die Volksfrömmigkeit als dauerhaft widerständig. Die Stärke der Volksfrömmigkeit zeigt sich in Österreich in der Auseinandersetzung mit den religionspraktischen Anweisungen des Josephinismus.

Aufklärung, bürgerliche Revolutionen und Reformen, das Ende des Heiligen Römischen Reiches und mit ihm der Untergang des ottonischen Reichskirchensystems in der Säkularisation durch den Reichsdeputationshauptschluss 1803 zerstören die alten Formen der Weltverankerung und der Staatsnähe der Kirche. Die adelige Feudalkirche wird zur Volkskirche, die sich viel stärker als früher an das Papsttum wendet, 1870 durch den Verlust des Kirchenstaates noch akzentuiert. Es kommt zu einer romorientierten Konzentration der Lebens- und Widerstandskräfte der Universalkirche im Bündnis mit dem Kirchenvolk, das im Übergang zur bürgerlichen Gesellschaft, zum konstitutionellen Staat einer »liberalen Systemkonstruktion« und zum kapitalistischen Industriesystem nach neuer Artikulation und Aggregation mit den historisch nunmehr verfügbaren Instrumenten in den Institutionen des Rechtsstaates suchen muss (Grundrechte des Gemeinschaftslebens). Romantik und Restauration bilden auch in Österreich noch einmal eine Rückwendung zur Symbiose historischer Mächte, vermögen aber nicht mehr dauernde Beruhigung und Sicherung zu geben. Die volkskirchliche Aktivierung manifestiert sich im katholischen Vereins- und Verbandswesen, dann in gesamteuropäischer Perspektive auch durch einen parteipolitischen Katholizismus[3], der von der Belgischen Revolution 1830 bis

---

3   Zur Einführung: Mariano Delgado/David Neuhold (Hg.), Politik aus christlicher Verantwortung. Ein Ländervergleich Österreich-Schweiz, Innsbruck-Wien-Bozen 2008. – Karl-Egon Lönne, Politi-

zum Beginn des Zweiten Vatikanischen Konzils 1962 seinen Hauptausdruck findet.

Österreich, mit einem Apostolischen Monarchen an der Spitze, der auch den Titel »König von Jerusalem« führte, geriet nach 1848/49 außen- wie innenpolitisch in immer größere Schwierigkeiten: Die Spannungselemente entladen sich auch in Österreich in Kulturkämpfen mit enragierter Begleitmusik. Liberale Wirtschaftsprozesse wurden nach dem Wiener Börsenkrach von 1873 wieder von einer politischen Kultur des Etatismus überlagert, die ihre Reformerwartungen in die Leistungsfähigkeit des Staates legte, eine Haltung, die bis zum »Zeitenbruch« von 1989/90 (und darüber hinaus) anhielt. Der Liberalismus bedeutete ja immer nur eine rechtsstaatliche Modifizierung eines bereits vorhandenen Staates, nicht seine vollständige Neugestaltung oder gar Abschaffung. In dieser Welt eines florierenden Bürgertums haben Bauern, Handwerker, Kleingewerbetreibende, Angestellte, »kleine« Beamte, Arbeiter, aber auch der niedere und mittlere Klerus große Modernisierungsprobleme. Ihre Einpassung in die moderne Welt erfolgt in Wahrheit erst in der Mitte des 20. Jahrhunderts. Um die Proportionen zu wahren, müssen wir uns freilich bewusst sein, dass wir die Welt im Allgemeinen heutzutage mit »liberalen Brillen« sehen, wodurch bisweilen die spezifische Legitimität vormoderner Ideensysteme und -bewegungen im Pluralismus unterbewertet wird: Die Jahrhunderte während Geborgenheit und Beheimatung der Mehrzahl der Bevölkerung im österreichischen Katholizismus ist etwas, was man nicht leichten Herzens preisgab. Die Aufklärung wurde der Kompass der Moderne. Gerade Wien war das kreative Milieu einer liberalen Spätkultur, oft Kompensation für die schwindende Leistungskraft der liberalen Eliten von Besitz und Bildung in Politik und Wirtschaft.

Die Generation der Söhne und Töchter der liberalen Gründergeneration wandte sich Wissenschaft und Kunst zu, in Distanz zu Dynastie und Kirche.

Österreich wurde internationalpolitisch immer isolierter: Friede von Paris 1856, militärische Niederlagen 1859 und 1866, schließlich dann der desaströse Erste Weltkrieg. Dazwischen militärische Operationen mit mühsamem Verlauf: 1864 und 1878. Erschütternd ist es, den Gesamtduktus des Abstiegs Österreichs von der Großmacht der Mitte des 19. Jahrhunderts bis zur Dismembratio im Jahre 1918 zu beobachten. Innenpolitisch verlief der Konstitutionalisierungsvorgang Österreichs 1848 bis 1867, dann mit der konservativen Wende unter Eduard Graf Taaffe 1879 bis 1893 immer wieder mit starken Friktionen, gerade auch angesichts der überaus virulenten nationalen und sozialen Fragen.

---

scher Katholizismus im 19. und 20. Jahrhundert, Frankfurt/Main 1986. – Hans Maier, Revolution und Kirche. Zur Frühgeschichte der christlichen Demokratie, München [5]1988. – Wolfgang Mantl, Politikanalysen. Untersuchungen zur pluralistischen Demokratie. Wien-Köln-Graz 2007 (das letzte Drittel dieses Bandes vereint Aufsätze zu diesem Themenkomplex).

Es fehlten in Österreich[4] wichtige Auffang- und Regenerationspositionen:

1. Es mangelte an einem liberalen Konservativismus (akzeptable Kombination von Freiheit und Ordnung), wie ihn der Westen in Edmund Burke und Alexis de Tocqueville fand.

2. Es fehlte ein dezidiert aufgeschlossener Reformkatholizismus (immerhin gab es Ansätze: der Kirchenhistoriker Albert Ehrhard während seiner Wiener Professur, gerade auch im Kontakt mit dem wachsenden CV, der junge Ignaz Seipel in seiner Salzburger Zeit und der »Brenner-Kreis« um Ludwig von Ficker in Innsbruck).

3. Und die simpelste wirkmächtige Auffangposition, wie immer man sie bewerten mag, ein gesamtstaatlicher Nationalismus, fehlte im Habsburgerreich erst recht, wurde mit immer schwächerer Wirkung durch eine dynastische Loyalität ersetzt. Freilich muss gesagt werden: Es ist kein Wunder, dass Österreich-Ungarn im Ersten Weltkrieg unterging, es ist jedoch ein Wunder, dass es so lange standhielt.

Bei aller Kritik an Verspätung, Verwerfung und Verschulden der österreichischen Katholiken darf nicht übersehen werden, dass sie auch in den Herausforderungen von Aufklärung und Liberalismus, dann auch in dessen Gefolge des Austromarxismus ältere Wurzeln aus der vormodernen Zeit zu bewahren trachteten, die für die menschliche Existenz gerade auch in unromantischer Form wichtig sind, dass christliche Tradition, dass Glaube und Religion anthropologische Existenziale sind und einer institutionellen Figuration (Kirche) bedürfen.

Brennpunkt des fluoreszierenden Glanzes kultureller Schöpferkraft in Wissenschaft und Kunst, aber auch wirtschaftliches Zentrum war Wien mit einer von der »Ringstraße« ausgehenden mitteleuropäischen Ausstrahlung, wenn auch das graue Elend der Vorstädte nicht übersehen werden darf. In Wien fielen die Entscheidun-

---

4 Österreich in der franzisko-josephinischen Periode, unter besonderer Berücksichtigung der katholischen Positionen, jeweils mit weiterer Literatur: Emil Brix/Wolfgang Mantl (Hg.), Liberalismus. Interpretationen und Perspektiven, Wien-Köln-Graz 1996. – Ernst Bruckmüller, Nation Österreich. Kulturelles Bewußtsein und gesellschaftlich-politische Prozesse, Wien-Köln-Graz ²1996 (englisch 2003). – Ders., Sozialgeschichte Österreichs. Wien-München ²2001 (auch ins Französische übersetzt). – Friedrich Funder, Vom Gestern ins Heute. Aus dem Kaiserreich in die Republik. Wien-München ³1971. – Johannes Hawlik, Der Bürgerkaiser. Karl Lueger und seine Zeit. Wien-München 1983. – Reinhold Knoll, Zur Tradition der christlichsozialen Partei. Ihre Früh- und Entwicklungsgeschichte bis zu den Reichsratswahlen 1907, Wien-Köln-Graz 1973. – Jürgen Nautz/Richard Vahrenkamp (Hg.), Die Wiener Jahrhundertwende. Einflüsse – Umwelt – Wirkungen. Wien-Köln-Graz ²1996. – Peter G. J. Pulzer, Die Entstehung des politischen Antisemitismus in Deutschland und Österreich 1867 bis 1914, Gütersloh 1966. – Helmut Rumpler, Eine Chance für Mitteleuropa. Bürgerliche Emanzipation und Staatszerfall in der Habsburgermonarchie (Österreichische Geschichte, hg. v. Herwig Wolfram, 1804–1914), Wien 1997. – Gerhard Silberbauer, Österreichs Katholiken und die Arbeiterfrage. Graz-Wien-Köln 1966.

gen, prägten sich Entwicklungen und Katastrophen aus. Wien war sich seines »Allegro maestoso« sicher.

*

Im Selbstverständnis des katholischen Farbstudententums, namentlich des Cartellverbandes (CV), liegt in der Gründungsphase so etwas wie eine Anfangslegitimität als eine spezifische und adäquate Antwort auf einen historischen »Challenge« des österreichischen Katholizismus in der zweiten Hälfte des 19. Jahrhunderts. Diese katholische Antwort richtete sich gegen den kulturkämpferischen, kirchenfeindlichen Liberalismus der Maigesetze 1868 und 1874, den Liberalismus der Aufkündigung des Konkordats, der dann später immer mehr deutschnationale Züge und einen stark antikatholischen Affekt in der Los-von-Rom-Bewegung annahm. Viele in unserem historischen Repertoire vorhandene Interpretationsmuster fordern heute eine kritischere Interpretation, als sie sehr oft vollmundig auf Festen und Kommersen geboten wird (vor allem was Deutschnationalismus und Antisemitismus betrifft). Brüche, Versagen und Unvollkommenheiten dürfen nicht bagatellisiert werden. Erklärungen sind keine »Entschuldigung«, keine Beschönigung oder gar Rechtfertigung.

Aus dem katholischen Milieu von Vereinen und Verbänden, aus der Pressearbeit, aber auch in der Nähe von Parteigründungen (zuerst katholisch-konservative, dann christlich-soziale) in Österreich entstanden die bis heute existierenden katholischen Studentenverbindungen.[5] 1864 wurde die »Austria« in Innsbruck gegründet, 1876 die Wiener »Austria«, zuerst als Leseverein konstituiert, 1883 dann die »Norica« als erste katholische farbstudentische Korporation in Wien sowie 1888 die »Carolina« in Graz, denen um die Jahrhundertwende ein breites Feld von weiteren Gruppen und Gründungen folgte.

---

5   Aus der reichhaltigen Literatur seien vor allem Arbeiten, die sich auf den Gesamtverband beziehen, genannt. Sie enthalten immer wieder auch Hinweise auf die Festschriften und Publikationen der einzelnen Verbindungen: Urs Altermatt (Hg.), »Den Riesenkampf mit dieser Zeit zu wagen…« Schweizerischer Studentenverein 1841–1991. Luzern 1993. – 150 Jahre CV (CV und ÖCV). Regensburg-Wien 2006. – Friedrich Funder, Das weiß-blau-goldene Band. »Norica«: Fünfzig Jahre Wiener katholischen Studententums. Innsbruck 1933. – Ders./Gustav Blenk/Otto Tschulik: 75 Jahre Norica. Wien o. J. (1961). – Gerhard Hartmann, Für Gott und Vaterland. Geschichte und Wirken des CV in Österreich. Kevelaer 2006 (die umfassendste Darstellung, gestützt auf zahlreiche Literatur und archivalische Quellen, mit präzise detaillierten Registern; derzeit die beste verfügbare Darstellung, eine wahre »Fundgrube«.) – 100 Jahre Norica – 50 Jahre ÖCV. O.O. (Wien) o. J. (1983). – Maximilian Liebmann (die Schriften zum katholischen Farbstudententum) machen einen Gutteil seiner großen wissenschaftlichen Arbeit aus. Übersicht im Literaturverzeichnis bei Gerhard Hartmann). – Bernhard Moser/Otto Tschulik, 100 Jahre Norica. Wien 1987. – Gerhard Popp, CV in Österreich 1864–1938. Organisation, Binnenstruktur und politische Funktion. Wien-Köln-Graz 1984.

Im Dezember 1883 wurde von acht Studenten die »Norica« gegründet. Sie trug von Anfang an progressivere Züge als die konservativere »Austria«, was auch bald zu einer Annäherung und Zusammenarbeit vieler Mitglieder mit der Christlich-sozialen Partei führte. Freilich auch mit all den heute so fremden, ja beschämenden Grellheiten des Deutschnationalismus und des Antisemitismus, der sich in der historischen Gesamtbeurteilung als Skandal erwies. Nach einer ersten Krise in der Mitte der 80er-Jahre trug Norica bis zur Jahrhundertwende zahlreiche Auseinandersetzungen mit den Schlagenden aus (1884, 1889, 1895, 1896, 1899, 1901 und 1903). Sehr früh begann Norica eine soziopolitische Integrationsrolle zwischen Katholisch-Konservativen und Christlichsozialen zu spielen (auf dem Festkommers unter dem Präsidium der Norica vom 13. November 1894 zur Eröffnung des ersten niederösterreichischen Katholikentages in Wien im Musikvereinssaal trafen Alfred Ebenhoch als CVer und Repräsentant der Katholisch-Konservativen und Karl Lueger, dem späteren Ehrenmitglied der Norica und Haupt der jungen Christlichsozialen, freundschaftlich aufeinander). Lueger erhielt auf dem Weihnachtskommers 1900 die Ehrenmitgliedschaft, 20 Jahre vor Ignaz Seipel. Es kam dann zu sehr konkreter Zusammenarbeit auch unter der geistigen Begleitung Franz Martin Schindlers mit einem breit gespannten Personenspektrum von Leopold Kunschak bis zu Aloys Prinz Liechtenstein. Die Eigenständigkeit katholischer Positionen verkörperte sich in dem freilich nur kurze Zeit in Wien wirkenden Kirchenhistoriker Albert Ehrhard und dem in Rom durchaus nicht unumstrittenen Bibelübersetzer aus den Reihen der Norica, Nivard Schlögl. Anfängliche Kontakte der Norica mit slawisch-katholischen Vereinigungen standen den Flächenbrand der nationalen Krisen der zweiten Hälfte der 90er-Jahre des 19. Jahrhunderts nicht durch.

Der für neue soziale Schichten so schwierige, schmerzhafte und langsame Prozess der Akkommodation in die Aufklärungswelt wurde nicht zuletzt durch Noricer vorwärtsgebracht. Es waren historische Ereignisse und Strukturerrungenschaften, die den Öffnungsprozess der Norica und des Cartellverbandes förderten:

1. Die Auseinandersetzung mit den Schlagenden zwang immer wieder zum Durchdenken der eigenen Position.
2. Die heute durchaus mit anderen Scheinwerfern zu beleuchtende Wahrmund-Affäre 1907/08 bedeutete auch über die Alltagsauseinandersetzung hinaus eine geistige Anstrengung, die freilich noch bis in die Mitte des 20. Jahrhunderts zu ihrer wissenschaftsadäquaten Reifung brauchte.
3. Von größter Bedeutung ist die Binnenkultur der Norica und der katholischen Verbindungen gewesen. Die Demokratie der Verbindungen führte mit ihrer dialogisch-rhetorischen Struktur unvermeidlich in die Zukunft und wandelte das katholische Milieu im Ganzen letztlich mit, in einer Avantgarde-Rolle der Norica. Mit dem Zweiten Vatikanischen Konzil wurde die innerkirchliche Entwicklung

zu Offenheit und Toleranz bei unverlierbarer Glaubenstiefe »positiviert«. Damit zusammenhängend führten auch die Auseinandersetzungen innerhalb der Verbindungsorgane zu notwendigen Kompromissen und zu einer lebendigen Politik, um erfolgreich zu sein: Organisationsstärke ohne Organisationsidolatrie. Die Spitzenchargen brauchten eine Verantwortungsethik, aber durchaus auch in den besten Repräsentanten charismatische Beweglichkeit.

Verschiedene verbindungsrechtliche Positionen schaffen Pluralität: Anwartschaft, Vollmitglied (Bandinhaber oder Ehrenmitglieder sind in der Anfangsphase besonders wichtig zur Verbreiterung der gesellschaftlichen Basis und Resonanz), Alter Herr. Die Altherrenschaft ist eine große Errungenschaft, wie sie durch die »Alumni« der US-Universitäten vertraut ist. Lebenslange Mitgliedschaft kann manchmal zu Enge führen, aber im besseren Fall zur Sicherung von Kontinuität und Krisenfestigkeit. Die Arbeitsweise einer Verbindung entspricht einer demokratisch-rechtsstaatlichen Verfassung, einer liberalen Systemkonstruktion: Wahlprinzip, Parlament und Exekutive, kurze Funktionsperioden, Verantwortlichkeit durch Entlastung/Dechargierung gewährleistet.

4. Weltgewinn ist immer mit Bildung verknüpft, das ist eine jüdisch-christliche, griechisch-römische Erfahrung, die durch die ganze europäische Geschichte reicht und auch als »Türöffner« zur Aufklärungswelt wirksam geworden ist.

So schmerzlich und nervenaufreibend bisweilen die Auseinandersetzungen zwischen verschiedenen Richtungen sein konnten, mit Dissidenten wie Anton Orel und Josef Dobretsberger, mit heute fast vergessenen eigenwilligen Persönlichkeiten wie dem Kirchenrechtler Johannes Hollnsteiner, so wichtig ist dies auch für die Kreativität geistigen Lebens junger und alter Verbindungsmitglieder. All dies zwingt jenseits der Gesinnungsrhetorik zum verantworteten Dienstethos.

Die innere Integration der Norica und des Verbandes wurde sehr früh mitgeprägt durch die Person Robert Krassers, beginnend mit seinen beiden herausragenden Senioraten 1903/04, seiner über vierzigjährigen Tätigkeit als Philistersenior von 1913 bis 1956 und seiner »Gründerfunktion« 1933 und 1945.

*

Zentralfigur dieser Periode, gerade auch für die Norica, war Karl Lueger, der Bürgermeister Wiens von 1897 bis 1910, der das Ende der Adelsherrschaft in Österreich bedeutet, noch vor der Sozialdemokratie, die erst 1918 zum Zug kam. Lueger war ein exemplarisch moderner Bürgermeister, von mitteleuropäischer, ja gesamteuropäischer Resonanz. Auch bei ihm finden sich die so befremdenden antisemitischen Äußerungen, aber andererseits eine geradezu »links« anmutende Kommunalpolitik mit den interventionistischen Eingriffen, die bis heute noch ihre Wirkung zeigen (z. B. Zweite Hochquellenwasserleitung, viele Schulen und Kirchen, Spitäler und Altersheime, Wald- und Wiesengürtel, Ausbau des Zentralfriedhofes). So ist auch Norica in die politische Kultur des Etatismus der späten Monarchie hineingewachsen. Luegers Tod 1910 leitete eine Schwächephase des österreichischen Katholizismus ein, nicht nur seiner parteimäßigen Formationen, die erst zehn Jahre später von Ignaz Seipel aufgefangen werden konnte. Lueger, der erst nach fünfmaliger Wahl zum Bürgermeister die kaiserliche Bestätigung erhalten hatte, sagte in seiner Antrittsrede am 20. April 1897: »Wir sind verpflichtet, für die Größe unseres Vaterlandes Österreich zu wirken und für sein Erstarken auch unter widrigen Verhältnissen einzutreten.«[6]

Der CV und die christlichsoziale Politik fanden, trotz verschiedener Anklagen in Rom von konservativer kirchlicher Seite, die Anerkennung durch Papst Leo XIII., der jedoch 1895 monierte, dass der Antisemitismus überwunden werden müsse. Ein Bild Karl Luegers soll auf dem Schreibtisch dieses Papstes gestanden sein.

*

Karl Luegers Begräbnis 1910 und das Kaiser Franz Josephs 1916 (dazwischen der Internationale Eucharistische Kongress in Wien 1912) gaben dem österreichischen Katholizismus noch einmal das Gefühl gesicherten Bestands. Doch waren in der Gesamtstimmung die verhaltenen Trommelschläge der Trauermärsche nicht zu überhören. Der Untergang der Habsburgermonarchie im Herbst 1918 löste durchaus verschiedene Empfindungen aus. Für das österreichische Bürgertum trug er die Signatur eines großen schmerzlichen Umbruchs, während er für die proletarischen Schichten Aufbruchstimmung bedeutete. In der Bauernschaft ist ein West-Ost-Gefälle festzustellen: im Westen stärkere Bereitschaft, den Übergang zur Republik zu akzeptieren (Vizekanzler Jodok Fink aus Vorarlberg), im Osten eine größere emotionelle Bindung an die Monarchie (der spätere Bundespräsident Wilhelm Miklas stimmte für die Beibehaltung der Monarchie).

Was den einen als Periode der Deklassierung und Unsicherheit erschien, ließ die anderen durch Hunger und Arbeitslosigkeit hindurch dennoch die Morgenröte einer neuen und besseren Welt erhoffen. Die politischen Handlungsspielräume nach der Niederlage waren freilich eng, wobei nicht nur eine militärische Besetzung durch die Entente, sondern auch die Einstellung ihrer Lebensmittel- und Kohlelieferungen befürchtet werden musste. Wer den Bürgerkrieg vermeiden wollte, hatte bei aller Heterogenität der den politischen »Lagern« maßgeblichen Werte kein wei-

---

6 Dr. Karl Lueger, 1844–1910. Dokumentation anlässlich der Lueger-Ausstellung Februar 1983. Wien o. J. (1983), 39.

tes politisches Ermessen, das eben durch die katastrophale Wirtschaftslage und die außenpolitische Isolierung sehr eingeschränkt war.

Was damals im Vordergrund stand, ist heute in die Ferne der Historizität entrückt. Es gab Zäsuren, wie das damals als so einschneidend empfundene Ende der Monarchie nach mehr als 600-jähriger Präsenz der Habsburger in Österreich. Herrscherhaus, Adel und Armee schieden als politische Faktoren aus. Es gab die Umwandlung in den österreichischen Bundesstaat, jedoch keine Sozialisierung und keine Autonomisierung in Gestalt von gestuften Selbstverwaltungskörpern, wie Karl Renner dies immer wieder erwog. Es gab freilich auch Kontinuität durch die schon in der Monarchie herangewachsenen politischen Parteien und – noch älter – die Kirchen sowie die Bürokratie und die historischen Gemeinden und Länder.

Eine gleichsam dominante Zeitgeisthaltung war die deutschnationale Idee und die Anschlussbewegung als vermeintlicher Ausweg aus der österreichischen Malaise. 1931 schrieb der österreichische Komponist Ernst Krenek: »Die fanatische Selbstaufgabe, diese Leidenschaft, nicht mehr als Österreicher weiter existieren zu wollen, dieser kuriose Kinderglaube, mit einem für leer gehaltenen Begriff auch alles mit ihm in Verbindung gebrachte Elend über Nacht loswerden zu können – gerade diese Negationen sind so spezifisch österreichische Inhalte, dass sie allein schon die Realität des Begriffs ›Österreich‹ beweisen könnten.«[7]

Die Konstituierung der Republik Österreich[8] erfolgte nicht im traditionslosen Raum: Die seit 1848/49 und 1867 in Österreich herausgebildete »liberale Systemkonstruktion« der rechtlichen Ordnung (nicht notwendigerweise der gesellschaftlichen Ordnung) des menschlichen Zusammenlebens kristallisierte sich – mit begreiflichen Modifikationen – in der Bundesverfassung von 1920 doch wieder heraus und erwies sich in der Folge als bestandskräftig, sodass die zwei österreichischen Republiken zwar zwei politische Kulturen aufweisen, ihre Staatsorganisation jedoch auf bloß eine Verfassung gründen. Möglich wurde dies durch den formalen Charakter der Verfassung. Auch der Österreich-Konvent von 2003–2005 änderte noch nichts daran. Es wird sich weisen, ob die gegenwärtigen Folgediskussionen zu größeren Neugestaltungen führen werden. Die wohl tiefgreifendste

---

7   Ernst Krenek, Von der Aufgabe, ein Österreicher zu sein (1931). In: Kristian Sotriffer (Hg.), Das
      größere Österreich. Geistiges und soziales Leben von 1880 bis zur Gegenwart. Wien 1982, 15.

8   Die Literatur zur Ersten Republik ist unermesslich und in Handbüchern leicht zu fassen. Für
      unseren Zusammenhang seien beispielhaft angeführt: Ernst Hanisch, Die Ideologie des Politischen Katholizismus in Österreich 1918 bis 1938. Wien 1977. – William M. Johnston, Österreichische Kultur- und Geistesgeschichte. Gesellschaft und Ideen im Donauraum 1848–1938.
      Wien-Köln-Weimar [4]2006. – Klemens von Klemperer, Ignaz Seipel. Staatsmann einer Krisenzeit.
      Graz-Wien-Köln 1976. – Norbert Leser, Zwischen Reformismus und Bolschewismus. Der Austromarxismus als Theorie und Praxis. Wien-Frankfurt/Main-Zürich 1968 (Neuauflage 2008).

Änderung wäre der Übergang vom Verhältniswahlrecht zu einem Mehrheitswahlrecht.[9]

Nach einer kurzen Konsolidierung in den 20er-Jahren, freilich immer begleitet von sozialen und politischen Auseinandersetzungen, kam es dann ab 1927 zu einer Radikalisierung und Militarisierung der politischen Positionen, zu einer politischen Verhärtung, die zu gewaltsamen Auseinandersetzungen bewaffneter Parteiarmeen in einer permanenten Bürgerkriegssituation mit jeweils heftigen Eruptionen führte. Frappierend ist die allgemeine Gewaltbereitschaft. Es ist doch auffallend, wie wenig nach dem Ersten Weltkrieg mit seinen Millionen Toten eine pazifistische Welle vorhanden war oder eine Bereitschaft, polizeiliche oder militärische Gewaltanwendungen auf Fälle der Notwehr und Nothilfe als Legitimationsquelle zu stützen, wie es ja nach dem Zweiten Weltkrieg überwiegend der Fall war. Der Austromarxismus entfaltete im »Roten Wien« eine große Eigenwelt, die in vielen Fällen der katholischen entgegengesetzt war.

Die anfängliche Kompromissbereitschaft wich einem überwiegenden Dissens auch in Grundfragen. Die Polarisierung der politischen Kräfte nahm zu, die das Gewaltmonopol des Staates relativierte, den darauf angewiesenen inneren Frieden preisgab und schließlich auch die demokratisch-rechtsstaatliche Verfassung zu Fall brachte. Es obsiegten die illiberalen Demokratiegegner von rechts, zuerst die konservativ-autoritäre, dann die sie überwältigende nationalsozialistisch-totalitäre Observanz. Angesichts der erheblichen Wert- und Interessenkonflikte der politischen Akteure wurde das liberale Erbe, immerhin ein auch durch die Bildungswege (Juristenausbildung) gemeinsames Ideengut aufgebraucht. Das formale Strukturminimum für das menschliche Zusammenleben als kleinster gemeinsamer Nenner inhaltlich kontroversieller Kräfte schwand dahin. Es kam schließlich zur autoritären und dann totalitären Unterbrechung durch Ausschaltung der Verfassung wie der Parteien.

Die heftigen Diskussionen um die Schuldfrage und eine fast quantitativ vorgenommene Verteilung der Schuld ist bis heute nicht verstummt und wird bei jedem »Gedenkjahr« neu »durchgerechnet«.

Die Suche nach einem konfliktreduzierenden dritten Weg zwischen liberalem Individualismus und marxistischem Kollektivismus führte zum Versuch, einen Ständestaat[10] zu etablieren (Engelbert Dollfuß, Kurt Schuschnigg), der die auf die allge-

---

9   Dazu umfassend Klaus Poier, Minderheitenfreundliches Mehrheitswahlrecht. Rechts- und politikwissenschaftliche Überlegungen zu Fragen des Wahlrechts und der Wahlsystematik. Wien-Köln-Graz 2001.

10 Karl Dietrich Bracher, Zeitgeschichtliche Kontroversen. Um Faschismus, Totalitarismus, Demokratie. München-Zürich [5]1984. – Gottfried-Karl Kindermann, Österreich gegen Hitler. Europas erste Abwehrfront 1933–1938. München 2003. – Anton Pelinka, Stand oder Klasse? Die Christliche

meine und gleiche politische Berechtigung gestützte Sozialdemokratie verbot. Der Weg, gerade auch des österreichischen parteipolitischen Katholizismus in den Ständestaat, ist kein Ruhmesblatt: Ausschaltung des Parlaments und des Verfassungsgerichtshofes, freilich in ständiger Furcht vor nationalsozialistischen Wahlerfolgen und schließlich Errichtung einer auf den konservativ-etatistischen Traditionen aufbauenden autoritär-diktatorischen Herrschaftsform. Das österreichische System, nicht gestützt auf eine wirkliche Massenbewegung und große charismatische Persönlichkeiten, besonders nach dem Tod von Engelbert Dollfuß nicht, lief auf eine neoabsolutistisch-autoritäre Regierungsform hinaus. Eine Regierungs- bzw. Kanzlerdiktatur, die eben nicht mit den auf freiwilliger Basis errichteten neokorporatistischen Strukturen der österreichischen Nachkriegsverbände und der Sozialpartnerschaft zu verwechseln ist. Auch die Bemühungen um einen Österreich-Patriotismus und der Abwehrkampf gegen den Nationalsozialismus sind nach wie vor strittig. Ein prominenter ausländischer Beobachter, William M. Johnston, notiert: »Es ist entscheidend, diese Abwehrkampagne anzuerkennen, denn die Erste Österreichische Republik leidet noch immer unter dem unverdienten Ruf, sich Hitlers Einmarsch im März 1938 widerstandslos unterworfen zu haben.«[11] Dollfuß habe sich, so Johnston weiter, 1933 Hitler offen entgegengestellt, Bundeskanzler Schuschnigg stand allein in seinem Bemühen, die Machtergreifung der Nazis zu verhindern.

*

Die pragmatische Operationalisierung der demokratischen Republik in ihrer Gründungs- und Anfangsphase wurde ganz wesentlich vom CV und von der Norica mitgetragen. Das Ehrenmitglied Ignaz Seipel und das Urmitglied Rudolf Ramek waren Bundeskanzler. Auch und gerade im Ständestaat war die Rolle von CVern und Noricern sehr einflussreich. Rein generationsmäßig rückte in dieser Wachstumsphase eine neue Generation in die Positionen ein, an die Stelle der Auseinandersetzung mit dem in kulturpolitischen Fragen in der Tradition des Liberalismus stehenden, überwiegend kirchenfeindlichen Austromarxismus (Ehe, Schule, Stellung der Kirchen) kam dann die Auseinandersetzung mit dem aufsteigenden Nationalsozialismus.

Es gab eine besonders deutliche Konvergenz der Norica, der Christlichsozialen Partei und des autoritären Ständestaats. Der CV hielt auch 1933 bis 1938 seine im Wesentlichen demokratische Binnenstruktur aufrecht. Die Bildungsarbeit war

---

Arbeiterbewegung Österreichs 1933 bis 1938. Wien-München-Zürich 1972. – Helmut Wohnout, Regierungsdiktatur oder Ständeparlament? Gesetzgebung im autoritären Österreich. Wien-Köln-Graz 1993 (von Wohnout stammen noch zahlreiche weitere diesbezügliche Publikationen).

11   William M. Johnston, Kultur- und Geistesgeschichte, XIV (Anm. 8).

überwiegend nur auf die politischen Zeitereignisse ausgerichtet. In Unvereinbarkeitsbeschlüssen wurden die antikirchliche Position, die neuheidnisch-germanische Ideologie, der Nazismus und das Euthanasieprogramm des Nationalsozialismus verurteilt. 1929/30 war Norica Vorort, besonders in Erinnerung blieb Karl Fellinger, der als prominenter Universitätsprofessor dann zur akademischen Elite zählte, wie auch der Dermatologe Leopold Arzt. Norica war dann nach der Machtergreifung Hitlers in Deutschland, als die Gleichschaltung des deutschen CV in kurzen Stößen erfolgte, führend bei der »Abspaltung« vom »reichsdeutschen« CV und der Gründung des Österreichischen Cartellverbandes (ÖCV) mit dem Vorortspräsidenten Alfred Benn, genau vor 75 Jahren. Die deutsche CV-Führung warf daraufhin dem neuen ÖCV »undeutsches Verhalten« vor.

In dieser Zeit war Friedrich Funder eine bekannte und wichtige Norica-Persönlichkeit, er war Chefredakteur der »Reichspost«, die zum Sprachrohr Seipels, aber auch Dollfuß' und Schuschniggs wurde. Innerverbandlich war die große Persönlichkeit der auch in der Politik aktive, die ganze Erste Republik amtierende Philistersenior Robert Krasser. Der unromantische Realismus im politischen Bereich und in der Interpretation der Katholischen Soziallehre, verkörpert durch Ignaz Seipel, Leopold Kunschak, Franz Hemala, Richard und Hans Schmitz, trug auch in der Zweiten Republik reiche Frucht.

Der Antisemitismus blieb auf der Universität auch in der Ersten Republik erhalten. CVer bildeten keine rühmliche Ausnahme, der deutschnationale Gedanke war parteientranszendierend so etwas wie der »Zeitgeist« der Ersten Republik.

*

Die zentrale Figur dieser Zeit war der 1920 zum Ehrenmitglied der Norica gewordene Sozialminister im letzten kaiserlichen Kabinett Lammasch, dann Abgeordneter, Klub- und Parteiobmann der Christlichsozialen (fast zehn Jahre lang), Bundeskanzler und Außenminister Prälat Ignaz Seipel. Sein Name ist mit der Genfer Sanierung verbunden, auch in oft scharfer Polemik mit dem Justizpalastbrand 1927. Seipel führte den österreichischen Katholizismus aus der Krise des Unterganges der Monarchie. Seipel war zuerst Professor in Salzburg, dann Nachfolger des Ehrenmitglieds der Norica, Franz Martin Schindler, an der Wiener Universität als Professor für Moraltheologie. Es ist wohl übertrieben, wenn auch verlockend, den »Salzburger« Seipel gegen den »Wiener« Seipel auszuspielen, richtig an einer solchen Gegenüberstellung ist, dass Seipel in seiner Anfangsphase ein gelassener, großzügiger, nicht-integralistischer Mann war, mit den besten Traditionen eines Aggiornamento, wie es erst wieder in der Jahrhundertmitte unternommen wurde. Es sei vielleicht noch eine Beobachtung angemerkt: Die häufig negativ beurteilte Identität von Priester und Staatsmann kann auch unter anderen Akzenten gesehen werden, dass Seipel nämlich durch seine Herkunft leichter zu übernationaler Distanziertheit gegenüber der Anschlussbewegung seiner Zeit fand, aber auch zu einer unbürokratischen Haltung, die ihn von den gelernten Juristen in der Politik unterscheidet. Er war in diesem Sinn, nach den Hocharistokraten Metternich und Schwarzenberg, ein wirklich politischer Kanzler, der seine Rolle ganz als Politik- und Regierungsführung verstand, nicht als Verwaltung, als Administration. Seipel war – wie Norica – in Wien verwurzelt, er wurde als Sohn eines Fiakers in der Wiener Märzstraße in Rudolfsheim geboren, kam also aus den großstädtischen Unterschichten, wurde dann Akademiker und Universitätsprofessor. Urbanität und Reflexion bestimmten Seipels Gesamtstil, neben der realistischen Flexibilität sein wichtigstes Erbe für den österreichischen Katholizismus, der sonst mit vielleicht überwiegend agrarischen Bindungen und Tradition nur zu leicht an den Rand der Industriegesellschaft gedrängt worden wäre.

Dieser großstädtische Weg war und ist auch der Weg der Norica.

II. Wiederaufbau nach totalitärer Finsternis – Protest, Reform und Neuorientierung

„Wenn nicht wir handeln, dann handeln eben andere
– aber auch anders!«
Alois Mock[12]

Die Reifephase des Verbandes und der Norica liegt in der Mitte des 20. Jahrhunderts und ist gekennzeichnet durch den opfervollen Widerstand gegen den Nationalsozialismus[13] mit seiner antikirchlichen, antiösterreichischen, rassistischen und totalitären Politik, jenen Nationalsozialismus, der 1933 die Gründung eines eigenen Österreichischen Cartellverbandes notwendig machte, jenen Nationalsozialismus, der eine radikale Bedrohung der österreichischen Eigenständigkeit darstellte. Im Selbstbehauptungswillen standen in vorderster Linie der CV und die Norica – bis zum Äußersten. Es gab Mitläufer und Überläufer, auch bei Norica, aber die große Mehrheit waren Opfer und Mitgründer der Zweiten Republik, zahlreiche, oft halbvergessene Opfer nach der Okkupation Österreichs bis in die April- und Maitage

---

12 Alois Mock, 100 Jahre Norica – 50 Jahre ÖCV. Festrede beim Kommers in der Wiener Hofburg am 13. Mai 1983. In: 100 Jahre Norica – 50 Jahre ÖCV. O.O. (Wien) o. J. (1983), 64.

13 Aus der zahlreichen Literatur sei nur hervorgehoben: Robert Rill, CV und Nationalsozialismus in Österreich. Wien 1987.

1945. Zahlreiche Opfer sind zu nennen und immer wieder der Vergessenheit zu entreißen, etwa der Norica-Priester Johann Gruber, der im KZ Mauthausen umgebracht wurde, weil er Mithäftlingen, darunter Polen, Brot gegeben hatte. Dieser leidende und zähe Widerstand gegen den Nationalsozialismus – der Noricer Leopold Figl wurde zur berührenden, zeitgeschichtlichen Symbolgestalt dieser Haltung – bildete ein reiches Legitimitäts- und Zukunftsreservoir für den Aufbau der Zweiten Republik, deren Basiskonsens eben durch Katholiken, darunter sehr viele CVer und Noricer, mitgetragen wurde. Eine vertiefte Religiosität ging aus der Bedrückung und Verfolgung durch den Nationalsozialismus hervor.

Den Faden aufgreifend, muss wiederholt werden, dass die katholische Kirche Österreichs in den letzten 250 Jahren mehrere Transformationen ihrer Stellung in Staat und Politik teils hinnehmen, teils durchführen, teils mitgestalten musste: im 18. Jahrhundert angesichts des Josephinismus, im 19. Jahrhundert angesichts des Liberalismus und Kapitalismus und im 20. Jahrhundert angesichts des Austromarxismus und der sich voll entfaltenden pluralistischen Modernität vor dem flackernden Horizont der europäischen Autoritarismen und Totalitarismen. Diese Transformationen waren eingebettet in die Besonderung starker volkskirchlicher Strukturen, sie wurden – nach heutigen Gesichtspunkten – nicht immer mit gleicher Bravour bewältigt.

Es gab kulturkämpferisches Misstrauen auf beiden Seiten und heftige Abwehr: Antiliberalismus, Antikapitalismus und, heute als besonderes Negativum erkannt, Antisemitismus mit seinen religiösen und wirtschaftlichen Wurzeln. Immer wieder hielt die Hoffnung auf einen akzeptablen Weltbezug durch. Volksfrömmigkeit, Hochschätzung von Ehe und Familie, aber auch Landesbewusstsein gaben Rückhalt. Stärker als die konfessionell, minoritären deutschen Katholiken standen die österreichischen zu ihrem Staat in Nahebeziehung und besonderer Loyalität, konzentriert in der Hauptstadt Wien. Der Totalitarismus des Nationalsozialismus war »hausgemacht«, der des Kommunismus »importiert«. Nur mühsam wurden demokratische und rechtsstaatliche Antworten auf diese Herausforderungen gefunden. Nach den geradezu kathartischen Drangsalen von Katholiken im Feuersturm des NS-Regimes (fünf österreichische Bundeskanzler waren Opfer des Nationalsozialismus, davon vier Katholiken) fand man in Österreich nach 1945 durchaus parallel zu der weltkirchlichen Entwicklung nach der Weihnachtsansprache 1944 von Papst Pius XII. zur vollen Akzeptanz der liberal-pluralistischen, rechtsstaatlichen Demokratie mit Wohlfahrts- und Umweltaufgaben, allenfalls in bundesstaatlicher Organisation.[14]

---

14   Enzyklopädischer Einstieg zu Österreich in der Zweiten Republik: Herbert Dachs u. a. (Hg.), Politik in Österreich. Das Handbuch. Wien 2006. – Herbert Dachs/Peter Gerlich/Wolfgang C. Müller (Hg.), Die Politiker. Karrieren und Wirken bedeutender Repräsentanten der Zweiten Republik. Wien 1995. – Paul Lendvai, Mein Österreich. 50 Jahre hinter den Kulissen der Macht. Salzburg 2007. – Wolfgang Mantl (Hg.), Politik in Österreich. Die Zweite Republik: Bestand und Wandel.

Der parteipolitische Katholizismus mutierte, freilich nicht von heute auf morgen, dort, wo er Erfolg hatte – und das war das Erfolgsrezept bis in die frühen 60er-Jahre –, zu sozialen Integrationsparteien vom Volksparteitypus, schichtentranszendierend Bauern, Arbeiter, Angestellte und Wirtschaftstreibende umfassend. Auch die Kirche ging neue Wege, gipfelnd in dem wohl bedeutendsten Ereignis des 20. Jahrhunderts, dem Zweiten Vatikanischen Konzil (1962–65) – in Österreich repräsentiert durch die »Jahrhundertpersönlichkeit« des Wiener Erzbischofs Franz Kardinal König. Seine weltweite Leuchtkraft gründet auch darin, dass er als Wissenschafter die Vereinbarkeit von Kirche und Moderne verkörperte. Hierbei gab es jeweils Lockerungen und Entfernungen zwischen Kirche und ÖVP, die für die »Treuen« in CV und Kirche nicht leicht nachvollziehbar waren und bisweilen zu »Frustrationsbitternis« in der Situation des daheim gebliebenen Sohnes im biblischen Sinn führten, während der »verlorene Sohn« großer Aufnahmebereitschaft begegnete.

Die Legitimitätsgrundlagen dessen, was wir die »Zweite Republik« nennen, entstanden 1945, in der Verwerfung des Nationalsozialismus im April und in der Marginalisierung des Kommunismus im November 1945. Darin liegt ein Bekenntnis zum Antitotalitarismus. Dies meint nicht nur eine Negation, nämlich die Ablehnung menschenverachtender politischer Systeme, sondern – positiv gesehen – ein entschlossenes Eintreten in Politik und Recht, in Kultur und Gesellschaft für die Republik als Solidargemeinschaft der Freien und Gleichen in Offenheit und Toleranz.

Die Wiederaufbauphase (1945–1960) ist gekennzeichnet durch die erste Große Koalition unter Führung der ÖVP, die während der Besatzungszeit um den Staatsvertrag und damit um die volle Souveränität rang, durch konkordanzdemokratische Muster mit der Tendenz zur Einstimmigkeit, durch die Einrichtung der Sozialpartnerschaft, durch wirtschaftlichen Aufschwung mit Hilfe des Marshall-Planes, schließlich durch Staatsvertrag und Neutralität, mit einer wachsenden innenpolitischen Bedeutung als Identitätssäulen im Bewusstsein, wobei sich immer stärker das Jahr 1945 als fortbestehend historisch bedeutsam erweist und sich innerhalb des Jahres 1955 eine Verlagerung von der Neutralität auf den Staatsvertrag im öffentlichen Bewusstsein mehr der Bevölkerung als der politischen Entscheidungsträger findet. Dazu kamen politische und soziale Maßnahmen. Es wird ja häufig übersehen, dass im Staatsvertragsjahr auch das ASVG beschlossen wurde. Die Namen, die mit dieser Entwicklung verbunden sind, sind Leopold Figl und Julius Raab.

Wien-Köln-Graz 1992. – Ders., Lebenszeugnisse österreichischer Vizekanzler. Das politische System Österreichs in aktueller Perspektive. Wien-Köln-Graz 2008 (in Endredaktion). – Anton Pelinka/Sieglinde Rosenberger, Österreichische Politik. Grundlagen – Strukturen – Trends. Wien [3]2007. – Hans Seidl: Österreichs Wirtschaft und Wirtschaftspolitik nach dem Zweiten Weltkrieg. Wien 2005. – Gerald Stourzh, Um Einheit und Freiheit. Staatsvertrag, Neutralität und das Ende der Ost-West-Besetzung Österreichs 1945–1955. Wien-Köln-Graz [5]2005.

Reform und Protest liegen knapp beieinander. Die Leistung des Bundeskanzlers Josef Klaus, mit seinen Mitarbeitern Hermann Withalm und Wolfgang Schmitz, wird immer wieder, neben dem gleichsam zum Mythos erhobenen Bruno Kreisky, in Erinnerung gehalten werden müssen. Die Protestwelle der 60er-Jahre ging auf internationale Entwicklungen zurück, war nicht eigentlich hier beheimatet. Der Aufbruch in der Kirche im Zweiten Vatikanischen Konzil war wohl das stärkste historische Ereignis. Es kam zu Alleinregierungen und zu einzelnen jugendlichen Aktionswellen, die aber in ihrer intellektuellen Fundierung nicht mit den westlichen Diskussionen (USA, Frankreich, Deutschland) zu vergleichen sind. Die größte Aufklärerin, die Österreich hervorgebracht hatte, Hilde Spiel, wurde z. B. nicht wirklich diskutiert und rezipiert.

Freilich kam es im starken Ausbau der Sekundarschulen und Universitäten mit einer Zunahme des Frauenstudiums und allmählich auch der Frauen in vielen Berufen zu einer Bildungsexplosion, die bis heute andauert. All dies war möglich in einer neuen Zivilität im selbstbewussten Kleinstaat Österreich und neuen Alltagsselbstverständlichkeiten, die durch Jahrzehnte nicht vorhanden oder zumindest sehr umstritten waren. Es gab vor allem in den Jahren der Normalität zwischen 1955 und 1985 so etwas wie eine neue »heimatliche« Lebenswelt. Der Wiederaufbau braucht einen normativen Rahmen der Ordnungssicherheit und Berechenbarkeit. Dies erscheint den Intellektuellen, vor allem dem künstlerischen Auge, oft als grau und farblos, es ist aber eine unerlässliche Voraussetzung des Wachsens eines Österreichbewusstseins. Jede Generation prägt ihre Zeit, ihre »creatio continua«, ihr Antlitz. Es gibt kein selbstverständliches Kontinuum, dies wurde spätestens mit der Protestwelle der 60er/70er-Jahre und dann mit dem »Zeitenbruch« 1989/90 bewusst. Die Menschen, vor allem die jungen Menschen, nehmen in diesen Situationen die Kanten und Risse zwischen Vergangenheit und Gegenwart wahr. Solange ein starker »Kern« besteht, ist eine Pluralität kaleidoskopischer Neuheit nur belebend. Im Zugewinn von Freiheit für wachsende Bevölkerungsschichten in Österreich taucht das bis heute bestehende Problem der Suche nach einem »rissfesten« Gewebe des sozialen Bandes auf, das auch älterer vormoderner, voraufgeklärter Wurzeln, vor allem religiöser Herkunft, bedarf.

Setzen wir unsere Erwägungen fort: Das 68er-Jahr produziert heute oft angeschminkte und importierte Identität von »Begierde-68ern«, wenn auch das Pathos des Tabubruchs der Revolte gerade im Künstlerischen, etwa im Wiener Aktionismus und in der Arena-Bewegung, nicht übersehen werden darf.

Das Großereignis der Neuorientierung war jedoch die von Alois Mocks Unermüdlichkeit getragene Europäische Integration Österreichs seit 1987/88, mit dem EU-Beitritt Österreichs 1994/95. Die unter rechtlichen und politischen Aspekten negativ zu beurteilenden EU-Sanktionen 2000 brachten freilich einen Bruch des Europabewusstseins der Österreicher, das auch durch die EU-Erweiterung 2004 und 2007 nicht schöpferisch rekonstruiert werden konnte, wiewohl gerade in diesem Erweiterungsprozess eine unerhörte Chance Österreichs liegt. Die Politik wurde »schwieriger«, die Mehrheits- und Regierungsbildung in einer breiten Palette jeweils zum Problem, wiewohl die sozialen Integrationsparteien vom Volksparteitypus bis jetzt eine erstaunliche Bestandskraft erwiesen und Neugründungen wie die Partei des SPÖ-Dissidenten Franz Olah ephemer oder auf Länder und Gemeinden beschränkt blieben. Die Grünen konnten sich als neue Gruppierung dauerhaft mit Zuwächsen jeweils im städtischen Raum schon in der zweiten Generation etablieren. Das Dritte Lager taucht immer wieder auf und versucht kritische Situationen und Gefühle populistisch zu nützen.

Die Sozialstruktur hatte sich von der Agrar- über die Industriegesellschaft zur Dienstleistungsgesellschaft gewandelt. Immer häufiger wird auch von Wissens- und Informationsgesellschaft gesprochen.

Ohne Übertreibung lässt sich zusammenfassend sagen: Die Neuorientierung Österreichs und Europas erfolgte durch das Zweite Vatikanische Konzil, die Erosion des Kommunismus im »Zeitenbruch« und die Fortsetzung der Europäischen Integration.

*

In den Ruinen der vergangenen Jahrhundertmitte und im oft rauen Klima der Wiederaufbauzeit[15] war der CV, war Norica präsent, des Wortes eingedenk: sine ecclesia nihil. Von der Monarchie bis zur Zweiten Republik bildete der Philistersenior der Norica, Robert Krasser, 1934–1955 auch in der Verbandsführung tätig, ebenso eine »Brückenpersönlichkeit« wie Julius Raab, Leopold Figl, Friedrich Funder und Clemens Holzmeister. Für die Existenz des ÖCV 1933 bis 1945 hat Krasser eine überragende Wirkkraft entfaltet. Er schrieb in seinem Grundlagenwerk 1952: »In der Zeit der nationalsozialistischen Verfolgung hat der CV soviel Idealismus und innere Lebenskraft gezeigt, daß seinem unverwüstlichen Lebenswillen gewiß auch in der wiedergewonnenen Freiheit das verantwortungsvolle Werk der inneren Erneuerung gelingen werde. Dabei soll uns stets bewußt sein: Der CV darf niemals Selbstzweck werden, sondern muß ein Dienst an Kirche, Volk und Vaterland sein und bleiben.«[16]

Der religiöse Ernst der Kriegs- und Heimkehrergeneration, auch in den Pfarr- und Seelsorgestunden des Zweiten Weltkrieges geprägt, bewirkte eine Änderung

---

15   Johannes Dorrek/Johannes Schönner/Josef Singer/Helmut Wohnout (Hg.), 100 Jahre Leopold Figl. »Glaubt an dieses Österreich!«. Wien 2003. – Ernst Trost, Figl von Österreich. Wien-München-Zürich 1972 (mit geändertem Titel 2005 bereits in 7. Auflage!). – Friedrich Funder, Als Österreich den Sturm bestand. Aus der Ersten in die Zweite Republik. Wien-München 1957.

16   Robert Krasser, Katholische Farbstudenten. CV: Idee und Wirklichkeit. Wien 1952, 112.

des couleurstudentischen Lebens: Kneipen wurden reduziert (Salamander und Landesvater verschwanden bei Norica). Die anfänglich auf Zeitgeschichte ausgerichtete Bildungsarbeit wurde dann auf Kultur und Kunst, namentlich durch Karl Hans Haysen und Wolfgang Aigner, ausgebaut. Es wurden Arbeitskreise eingerichtet, Symposien veranstaltet, es wurde schon Ende der 50er-Jahre Gottfried Benn und Heimito von Doderer gelesen, und nach der Neuschaffung der Bude in der Strozzigasse wurde im Seniorat Michael Schweitzers mit der Ausstellung der niederösterreichischen Grafikerin Linde Waber erstmals eine Frau in ihrer künstlerischen Leistung präsentiert. Friedrich Torberg und Franz Theodor Csokor waren bei Norica ebenso zu Gast wie Herbert Eisenreich und Milo Dor.

Schon seit 1946 gab es Kontakte zum Schweizerischen Studentenverein (StV).[17] Gerade Norica war eine »Brückenbauerin«, eine Tatsache, die ihr den Vorwurf eintrug, eine »Kongregation« zu sein. Norica entfernte in den 50er-Jahren ostentativ das Lanzenblatt von der Fahnenspitze und ersetzte es durch ein Kreuz.

Neben Figl und Raab war Hermann Withalm führend in der Politik tätig, dann Wolfgang Schmitz, Georg Prader, Alois Mock und – in der jetzt aktiven Politikergeneration – Michael Spindelegger. Eine Kontinuitätsbrücke in allen kritischen Situationen der Norica bildeten die Philisterseniorn Hans Egon Gros (1958–1971) und Lukas Beroldingen (1971–77). Als Mediatoren der Generationen in ihrer großzügigen Gelassenheit waren sie von unschätzbarer Bedeutung.

In den Jahren 1958/59 und 1959/60 wurde Norica unter den Präsidenten Alfred Strommer und Engelbert Schragl der Vorort übertragen. Es war dies am Ende der Wiederaufbauphase ein erst heute in seiner vollen Bedeutung erkennbarer Aufbruch, wenn es auch im Ganzen acht Vorortsaktivitäten der Norica seit 1945 gab. Strommer und Schragl übernahmen nach Schweizer Tradition ein »Zentralthema« und stießen Tore in eine österreichische und europäische Zukunft auf. Sie sagten programmatisch am Ende ihrer Amtstätigkeit: »Es ist an der Zeit, das Ghetto der Selbstgefälligkeit zu verlassen, um durch den Kontakt mit den anderen unser eigenes Wirken zu prüfen und zu bereichern.«[18]

Mit diesem Norica-Vorort wurde bewusst, dass wir nicht allein, aber mit anderen die »civil society« prägen können und sollen. Die Norica muss ein flinker Fisch im Wasser der pluralen Zivilgesellschaft sein. Der Innovationsschub schlug sich nieder in der Betonung des Prinzips *religio*. *Patria* war schier selbstverständlich (nunmehr in europäischer Dimension), wichtig waren aber die erweiterte Bildungsarbeit und

---

17 In diesem Punkt zeigt die Arbeit Hartmanns, Für Gott und Vaterland, eine gewisse Schwäche, weil sie den StV nicht einbezieht. Der zweite Kritikpunkt erwächst daraus, dass Konflikte zwischen CV und Katholischer Aktion (KA) überstark herausstilisiert werden.
18 Alfred Strommer/Engelbert Schragl, Zwei Jahre Vorort Norica. In: Festschrift anlässlich der II. CVV 1960 in Wien. Wien 1960, 26.

das sehr konfliktreiche Mitwirken an der Verbandszeitschrift »Academia«. Es wurde von Skeptikern oft eine Wachstums-, Identitäts- und Vertrauenskrise auch in der Norica hervorgehoben, die stärker als in anderen Universitätsstädten schockhafte Züge angenommen hat, aber schließlich gerade etwa durch die Mitarbeit in der Bildungsakademie überwunden werden konnte. Stets war all das, was wir unternahmen, nicht die große »Sprechblase«, sondern Kleinarbeit in Studienwochen, in Seminaren und Symposien und in Publikationen. Ein gebildeter CVer, ein gebildeter Noricer muss reden und schreiben können. Das, was hier angeboten wurde und heute auch fortwirkend notwendig ist, ist so etwas wie ein maßgeschneidertes Studium Generale, um einen weiten Gesichtskreis zu bewahren.

*

Zentralfiguren dieser Zeit, noch aus den älteren Wurzeln des 20. Jahrhunderts stammend, waren Leopold Figl, Julius Raab und bis in unsere Tage Alois Mock. Zuerst zu Leopold Figl: Er prägte nach jahrelangem quälenden und lebensbedrohenden KZ-Aufenthalt 1945 den Wiederaufbau Österreichs mit, er war Mitbegründer und bald darauf Bundesparteiobmann der Österreichischen Volkspartei, Beauftragter für die Lebensmittelversorgung Wiens, Staatssekretär in der Provisorischen Staatsregierung Karl Renners und Provisorischer Landeshauptmann von Niederösterreich. Man stelle sich diese Intensität vor! Mit Tatkraft, Optimismus und Geschick arbeitete Figl schon in den letzten Kriegs- und ersten Nachkriegstagen an jenem Wiederaufbauwerk in dem unter alliierter Kontrolle stehenden Österreich mit, an dessen Spitze er dann als Bundeskanzler von 1945 bis 1953 wirkte und in dieser Funktion nicht in leichtherziger Selbstverständlichkeit durch Julius Raab abgelöst wurde. Figl war in der Folge Außenminister, am Zustandekommen des österreichischen Staatsvertrags 1955 beteiligt, dann noch Präsident des Nationalrats und schließlich noch einmal Landeshauptmann von Niederösterreich. Er stand also zumindest von 1945 bis 1959 in der vordersten Reihe jener Männer, die unermüdlich um die Freiheit, Einheit, Unabhängigkeit und Souveränität, aber auch um den wirtschaftlichen, rechtlichen und geistigen Wiederaufbau Österreichs rangen. Figls tiefe Verwurzelung in selbstverständlicher Katholizität, in Familie, im CV sowie in seiner bäuerlichen Herkunft gaben ihm die Kraft, diese Transformation Österreichs von der Ersten zur Zweiten Republik und die Transformation der Christlichsozialen Partei zur ÖVP durchzuführen. Er war und ist mit heute fast noch wachsender Leuchtkraft Symbol des neuen Österreich und Identifikationsfigur des kleinen Mannes, wenn sich auch die Politik- und Denkformen sehr stark geändert haben.

Julius Raab, wiewohl ein großer »Schweiger« der Politik, ist durch Karikatur und Lebensgewohnheiten, aber auch durch seine historischen Leistungen in Konturen scharf in der österreichischen Geschichte präsent. Wie Funder im publizistischen Bereich, bildet Raab eine Kontinuitätsspange von der Monarchie über die Erste Republik in ihren verschiedenen Ausprägungen bis in die Zweite Republik. Er war noch Offizier im Ersten Weltkrieg, Teilnehmer in verschiedensten Funktionen der gewerblichen und politischen Interessensvertretung, über den Nationalrat bis zur Heimwehr und dann wieder als Wirtschaftsfachmann im Ständestaat; im letzten Kabinett Schuschnigg Feber/März 1938 Bundesminister für Handel und Gewerbe. Diese Bedeutung als Vertreter wirtschaftlicher Interessen, die schließlich in der Zweiten Republik in die Schaffung des Österreichischen Wirtschaftsbundes und der Bundeskammer der gewerblichen Wirtschaft und der Sozialpartnerschaft von 1957 mündeten, wird neben den anderen Funktionen oft übersehen. Er war wie alle großen Köpfe der Christlichen Demokratie ein umfassender Allgemeinpolitiker, zuerst Klubobmann, dann Parteiobmann und von 1953 bis 1961 Bundeskanzler, der nicht nur seine Wirtschaftspolitik mit dem »Raab-Kamitz-Kurs« der sozialen Marktwirtschaft zu großen Wachstumserfolgen führte, sondern auch in seiner klugen Politik, zusammen mit Leopold Figl, zum Staatsvertragskanzler, zum Schöpfer des Neutralitätsgesetzes wurde. Seine besondere Stärke lag darin, dass er ein Grundgesetz demokratischer Politik überzeugend beherrschte, nämlich zu wissen, was dem politischen Partner und dem politischen Gegner innen- und außenpolitisch zumutbar ist. Es sei auch betont, dass Raab wie Figl und später Alois Mock immer wieder innerhalb von CV und Norica in verschiedensten Aktivitäten und vor allem in leuchtkräftiger Präsenz wirkten.

Die in den jüngsten Generationen fortwirkende Zentralfigur ist Alois Mock, der noch in der Ersten Republik geboren wurde, aber in der Zweiten sein Jusstudium absolvierte, dann nach in- und ausländischer Verwendung als Diplomat 1969/70 Unterrichtsminister, 1971 ÖAAB-Bundesobmann, 1979 ÖVP-Bundesparteiobmann bis 1989, 1987 bis 1989 Vizekanzler und 1987 bis 1995 Bundesminister für Auswärtige Angelegenheiten wurde. Er stellt die bisweilen unterschätzte Integrationsfigur der »Durststrecke« der ÖVP-Politik in der Spätphase der Regierung Kreisky bis zur zweiten Großen Koalition dar. Darüber hinaus liegt seine Bedeutung im Eintreten für den EU-Beitritt Österreichs, in seiner Bereitschaft, die postkommunistische Erosion positiv als Aufbruch, als Modernisierungsauftrag zu verstehen und auch im zerfallenden Jugoslawien eine Politik der Realitäten wie der Hoffnungen zu betreiben. Seine Popularität in Kroatien ist so groß, dass Schulkinder österreichischen Gästen Glückwunschbillets mit ihren Unterschriften und der Bitte in die Hand drücken, sie Alois Mock zu überreichen. Er wurde zu einem »Mister Europe« der österreichischen und der europäischen Integrationsbemühungen. Die überzeugende Intensität und Authentizität seiner Politik verbindet ihn mit den politischen Größen der Norica seit Karl Lueger.

III. Potenziale und Perspektiven oder
die Attraktivität des Außergewöhnlichen

> *»Schlichthin gesprochen sehr gute Lebensverhältnisse kön-*
> *nen geradezu bedrückend wirken, wenn in der innersten*
> *Kammer des betreffenden Lebens die Tugend fehlt, sie aus-*
> *zufüllen und, schließlich auch, sie zu nutzen.«*
> *Heimito von Doderer*[19]

Ab 1945 ist Norica eine dezidierte Reformverbindung. Durch die zweimalige Vorortsaktivität 1958–1960 erfolgte eine Horizonterweiterung, gekennzeichnet durch Offenheit und Öffnung. Norica gelang dies durch starke Potenziale, die freilich auch in anderen Verbindungen anzutreffen sind. Norica bewies Kompetenz und Kapazität, auch den Mut zur Erneuerung. Nikodemus ist nicht unser Verbindungspatron. Die Rahmenbedingungen waren nicht leicht: Rückgang der Zahl der Katholiken (1910: 93,6 %, 1961: 89 % und 2001: 73,6 %), Machtverschiebungen 1970 und Säkularisierungsphänomene (nicht zuletzt durch schwindende Kinderzahl), Neukonstellationen: belonging without believing, believing without belonging.

Das Prinzipienset von *religio/patria/amicitia/scientia* erwies sich als ein fruchtbares, freilich immer wieder zur jeweils aktuellen Gestaltung rufendes Repertoire. Manche feinsinnige Unterscheidungen, die auch Konfliktlinien der 50er- und 60er- Jahre markieren, sind obsolet geworden, etwa die zwischen »Katholischer Aktion« und »Aktion der Katholiken«. Dies erübrigt sich, wenn kaum mehr Beter außerhalb der auch schon schwach besuchten Messen in unseren Kirchen anzutreffen sind.

Wir bewiesen und beweisen Bereitschaft, immer auch junge Leute aus »einfachen« Verhältnissen aufzunehmen. Deshalb ist eine Haltung der offenen Arme für den studentischen Nachwuchs so entscheidend. Unsere Mitgliedschaft ist nicht nur für erfolgreiche Ältere attraktiv, wie in vielen Service-Clubs.

In einer Welt, die einen durchaus inhomogenen Zeitgeist aufweist, aber doch herausragende Trends der Individualisierung und Pluralisierung der Lebenswelt erkennen lässt, haben der Verband und die Verbindung in jahrzehntelanger Erfahrung etwas schier Unschätzbares entwickelt, den Generationenverbund: Der Achtzehnjährige ist mit dem Achtzigjährigen per Du. Sie begegnen einander ohne steife Förmlichkeit und – dies ist unser Ideal – in persönlicher Herzlichkeit und Vertrauensbereitschaft.

---

19 Heimito von Doderer, Die Posaunen von Jericho (Divertimento 1951). In: Ders., Unter schwarzen Sternen. Erzählungen. München 1966, 94.

Norica ist Teil der Zivilgesellschaft geworden, in der wir auch verantwortungsethisch und nicht nur mit flacher Gesinnungsrhetorik, die den Hauptstrom der Political Correctness entlangschwimmt, politisch tätig sind. Jeder Einzelne ist sich der Gruppenbeheimatung bewusst. Verband und Verbindung sind niemals einer reinen Einzelkämpferideologie erlegen, wie sie manchmal in diesem Lande vertreten wurde. Der Einzelkämpfer ist in der Welt verloren. Die Einzelpersonen müssen sich denkend und handelnd in Gruppen beheimaten und jeweils dort »auftanken«.

Eine ganz besondere Stärke, gerade im Bereich zunehmender Arbeitsteilung auf den Universitäten, ist der Fächerverbund in unseren Reihen, die Interdisziplinarität, die vom Veterinärmediziner über den Juristen bis zum Historiker reicht, Begegnungen ermöglicht, die sonst, auch im universitären Alltag, so gut wie unmöglich sind. Man muss lange suchen, um so viele Dozenten und Professoren der Universitäten, so viele korrespondierende und wirkliche Mitglieder der Akademie der Wissenschaften zu finden wie bei Norica. Oft und oft ergaben sich nicht nur wichtige Gespräche, sondern auch Arbeitspartnerschaften bei kulturellen und wissenschaftlichen Projekten, die sonst nur mühsam über Literaturkontakte hergestellt worden wären und niemals das intensive Maß einer wissenschaftlichen Freundschaft und Kollegialität, durchaus und gerade auch mit Kritikfähigkeit und -bereitschaft, angenommen hätten. Deshalb ist es auch so wichtig, dass wir Kreativität und Bildung pflegen und nicht nur durch Gasteinladungen anderswo »Gekauftes« konsumieren.

Es ist hier nicht meine Aufgabe, die Prinzipienexegese, die ja bei uns ohnehin oft vorgenommen wird, zu wiederholen. Freilich sei hinzugefügt, dass auch in den Verbindungen die Österreichformel der Kombination von Leistungsstärke und Lebensfreude unseren Herzschlag mitbestimmen soll. Die gelöste Atmosphäre auch der couleurstudentischen Traditionen hat nicht nur kompensatorische Bedeutung im universitären und beruflichen Alltag, sondern ist seine eigenständige Kraftquelle.

Noch einmal sei darauf hingewiesen, dass Norica in Wien ihren Aufstieg erlebte und immer wieder in das Wiener und damit das gesamtösterreichische Geschehen eingriff. Wien ist Chance und Versuchung – ist Chance, etwas Großes zu leisten, und Versuchung, es sich im »Wellnessgeplätscher« von Lebens- und Freizeitangeboten allzu leicht zu machen.

Die Weiterentwicklung unserer Prinzipien erfordert mehr, als stückweise noch ein wenig besser zu werden. Wir müssen uns immer wieder einen echten »Ruck« geben, um den Forderungen von Gegenwart und Zukunft gerecht zu werden.

Im Religiösen ist der Startpunkt das Zweite Vatikanische Konzil, das mit seinen innerkatholischen Auseinandersetzungen meinem Urteil nach mehr Lebendigkeit hervorgerufen hat als die importierte 68er-Ideologie. Es lassen sich fünf praktische Perspektiven und Postulate unterscheiden, in denen Norica in den letzten 50 Jahren Position bezogen hat:

1. Die vielleicht bekanntesten und umstrittensten Unternehmungen der Norica waren die verschiedenen Ansätze der Integration von Studentinnen in den CV (Norica Nova). Die Diskussion, die mit sehr heftigen Emotionen in den 90er-Jahren geführt wurde, geschah oft unter Betonung stark formaler Argumente. Die emotionale Beheimatung im katholischen Couleurstudententum führte die einen zur Überbetonung der Männerbundtradition und die anderen zu einem erneuerungsbereiten und gerade dadurch auch seine Identität bewahrenden, sich jedoch fortentwickelnden Profil der Verbindung Norica. Unter Hochschätzung der Einheit des Verbandes und seiner Rechtsordnung sowie unter Hochschätzung der Eigenständigkeit und Autonomie der einzelnen Verbindungen wurde immer wieder versucht, ohne plärrendes Pathos, aber auch ohne beiläufig witzelnde Lässigkeit dieses Thema zu reflektieren. Der grundsätzliche Aspekt besteht darin, zu betonen, dass katholische Frauen in den Reihen des Verbandes und der Norica eine Chance für das katholische Farbstudententum darstellen, während sich Norica gleichzeitig moralisch verpflichtet sieht, das große Gut einer lebendigen generationenumspannenden Gemeinschaft mit einem funktionierenden sozialen Band auch katholischen Akademikerinnen zu öffnen, die dieses soziale Band nicht so rasch anderswo finden. Sie selbst bilden für Norica eine intellektuelle, emotionale und spirituelle Bereicherung der unbestrittenen Prinzipien unseres Verbandes. Pragmatisch lässt sich sagen, dass in vielen Bereichen des modernen Lebens, in Universität, Politik und Wirtschaft als wichtigen Subsystemen der Gesellschaft, eine katholische Präsenz ohne Frauen als wirkliche Arbeitspartner auf Dauer nicht vorstellbar ist. Im Wintersemester 1960/61 gab es bei 37.192 Studierenden 8.153 Frauen, im Wintersemester 2007/08 bei 225.000 Studierenden 119.000 Frauen! Gerade katholische Frauen mit einer liberal-konservativen Gesinnung und sozialer Haltung fehlen viel zu sehr in den großen Auseinandersetzungen der Gegenwart und werden in naher Zukunft noch mehr fehlen, wenn nicht das katholische Farbstudententum mit ihnen neue Aktionseinheiten bildet! Unsere Sozietät stellt ein Modell dar, das gerade in einer sich zunehmend individualisierenden und pluralisierenden Welt an Gewicht gewinnen kann und soll. Die Autonomie der Verbindungen ist notwendig. In Zukunft werden Quotenregelungen sowie bei Projektfinanzierungen das Erfordernis gleichmäßiger Berücksichtigung der Geschlechter unseren Verband isolieren, wenn es uns nicht gelingt, ein System von gemischten Reformverbindungen mit männerbündischen Blockverbindungen herzustellen, wie es ja auch beim Schweizeri-

schen Studentenverein der Fall ist. Die dortigen Erfahrungen zeigen, dass etwa 15 % der Studentinnen an unseren Lebensformen interessiert sind, auch an Comment und Couleurnamen. Norica hat mit den ersten Gründungsansätzen 1985 diesen Weg beschritten und damit auch gerade die innerkatholischen Auseinandersetzungen der 68er Jahre abgeschlossen. Am Samstag, dem 15. Juni 1996, wurde im Julius-Raab-Saal der Bundeswirtschaftskammer bei einem Cumulativkonvent der Norica mit 70,9 %iger Mehrheit (2/3 wären erforderlich gewesen) die volle Integration der Studentinnen nach langen, auch leidenschaftlich geführten Diskussionen beschlossen. Der Verband reagierte überwiegend negativ, weitere Anläufe blieben bisher ohne Erfolg. Das Thema ist noch nicht erledigt und darf es nicht sein.

2. In der Bildungsarbeit erfolgte in den 50er-Jahren die Erweiterung der politischen Bildung in die Zeitgeschichte hinein. Es können hier Wolfgang Schmitz und seine Generation angeführt werden. Dann begann auch die Öffnung zu einem weiten Kultur- und Kunstbegriff.
Kunst wurde neben der Wissenschaft als eine weitere Erfahrungs- und Erkenntnisweise des Menschen erkannt. Diese Einsicht ist heute, nicht zuletzt auch durch die ÖCV-Bildungsakademie, Gemeingut des Verbandes geworden.

3. Österreichische Katholiken, darunter gerade auch das Urmitglied der Norica, Alois Mock, wurden bekannte und entscheidungsstarke Mitträger der Europäischen Integration, Mitträger der Erweiterung und Vertiefung der Europäischen Union. Diese Europa-Haltung überstand auch die Trübungen des europäischen Bewusstseins durch die EU-Sanktionen im Jahre 2000 und muss die jüngsten Infragestellungen meistern.

4. Das Überwiegen einer empirisch-analytischen Wissenschaftstheorie und ihrer Methodologie führte zur Betonung einer wissenschaftlichen Verfügungsethik. Daneben ist aber nach Plausibilitätsargumenten eine Orientierungsethik im Blick zu behalten, die auch einen Gegenpol zur Parzellierung der heutigen Universität darstellt. Gerade die verschulte Massenuniversität braucht Orte, Räume und Gruppen der unmittelbaren Begegnung außerhalb der Universität. Freilich wird es in dieser Universitätssituation immer schwieriger, Bereitschaft zur Übernahme von Funktionen in Verbindung und Verband zu finden. Der intensive Studienbetrieb in vielen kleinen Modulen kann auch dazu führen, dass gerade der Wunsch nach einer bloßen Klubatmosphäre am Abend überhand nimmt. Dies halte ich für eine Verengung dessen, was wir seit 1945 erreicht haben und in unseren Verbindungsheimen verwirklichen. Konsistente Kleingruppen haben besondere Wirkmöglichkeiten in einer vielfarbigen Zivilgesellschaft, aber sie müssen denkende, dürfen nicht nur gemütliche Gruppen sein.

5. Die Entwicklung einer lebendigen Religiosität ist unerlässlich und niemals abgeschlossen. Das Offenhalten des Nichtverfügbaren zeigt die Relativität der weltimmanenten Bezüge. Das Menschenantlitz als Ebenbild Gottes ist keine Selbstverständlichkeit mehr. Vielerlei wissenschaftliche und nichtwissenschaftliche Entwicklungen, auch in der Massenhaftigkeit neuer Volksreligionen wie Sport und Unterhaltungsmusik, drohen zu einer strukturellen Auflösung des Subjektes als Träger von Rechten und Pflichten zu werden, zumal am Beginn und Ende des Lebens. Noch etwas anderes ist zu bedenken: Wir müssen über die Grenzen des Landes und über die Grenzen der römisch-katholischen Kirche hinaus denken, ohne unsere Identität preiszugeben. Franz Kardinal König ist hier die Zentralfigur. Eine besondere Aufgabe kommt – neben der jetzt fast ausschließlich herausgestrichenen Befassung mit dem Islam und dem Islamismus sowie dem fortgesetzten Dialog mit der evangelischen und anglikanischen Kirche – vor allem dem Dialog mit der Orthodoxie zu. Für eine europäische Zukunft ist dies von unschätzbarem Wert und hängt auch mit der weiteren Integration Mittel-, Ost- und Südosteuropas zusammen. Die von Kardinal König ins Leben gerufene Stiftung »Pro Oriente« ist hierbei ein unersetzliches Gesprächs- und Arbeitsforum und ruft geradezu nach verstärkter Beteiligung der Norica.

In ihrer 125-jährigen Geschichte hat Norica, oft unter Konflikten, Rückschlägen und Niederlagen, aber doch immer wieder unermüdlich im katholischen Österreich die Erneuerung weitergetragen, sei es am Beginn des 20. Jahrhunderts als Ferment des katholisch-konservativen und des christlichsozialen Segments, in der Auseinandersetzung zwischen Monarchie und Republik oder in den 30er-Jahren als Träger des österreichischen Überlebenswillens durch die Gründung des Österreichischen Cartellverbandes, in der Bewahrung der West-Ost-Ellipse Österreichs als Einheit, bei der Integration der ÖVP-Bünde und im Dialog zwischen den katholischen Gruppierungen. Kluge Reformen sind alles eher als eine Kapitulation vor einem diffusen Zeitgeist.

Das Fortschreiten der Geschichte ist immer auch ein Abschiednehmen. Jeder Anfang hat nicht nur seine jubelnden Seiten, sondern auch Momente fast schmerzlichen Ernstes, in denen manchmal Vertrautes und dadurch selbstverständlich Erscheinendes zurückgelassen wird. Reife besteht darin, diesen Ernst mit der Hoffnung auf ein Gelingen im Morgen zu verbinden. Norica muss diesen Weg beschreiten, Mut ohne Übermut zu entfalten, Selbstbewusstsein ohne Selbstverliebtheit.

Das Vertrauen zwischen den Mitgliedern der Verbindung ist zugleich ein Zutrauen in die schöpferische Kraft der Norica. Es ist auch ein Zutrauen in die eigene Kraft eines jeden Mitgliedes und damit eine Aufforderung an alle, das Beste zu geben. Dann wird es auch gelingen, in der diffusen Gemengelage einer kinderarmen

Spätwohlstandsgesellschaft das Außergewöhnliche zu repräsentieren. Das Außergewöhnliche hat seine Leuchtkraft und zieht immer wieder beste Köpfe an. Norica hat kurz nach ihrer Gründung ihre erste Krise erlebt und überstanden. Wir müssen uns immer wieder um diese proaktive, nicht bloß reaktive Haltung bemühen. Dann sind wir eine Stadt auf dem Berge, die nicht verborgen bleibt, sondern ein großer Ort der Anziehung ist![20]

---

20   Mt. 5, 14.

Michael Schweitzer

Europäische Union:
Integration durch Richterrecht

I.

Mit dem Beitritt zur Europäischen Union (EU) hat Österreich sich einem System eingegliedert, das – zumindest teilweise – zu einer fundamentalen Änderung seiner verfassungsrechtlichen Strukturen geführt hat[1]. Diese Änderung ist durchaus vergleichbar mit der nach dem Ersten Weltkrieg, als die Doppelmonarchie Österreich-Ungarn zerfiel, die monarchische durch die republikanische Staatsform abgelöst und dementsprechend eine völlig neue Verfassung beschlossen wurde.

Die EU bricht – jedenfalls in einem Teilbereich, der sogenannten 1. Säule, die die Europäische Gemeinschaft (EG) und die Europäische Atomgemeinschaft (EAG) umfasst – mit der Tradition der Souveränität. Diese ist Jahrhunderte lang im Zentrum der internationalen Beziehungen gestanden. Sie vermittelte Unabhängigkeit, Gleichheit und Völkerrechtsunmittelbarkeit. Sie prägte das Völkerrecht, bedingte dessen Koordinationscharakter und Relativität und führte zu der bis heute unbehobenen Strukturschwäche der Völkerrechtsordnung[2].

Durch die in den 50er-Jahren des 20. Jahrhunderts gegründeten Europäischen Gemeinschaften EG und EAG wurde diese Ordnung durchbrochen. Es entstand die sogenannte Supranationalität. Dieser Begriff, der ursprünglich in Art. 9 Abs. 4 und 5 des heute nicht mehr existierenden Vertrags über die Gründung der Europäischen Gemeinschaft für Kohle und Stahl vom 18. April 1951 (EGKS) verwendet, später aber wieder gestrichen wurde, ist seither fester Bestandteil der politischen und wissenschaftlichen Terminologie.

Die Supranationalität relativiert die Souveränität, die klassische zwischenstaatliche Koordination wird zur Subordination. Die Souveränität wird einer »Fremdbestimmung« unterworfen. Daher definiert man Supranationalität auch als über der nationalen Souveränität stehende Hoheitsgewalt, die von den Mitgliedstaaten

---

1 Theo Öhlinger, Verfassungsrecht, Wien [7]2007, Rn. 137, spricht von einer grundlegenden Veränderung des Verfassungsbegriffs. Vgl. im Einzelnen dazu Theo Öhlinger, Die Transformation der Verfassung, in: JBl. 2002, S. 2 ff.

2 Vgl. dazu Neuhold, in: Hanspeter Neuhold/Waldemar Hummer/Christoph Schreuer (Hrsg.), Österreichisches Handbuch des Völkerrechts, Bd. 1, Wien [4]2004, Rn. 34 ff.

übertragene Souveränitätsrechte eigenständig handhaben kann[3]. Dabei kann es zur Willensbildung der supranationalen Hoheitsgewalt auch gegen den Willen einzelner oder sogar aller beteiligten Staaten kommen. Bewirkt wird dies durch die Gründungsverträge der Europäischen Gemeinschaften (EGV, EAGV), beispielsweise durch folgende institutionelle Bestimmungen:

(1) verbindliche Mehrheitsbeschlüsse in mit Vertretern der Mitgliedstaaten besetzten Gesetzgebungsorganen[4];

(2) verbindliche Beschlüsse in von den Mitgliedstaaten unabhängigen Organen[5];

(3) unmittelbare Geltung von verbindlichen Beschlüssen in den Mitgliedstaaten[6].

Natürlich stellt die Eingliederung in ein supranationales System einen freiwilligen Akt dar. Im Falle Österreichs geschah das – wie bei allen Mitgliedstaaten, die später hinzugekommen sind – durch einen Beitrittsvertrag. Dieser ist ein klassischer völkerrechtlicher Vertrag und bedarf der Ratifikation. Durch diesen Vertrag werden Souveränitätsrechte übertragen und die erwähnte Subordination wird hergestellt.

Trotz der Freiwilligkeit des Beitritts wird dieser aber – ist er einmal vollzogen – nach Ansicht vieler unwiderruflich. Ohne dass der Gerichtshof der Europäischen Gemeinschaften (EuGH) dies bislang entschieden hat, geht man davon aus, dass ein Austritt – außer mit Zustimmung aller Mitgliedstaaten – rechtlich gesehen nicht mehr möglich ist. Begründet wird dies insbesondere mit einer fehlenden Austritts- oder Kündigungsklausel[7]. Eine solche »ewige« Bindung verschärft natürlich die souveränitätsbeschränkende Wirkung der Supranationalität. Dies ist wohl auch der Grund dafür, dass im Vertrag über die Europäische Union vom 7. Februar 1992 (EUV) in der Fassung des – vorerst gescheiterten – Vertrags von Lissabon (des sogenannten Reformvertrags) vom 13. Dezember 2007, ein Austrittsrecht ausdrücklich vorgesehen ist (Art. 50).

Der Beitritt vollzieht sich im Rahmen des Verfahrens nach Art. 49 EUV. In dem dort vorgesehenen Beitrittsvertrag wird das Ausmaß der zu übernehmenden Verpflichtungen festgelegt. Das Grundprinzip ist dabei die Übernahme des sogenannten *acquis communautaire*, d. h. des gesamten Rechtszustands. Dazu zählen das primäre (Gründungsverträge samt Änderungen und Ergänzungen) und das sekundäre (Rechtsakte der Organe) Gemeinschafts- und Unionsrecht sowie die von den

---

3   Vgl. z. B. Michael Schweitzer, Supranationalität, in: Katholisches Soziallexikon, Innsbruck, Graz u. a. ²1980, Spalte 307 f.

4   Vgl. Art. 205 Abs. 2 EGV.

5   Vgl. Art. 213 Abs. 2 in Verbindung mit Art. 219 EGV.

6   Vgl. Art. 249 Abs. 2 EGV.

7   S. z.B. Léontin-Jean Constantinesco, Das Recht der Europäischen Gemeinschaften, Bd. I, Baden-Baden 1977, 182; Hans P. Ipsen, Europäisches Gemeinschaftsrecht, Tübingen 1972, 99.

Europäischen Gemeinschaften abgeschlossenen völkerrechtlichen Verträge. Dieser acquis communautaire gilt sowohl in seiner geschriebenen Form als auch in seiner Auslegung durch den EuGH.

II.

Die Gründungsstaaten der Europäischen Gemeinschaften kannten nur den geschriebenen *acquis communautaire,* konnten aber nicht vorhersehen, was der EuGH mittels Auslegung daraus machen würde. Später beitretende Staaten wussten darüber Bescheid. Für alle aber stellt sich – und daran wird sich auch in Zukunft nichts ändern – das Problem der »Integration durch Richterrecht«.

Gemeint ist damit, dass der EuGH sich in seiner Rechtsprechung teilweise vollständig vom Wortlaut der Gründungsverträge löst und in einer zielorientierten, teleologischen Auslegung Rechtsfortbildung betreibt und dabei Neues schafft, mit dem in vielen Fällen kaum jemand rechnen konnte. Er tritt dabei gewissermaßen an die Stelle des »Gesetzgebers«, d. h. der Mitgliedstaaten als Herren der Verträge, denn Neues kann eigentlich nur in einem Vertragsänderungsverfahren gemäß Art. 48 EUV geschaffen werden.

Dieser Artikel sieht eine Regierungskonferenz vor, die einen Antrag eines Mitgliedstaates und eine positive Stellungnahme des Rates voraussetzt. Der auf der Konferenz einstimmig ausgehandelte Vertrag bedarf der Ratifikation durch alle Mitgliedstaaten. Damit ist der Einfluss jedes einzelnen Mitgliedstaats absolut, er kann jederzeit jede Vertragsänderung oder -ergänzung verhindern.

Dieser Einfluss fällt gänzlich weg, wenn Rechtsfortbildung durch den EuGH stattfindet. Und dies ist in großem Ausmaß geschehen. Die vom EuGH angewandte Methode ist im Ansatz teleologisch, geht aber über die in vielen Mitgliedstaaten übliche Auslegung und ergänzende Rechtsfindung hinaus. Die Wortlautschranke wird überwunden, Rechtsfortbildung wird als Auslegung verstanden. Entscheidend sind dabei sowohl »Geist, Aufbau und Wortlaut« einer Bestimmung als auch »System und Ziele des Vertrages«[8]. Besonderer Stellenwert wird dem Kriterium der praktischen Wirksamkeit (Effektivitätsprinzip, effet utile) einzelner Vorschriften[9], dem Prinzip der Sicherung der Funktionsfähigkeit der Gemeinschaft[10] sowie dem Erfordernis der einheitlichen Geltung des Gemeinschaftsrechts[11] eingeräumt. Da-

---

8   S. z. B. EuGH, Rechtssache (Rs.) 6/72, Europemballage u. a./Kommission, Slg. 1973, 215 ff., Rn. 22.
9   S. z. B. EuGH, Rs. 48/75, Royer, Slg. 1976, 497 ff., Rn. 69/73.
10   S. dazu Ipsen, Europäisches Gemeinschaftsrecht, 282 ff.
11   S. z.B. EuGH, Rs. 11/70, Internationale Handelsgesellschaft, Slg. 1970, 1125 ff., Rn. 3.

mit wird der EuGH zum vielzitierten »Motor der Integration«. Der Generalanwalt Dámaso Ruiz-Jarabo Colomer hat dies so ausgedrückt[12]:

>»1. Einem lateinamerikanischen Juristen zufolge gibt es drei Arten von Richtern: Die Handwerker, wahre Automaten, die mit bloßen Händen Urteile in Serie und in rauen Mengen produzieren, ohne in die Bereiche des Menschlichen oder der sozialen Ordnung hinabzusteigen, die Kunsthandwerker, die Hand und Hirn benutzen und sich dabei den traditionellen Auslegungsregeln unterwerfen, die sie unweigerlich dazu führen, den Willen des Gesetzgebers ohne weiteres umzusetzen, und die Künstler, die mit Hilfe der Hände, des Kopfes und des Herzens den Bürgern weitere Horizonte eröffnen, ohne der Realität und den konkreten Sachverhalten den Rücken zu kehren.
>2. Zwar werden für die Rechtsprechungstätigkeit alle drei gebraucht, doch hat sich der Gerichtshof gemäß der ihm zustehenden Rolle immer mit der letzten Kategorie identifiziert, insbesondere, wenn die unaufhaltsame Entwicklung der Ideen, die das Entstehen der Gemeinschaft erhellten, ins Stocken geriet.«

Hintergrund dieser Methode ist die Rechtsprechung des EuGH zur Eigenständigkeit der Gemeinschaftsrechtsordnung, auf die noch einzugehen sein wird. Als Rechtsordnung sui generis, deren Grundlage, der EGV, vom EuGH als »Verfassungsurkunde einer Rechtsgemeinschaft« eingestuft wird[13], der sich demgemäß in seinem Selbstverständnis als Verfassungsgericht versteht, hat sie keine methodischen Vorgaben. Diese müssen innerhalb der Rechtsordnung erst neu geschaffen werden, wozu unbestritten der EuGH mit seinem Auslegungsmonopol zuständig ist. Dazu kommt, dass es für die EG keine Vorgänger bzw. Vorbilder gibt und dass bei der Entwicklung einer eigenständigen Methode ursprünglich sechs, heute 27 Richter aus sechs bzw. 27 verschiedenen Rechtsordnungen mit durchaus divergierenden methodischen Ansätzen beteiligt sind. Sicher ist nur, dass diese Rechtsordnung sui generis nicht dem Völkerrecht zugerechnet wird und daher auch nicht die dort praktizierte Methode übernimmt, die, wie angesprochen, in der Souveränität wurzelt und daher vom Grundsatz »in dubio pro supremitate (= Souveränität)« ausgeht.

Wozu die vom EuGH entwickelte Methode führt, kann zunächst an zwei kleinen Beispielen gezeigt werden. Je nach Lage der Dinge bedeutet für ihn »und« eigentlich »oder« bzw. »oder« eigentlich »und«. Im ersten Fall ging es um Art. 81

---

12 Verb. Rs. C-11/06 und C-12/06, Morgan und Bucher, Schlussanträge, noch nicht amtlich veröffentlicht, Rn. 1.
13 EuGH, Gutachten 1/91, Europäischer Wirtschaftsraum, Slg. 1991, I-6079 ff., Rn. 21.

Abs. 1 EGV, der u. a. Vereinbarungen verbietet, die im zwischenstaatlichen Handel Wettbewerbsverfälschungen »bezwecken oder bewirken«. Allerdings hieß es in der (heute geänderten) italienischen Fassung des Art. 81 Abs. 1 EGV »bezwecken und bewirken«. Der EuGH legte diese Bestimmung im Ergebnis entgegen der italienischen Sprachfassung dahingehend aus, dass das »und« als »oder« zu lesen sei, und dass schon dann ein Verstoß gegen Art. 81 Abs. 1 EGV anzunehmen sei, wenn auch nur eines der beiden Tatbestandselemente vorliege[14]. Dahinter steht die Überlegung, dass mit dieser Auslegung wesentlich mehr Vereinbarungen vom Kartellverbot umfasst werden, was dem Sinn der Bestimmung, nämlich die Freiheit des Wettbewerbs zu garantieren, am besten entspreche. So gesehen ist das Ergebnis durchaus sinnvoll, hatte doch das betroffene Unternehmen im Grunde genommen argumentiert, es habe zwar eine Wettbewerbsverfälschung bezweckt, diese sei aber nicht gelungen. Von einer Wortlautinterpretation ausgehend ist das Ergebnis allerdings kaum akzeptabel.

Im zweiten Fall ging es um die Auslegung des Art. 228 Abs. 2 Unterabs. 2 und 3 EGV. Dort ist vorgesehen, dass der EuGH auf Antrag der Kommission gegen einen Staat, der ein Urteil des EuGH nicht befolgt, einen »Pauschalbetrag oder (ein) Zwangsgeld« verhängen kann. Frankreich hatte viele Jahre lang keine ausreichenden Maßnahmen ergriffen, um einem Urteil des EuGH aus dem Jahre 1991 Folge zu leisten. Die Kommission klagte daher im Jahre 2002 gegen Frankreich und beantragte die Verhängung eines Zwangsgeldes. Der EuGH entsprach diesem Antrag und verurteilte Frankreich außerdem – obwohl die Kommission dies gar nicht beantragt hatte – zur Zahlung eines Pauschalbetrags[15]. Dass dies entgegen dem Wortlaut des Art. 288 Abs. 2 Unterabs. 2 und 3 EGV möglich ist, dass das dortige »oder« also als »und« zu lesen ist, hat der EuGH damit begründet, dass dies der richtige Weg wäre, einen säumigen Mitgliedstaat zu veranlassen, ein Urteil zu befolgen, und damit die wirksame Anwendung des Gemeinschaftsrechts zu gewährleisten. Und er führte aus[16]:

> »Im Hinblick auf den mit Art. 228 EG verfolgten Zweck ist die Verwendung der Konjunktion ›oder‹ in Abs. 2 dieser Bestimmung daher in einem kumulativen Sinne zu verstehen.«

In diesem Verfahren zeigten sich ganz deutlich die unterschiedlichen Methoden der Auslegung in den Mitgliedstaaten. Während vier Staaten (von damals 25) in ihren

---

14   EuGH, Rs. C-219/95 P, Ferriere Nord, Slg. 1997, I-4411 ff.
15   EuGH, Rs. C-304/02, Kommission/Frankreich, Slg. 2005, I-6263 ff.
16   EuGH, Rs. C-304/02, Kommission/Frankreich, Slg. 2005, I-6263 ff., Rn. 83.

Stellungnahmen die Auslegung des EuGH unterstützten, lehnten 13 (darunter Österreich) diese ab. Daraus ergibt sich, dass die Methode des EuGH bei der Mehrzahl, aber nicht bei allen Mitgliedstaaten auf Kritik stößt.

Schon diese beiden Fälle zeigen den besonderen Ansatz des EuGH, der vielfach mit »in dubio pro communitate« umschrieben wird[17]. Es ist daher auch nicht verwunderlich, dass der EuGH immer wieder heftig kritisiert wurde. Wenn, wie im Fall des Art. 228 Abs. 2 EGV, mehr als die Hälfte aller Mitgliedstaaten eine Bestimmung anders auslegt als der EuGH, so muss dies Kritik hervorrufen. Und meist haben die Kritiker, von ihrem methodischen Standpunkt aus gesehen, durchaus Recht. Nur steht dieser nicht immer in Übereinstimmung mit dem des EuGH, wie auch folgendes Beispiel zeigt.

Kurz vor der Übernahme des EU-Vorsitzes durch Österreich gab der damalige Bundeskanzler Wolfgang Schüssel der »Süddeutschen Zeitung« ein Interview[18], in dem er auf die Pläne seiner Präsidentschaft für das erste Halbjahr 2006 einging und zudem allgemein zu Fragen der europäischen Integration Stellung nahm. Dabei hat er auch den EuGH getadelt und moniert, dass dieser prinzipiell rückwirkende Entscheidungen treffe sowie die Verhältnismäßigkeit und Subsidiarität nicht prüfe. Der EuGH lege »schleichend eine zentralistische Note in die Rechtsprechung« hinein und »weite in den letzten Jahren systematisch europäische Befugnisse aus, selbst in Bereichen, wo es dezidiert kein Gemeinschaftsrecht« gebe. Schließlich führte Schüssel aus:

> »Da entstehen plötzlich Judikate etwa über die Rolle der Frauen in der deutschen Bundeswehr oder über den Universitätszugang ausländischer Studenten an österreichischen Hochschulen – das ist klares nationales Recht.«

Die ersten drei Vorwürfe sind nicht zutreffend. Dass Urteile rückwirkend getroffen werden, etwa bei der Nichtigerklärung von Rechtsakten oder bei der Auslegung von primärem oder sekundärem Gemeinschaftsrecht, ist gute Tradition auch vieler Höchst- oder Verfassungsgerichte der Mitgliedstaaten bei der Gesetzesprüfung. So wirkt etwa die Nichtigerklärung eines Gesetzes durch das deutsche Bundesverfassungsgericht »ex tunc«, d. h. das Gesetz ist von Anfang an als nichtig anzusehen[19]. Und selbst in Österreich tritt die Aufhebung eines Gesetzes oder einer Verordnung zwar grundsätzlich erst mit Ablauf des Tages der Kundmachung in Kraft und wirkt »ex nunc«, auf den Anlassfall wirkt die Aufhebung allerdings stets zurück[20].

---

17 So schon Ipsen, Europäisches Gemeinschaftsrecht, 132.
18 Süddeutsche Zeitung vom 1. Jänner 2006
19 Vgl. Klaus Schlaich/Stefan Korioth, Das Bundesverfassungsgericht, München [7]2007, Rn. 367 ff.
20 S. Öhlinger, Verfassungsrecht, Rn. 1031 f.

Das Verhältnismäßigkeitsprinzip wurde vom EuGH im Rahmen seiner – noch zu behandelnden – Rechtsprechung zu den allgemeinen Rechtsgrundsätzen mangels einer Verankerung in den Gründungsverträgen schon in den Anfangsjahren seiner Tätigkeit zum Bestandteil des primären Gemeinschaftsrechts erklärt[21], also lange bevor es in Art. 5 Abs. 3 EGV kodifiziert worden ist[22].

Und seit diesem Zeitpunkt hat der EuGH das Prinzip konsequent zur Anwendung gebracht, insbesondere auch in den zwei von Wolfgang Schüssel zitierten Urteilen. Die Kritik ist daher eher so zu verstehen, dass der EuGH bei der Verhältnismäßigkeitsprüfung nicht immer im Sinne der betroffenen Staaten entscheidet. So wurden beispielsweise bis Ende 2006 insgesamt sieben Urteile im Rahmen von Vertragsverletzungsklagen der Kommission gegen Österreich gemäß Art. 226 Abs. 2 EGV gefällt, in denen es um die Verhältnismäßigkeit ging. In allen Fällen fiel die Entscheidung zuungunsten Österreichs aus[23]. Andererseits aber hat der EuGH in einer Reihe von Vorabentscheidungsverfahren gemäß Art. 234 EGV bei einer Verhältnismäßigkeitsprüfung zugunsten Österreichs entschieden[24].

Im Falle der Frage von Frauen in der deutschen Bundeswehr war das Urteil des EuGH[25] zudem überhaupt nicht zu beanstanden. Denn es lässt sich einfach nicht begründen, dass eine zur Elektronikerin ausgebildete Frau nicht Berufssoldatin mit dem Verwendungszweck Instandsetzung werden durfte und dass dies keinen Verstoß gegen die Richtlinie 76/207/EWG des Rates zur Verwirklichung des Grundsatzes der Gleichbehandlung von Männern und Frauen hinsichtlich des Zugangs zur Beschäftigung, zur Berufsbildung und zum beruflichen Aufstieg sowie in Bezug auf die Arbeitsbedingungen vom 9. Februar 1976[26] darstellte. Das vom EuGH in dieser Frage konsequent angewandte Verhältnismäßigkeitsprinzip brachte ihn bei einem anderen Fall zum gegenteiligen Ergebnis. Die Ablehnung der Einstellung einer britischen Staatsangehörigen als Köchin bei den Royal Marines sah der EuGH als verhältnismäßig an, da diese Einheit die »Speerspitze« der Streitkräfte bilde, die jeweils an der vordersten Front eingreifen müsse. Und nach dem Erfordernis der »allseitigen Verwendbarkeit« müssten dann auch Köche kämpfen. Daher sei es verhältnismäßig, nur Männer zu den Royal Marines zuzulassen[27].

---

21 S. z. B. (noch sehr zurückhaltend) EuGH, Rs. 73/69, Oehlmann, Slg. 1970, 467 ff., Rn. 2 ff.
22 Art. 5 Abs. 3 EGV wurde 1993 durch den Vertrag von Maastricht, also viele Jahre nach dem ersten Urteil des EuGH zur Verhältnismäßigkeit, kodifiziert.
23 Z. B. EuGH, Rs. C-320/03, Kommission/Österreich, Slg. 2005, I-9871 ff. (= sektorales Fahrverbot auf der Inntalautobahn).
24 Z. B. EuGH, Rs. C-112/00, Schmidberger, Slg. 2003, I-5659 ff., Rn. 36 ff. (= Brenner-Blockade).
25 EuGH, Rs. C-285/98, Tanja Kreil, Slg. 2000, I-69 ff.
26 ABl. 1976, Nr. L 39, 40 ff.
27 EuGH, Rs. C-273/97, Sirdar, Slg. 1999, I-7403 ff.

Was das Subsidiaritätsprinzip betrifft, so hat es in der bisherigen Rechtsprechung des EuGH kaum eine Rolle gespielt. Wird die Subsidiarität geltend gemacht, so hat er sie jedenfalls jeweils geprüft[28]. Er tut dies aber nicht von Amts wegen, was auch nicht seine Aufgabe ist. Er hat allerdings noch nie einen Rechtsakt wegen Verstoßes gegen das Subsidiaritätsprinzip für nichtig erklärt.

Der Schwerpunkt der Schüssel'schen Kritik liegt bei der Kompetenzfrage bzw. der Frage nach dem Umfang des sachlichen Anwendungsbereichs des EG-Rechts, von der aber die anderen Punkte nicht zu trennen sind. Natürlich ist im EGV nirgends auch nur andeutungsweise eine Kompetenz im Bereich des nationalen Heereswesens vorgesehen. Auf der anderen Seite lässt sich aber nicht bestreiten, dass die Richtlinie 76/207/EWG, um die es im Fall der Berufssoldatin in der deutschen Bundeswehr ging und deren Kompetenzmäßigkeit unbestritten ist, sich auch auf die Beschäftigung des Berufssoldaten bezieht. Darum ist ein Berufsverbot für Frauen eben auch dann an der Richtlinie zu messen, wenn es um das Heereswesen geht. In Deutschland führte das dazu, dass das Grundgesetz geändert werden musste, das in Art. 12 a Abs. 4 S. 2 den Dienst mit der Waffe für Frauen untersagte. Die Vorschrift lautet heute: »(Frauen) dürfen auf keinen Fall zum Dienst mit der Waffe verpflichtet werden.«

Diese gewissermaßen »indirekten« Kompetenzen der EG haben immer wieder zu dem Vorwurf geführt, der EuGH mische sich in Angelegenheiten ein, die in der ausschließlichen Kompetenz der Mitgliedstaaten stünden. Besonders häufig war dies bei den Grundfreiheiten im Zusammenhang mit dem Arbeits- und Sozialrecht der Fall. Am weitesten geht in diesem Zusammenhang die Rechtsprechung zu Art. 12 und Art. 18 EGV.

Art. 12 Abs. 1 EGV verbietet – unbeschadet spezieller Diskriminierungsverbote – im (persönlichen und sachlichen) Anwendungsbereich des Vertrags jede Diskriminierung aus Gründen der Staatsangehörigkeit. Während der persönliche Anwendungsbereich des Diskriminierungsverbots unbestritten ist (= Unionsbürger im Sinne des Art. 17 Abs. 1 EGV) und die Einbeziehung juristischer Personen, die einem Mitgliedstaat zuzurechnen sind, trotz einer etwas vagen Rechtsprechung des EuGH[29] allgemein anerkannt ist, war der sachliche Anwendungsbereich lange Zeit nicht einfach festzulegen. Das hing insbesondere damit zusammen, dass der EuGH auf eine funktionale Betrachtungsweise abstellte, indem er sich an den Zielen des EGV orientierte und den Zusammenhang mit der Errichtung und dem Funktionieren des Gemeinsamen Marktes betonte[30]. In seiner neueren Rechtsprechung ist

---

28   Z.B. EuGH, Rs. C-377/98, Niederlande/Parlament und Rat, Slg. 2001, S. I-7079 ff., Rn. 30 ff.
29   S. z. B. EuGH, verb. Rs. C-92/92 und C-326/92, Phil Collins, Slg. 1993, S. I-5145 ff., Rn. 30.
30   S. z. B. EuGH, Rs. C-122/96, Saldanha u. a., Slg. 1997, S. I-5325 ff., Rn. 16 ff.

der EuGH sehr viel präziser geworden, indem er eine Verbindung mit Art. 18 EGV (allgemeines Aufenthaltsrecht) hergestellt und damit dem Diskriminierungsverbot eine völlig neue und unerwartete Dimension gegeben hat.

Es begann mit dem Urteil in der Rs. Bickel und Franz[31]. Darin ging es um die Frage, ob sich ein österreichischer und ein deutscher Staatsangehöriger in der Provinz Bozen dann auf eine Sprachenwahlregel zwischen Deutsch und Italienisch vor einem Strafgericht berufen konnten, wenn dies für Bürger der Provinz Bozen vorgesehen war. Nach herkömmlichem Verständnis des Art. 12 Abs. 1 EGV war dies nicht der Fall, weil diese Möglichkeit der Sprachenwahl nichts mit der Errichtung und dem Funktionieren des Gemeinsamen Marktes zu tun hat. Der EuGH stellte in seinem Urteil auf Art. 18 Abs. 1 EGV ab und kam zu dem Schluss, dass eine derartige Sprachenwahlklausel vor einem Strafgericht geeignet sei, die Ausübung der Freiheit des Art. 18 Abs. 1 EGV zu erleichtern. Folglich hätten Personen, die von ihrem Recht der Freizügigkeit gemäß Art. 18 Abs. 1 EGV Gebrauch machen, grundsätzlich nach Art. 12 Abs. 1 EGV einen Anspruch darauf, nicht gegenüber Inländern insofern ungleich behandelt zu werden, als es um die Benutzung der dort verwendeten Sprachen gehe (Rn. 15 ff.).

Daraus folgt nun, dass ein Unionsbürger, der sich gemäß den Bedingungen des Art. 18 Abs. 1 EGV rechtmäßig im Gebiet eines anderen Mitgliedstaats aufhält, in allen Situationen, die mit diesem Aufenthaltsrecht etwas zu tun haben, sich auf das allgemeine Diskriminierungsverbot des Art. 12 Abs. 1 EGV berufen kann. So gesehen gibt es allerdings nicht mehr sehr viele Lebenssachverhalte, die nicht unter Art. 12 Abs. 1 EGV in Verbindung mit Art. 18 Abs. 1 EGV fallen. Es verwunderte daher auch nicht, dass der EuGH über diese Konstruktion in einem anderen Fall beispielsweise zu dem Ergebnis kam, dass auch das Namensrecht unter das allgemeine Diskriminierungsverbot falle[32], ein Ergebnis, das vor dieser Rechtsprechung kaum vorstellbar war.

Diese von der Literatur zunächst vorsichtig aufgenommene Schlussfolgerung aus dem Urteil in der Rs. Bickel und Franz hat der EuGH in mehreren Urteilen bestätigt[33]. Er hat sie insofern auch noch vervollständigt, als er in der Rs. Trojani festgestellt hat, dass sich ein Unionsbürger auch dann auf Art. 12 Abs. 1 EGV berufen kann, wenn sein Aufenthaltsrecht nicht aus Art. 18 Abs. 1 EGV, sondern nur aus einer Aufenthaltserlaubnis eines Mitgliedstaates abzuleiten ist[34].

Zusammenfassend bedeutet dies Folgendes: Jeder Unionsbürger, der sich (gemeinschaftsrechtlich oder nationalrechtlich gesehen) rechtmäßig in einem anderen

---

31   EuGH, Rs. C-274/96, Bickel und Franz, Slg. 1998, I-7637 ff.

32   EuGH, Rs. C-148/02, Garcia Avello, Slg. 2003, I-11613 ff.

33   Z.B. EuGH, Rs. C-184/99, Grzelczyk, Slg. 2001, I-6193 ff.; Rs. C-209/03, Bidar, Slg. 2005, I-2119 ff.

34   EuGH, Rs. C-456/02, Trojani, Slg. 2004, I-7573 ff., Rn. 31 ff.

Mitgliedstaat aufhält, ist – vorbehaltlich anderslautender sekundärrechtlicher Bestimmungen – in allen Bereichen, die mit dem Aufenthalt in Zusammenhang stehen, genauso zu behandeln wie die Inländer. Offensichtlich anzunehmende Ausnahmen, wie z. B. Staatsbürgerschaft oder Wahlrecht zum nationalen Parlament, können nur mehr auf der Rechtfertigungsebene angesiedelt werden.

III.

Hier ist nun die Schnittstelle zu dem Problem der Integration durch Richterrecht. Während die Entscheidungen, die Wolfgang Schüssel in seiner Kritik des EuGH angeführt hat, und wohl auch die Rechtsprechung zu Art. 12 in Verbindung mit Art. 18 EGV aus juristisch-dogmatischer Sicht nicht zu beanstanden sind, zeigen alle drei Beispiele, wie stark der EuGH mit seiner Rechtsprechung in die Staatlichkeit der Mitgliedstaaten eingreift und damit die Supranationalität immer mehr ausweitet und verstärkt. Der Anwendungsbereich des Gemeinschaftsrechts erfasst damit immer öfter Materien, die im vitalen nationalen Interesse der Mitgliedstaaten liegen, wie dies im Falle des Hochschulzugangs für Österreich evident war[35].

Betrachtet man den *acquis communautaire*, so lässt sich überhaupt feststellen, dass im Bereich der Grundsatzfragen rund 50 % aller »Baugesetze« des Gemeinschaftsrechts Richterrecht darstellen und nicht den Vertragstexten zu entnehmen sind. Dies gilt beispielsweise für folgende Fälle:

(1) Das Gemeinschaftsrecht als Recht sui generis

Wie schon angeführt, war die Rechtsprechung über die Rechtsnatur des Gemeinschaftsrechts und die Einstufung als Recht sui generis sowie die damit verbundene Loslösung von der völkerrechtlichen Methodik die Grundlage für die Rolle, die der EuGH im geschilderten Ausmaß eingenommen hat. Grundlegend war dabei der Satz aus dem Urteil in der Rs. Costa/ENEL[36]:

>»Zum Unterschied von gewöhnlichen internationalen Verträgen hat der EWG-Vertrag eine eigene Rechtsordnung geschaffen, die bei seinem Inkrafttreten in die Rechtsordnungen der Mitgliedstaaten aufgenommen worden und von ihren Gerichten anzuwenden ist.«

---

35   S. EuGH, Rs. C-147/03, Kommission/Österreich, Slg. 2005, I-5969 ff.
36   EuGH, Rs. 6/64, Costa/ENEL, Slg. 1964, 1251 ff., 1269.

Ergänzt wurde diese Qualifizierung durch die Feststellung, dass das Gemeinschaftsrecht »ein aus einer autonomen Rechtsquelle fließende(s) Recht« darstelle[37].

(2) Der Vorrang des Gemeinschaftsrechts

Das Vertragsrecht enthält keine Regelung des Rangverhältnisses zwischen mitgliedstaatlichem Recht und Gemeinschaftsrecht. Der EuGH hat einen Vorrang des Gemeinschaftsrechts bejaht, wobei zwei grundlegende Überlegungen im Vordergrund stehen. Wenn das Gemeinschaftsrecht zum einen nicht dem Völkerrecht zuzuordnen ist, sind auch die üblichen Lösungsversuche des Verhältnisses des Völkerrechts zum nationalen Recht nicht maßgeblich. Zum anderen stellt der EuGH darauf ab, dass ein Gemeinsamer Markt nur funktionieren kann, wenn das Gemeinschaftsrecht einheitlich in allen Mitgliedstaaten zur Anwendung kommt. Daher müsse das Gemeinschaftsrecht selbst seine Wirkungen in den Mitgliedstaaten regeln und Vorrang beanspruchen. Zusammengefasst lautet das Ergebnis[38]:

> »Aus alledem folgt, dass dem vom Vertrag geschaffenen, somit aus einer autonomen Rechtsquelle fließenden Recht wegen dieser seiner Eigenständigkeit keine wie immer gearteten innerstaatlichen Rechtsvorschriften vorgehen können, wenn ihm nicht sein Charakter als Gemeinschaftsrecht aberkannt und wenn nicht die Rechtsgrundlage der Gemeinschaft selbst in Frage gestellt werden soll.«

Das Ausmaß des Vorrangs hat der EuGH einige Jahre später konkretisiert und dabei einen absoluten Vorrang, d. h. einen Vorrang gegenüber dem gesamten mitgliedstaatlichen Recht, somit auch gegenüber der gesamten Verfassung konstatiert[39]:

> »Daher kann es die Gültigkeit einer Gemeinschaftshandlung oder deren Geltung in einem Mitgliedstaat nicht berühren, wenn geltend gemacht wird, die Grundrechte in der ihnen von der Verfassung dieses Staates gegebenen Gestalt oder die Strukturprinzipien der nationalen Verfassung seien verletzt.«

Die genauen Wirkungen des Vorrangs hat der EuGH erst in jüngerer Zeit unmissverständlich festgelegt. Er stellt dabei auf einen Anwendungsvorrang ab, was im

---

37 EuGH, Rs. 6/64, Costa/ENEL, Slg. 1964, 1251 ff., 1269.
38 EuGH, Rs. 6/64, Costa/ENEL, Slg. 1964, 1251 ff., 1270.
39 EuGH, Rs. 11/70, Internationale Handelsgesellschaft, Slg. 1970, 1125 ff., Rn. 3.

Gegensatz zu einem die Nichtigkeit bewirkenden Geltungsvorrang dazu führt, dass die widersprechende mitgliedstaatliche Norm nicht in ihrer Existenz betroffen ist, sondern lediglich unangewendet bleibt[40].

(3) Die unmittelbare Geltung des primären Gemeinschaftsrechts

Während das Völkerrecht innerstaatlich erst dann Wirkungen entfalten kann, wenn es in irgendeiner Form durch einen nationalen Hoheitsakt ins innerstaatliche Recht inkorporiert wird (Transformation, Adoption, Vollzugsbefehl), geht der EuGH beim primären Gemeinschaftsrecht von einer unmittelbaren Wirkung oder Geltung aus. Daraus folgt, dass Behörden und Gerichte daran gebunden sind und dass es unmittelbare Rechte und Pflichten für den Einzelnen begründen kann. Hierin unterscheidet sich das Gemeinschaftsrecht am deutlichsten vom klassischen Völkerrecht, indem es nicht nur für die Mitgliedstaaten, sondern auch in den Mitgliedstaaten gilt. Gleichzeitig wird damit – wieder im Gegensatz zum Völkerrecht – dem Einzelnen Rechtssubjektivität innerhalb der Gemeinschaftsrechtsordnung zugesprochen.

Während für Verordnungen der EG eine solche unmittelbare Geltung ausdrücklich in Art. 249 Abs. 2 EGV vorgesehen ist, wurde dies für das primäre Gemeinschaftsrecht erst durch den EuGH festgelegt[41]:

»Unmittelbare Geltung bedeutet unter diesem Blickwinkel, dass die Bestimmungen des Gemeinschaftsrechts ihre volle Wirkung einheitlich in sämtlichen Mitgliedstaaten vom Zeitpunkt ihres Inkrafttretens an und während der gesamten Dauer ihrer Gültigkeit entfalten müssen. Diese Bestimmungen sind somit unmittelbare Quelle von Rechten und Pflichten für alle diejenigen, die sie betreffen, einerlei, ob es sich um die Mitgliedstaaten oder um solche Einzelpersonen handelt, die an Rechtsverhältnissen beteiligt sind, welche dem Gemeinschaftsrecht unterliegen. Diese Wirkung erstreckt sich auch auf jedes Gericht, das, angerufen im Rahmen seiner Zuständigkeit, als Organ eines Mitgliedstaats die Aufgabe hat, die Rechte zu schützen, die das Gemeinschaftsrecht den einzelnen verleiht.«

---

40 EuGH, verb. Rs. C-10/97 bis C-22/97, IN.CO.GE'90, Slg. 1998, I-6307 ff., Rn. 20 f.
41 EuGH, Rs. 106/77, Simmenthal, Slg. 1978, 629 ff., Rn. 14/16.

(4) Die allgemeinen Rechtsgrundsätze

Zu den Rechtsquellen des Gemeinschaftsrechts zählt der EuGH neben dem primären und sekundären Gemeinschaftsrecht sowie den von den Europäischen Gemeinschaften abgeschlossenen völkerrechtlichen Verträgen auch noch die allgemeinen Rechtsgrundsätze. Im EGV verweist Art. 288 Abs. 2 auf die »allgemeinen Rechtsgrundsätze, die den Rechtsordnungen der Mitgliedstaaten gemeinsam sind«; diese Bestimmung gilt aber nur für das Amtshaftungsrecht der EG. Dennoch hat der EuGH die allgemeinen Rechtsgrundsätze, über die Fälle der Amtshaftung hinaus, als eigenständige Rechtsquelle eingeführt und sie insbesondere zur Lückenschließung herangezogen. Im Rahmen der Rechtsquellentypologie zählen die allgemeinen Rechtsgrundsätze zum ungeschriebenen primären Gemeinschaftsrecht.

Einer der Hauptanwendungsbereiche sind die Rechtsstaatsprinzipien, wie z. B. der Grundsatz der Gesetzmäßigkeit der Verwaltung[42]. Durch diese Rechtsprechung[43] hat der EuGH der EG eine im primären Gemeinschaftsrecht nicht vorgesehene rechtsstaatliche Struktur gegeben, ohne die eine Hoheitsgewalt auf Dauer nicht akzeptabel ist.

(5) Die Grundrechte

Den wohl wichtigsten Anwendungsbereich der allgemeinen Rechtsgrundsätze stellen die Grundrechte dar. Die Gemeinschaftsrechtsordnung enthält bis heute noch keinen geschriebenen Katalog von Grundrechten. Es finden sich lediglich einige Grundrechte oder grundrechtsähnliche Rechte im EGV, wie zum Beispiel Art. 12 Abs. 1 EGV (allgemeines Diskriminierungsverbot aus Gründen der Staatsangehörigkeit) oder Art. 141 Abs. 1 EGV (Lohngleichheit für Mann und Frau).

Die – ebenfalls auf Dauer nicht akzeptable – Situation einer Hoheitsgewalt ohne Grundrechtsbindung hat der EuGH durch eine stufenweise Rechtsprechung bereinigt. Zusammenfassend lässt sich diese wie folgt darstellen:

a) Die Grundrechte gelten als allgemeine Rechtsgrundsätze[44].
b) Als Erkenntnisgrundlage dienen die Verfassungsüberlieferungen der Mitglied-

---

42 EuGH, Rs. 42 und 49/59, SNUPAT, Slg. 1961, 111 ff., 172.
43 Aufzählung der vom EuGH eingeführten Rechtsstaatsprinzipien bei Michael Schweitzer/Waldemar Hummer/Walter Obwexer, Europarecht. Das Recht der Europäischen Union, Wien 2007, Rn. 1188.
44 EuGH, Rs. 29/69, Stauder, Slg. 1969, 419 ff., Rn. 7.

staaten[45] sowie die von den Mitgliedstaaten abgeschlossenen Menschenrechts-
verträge[46], insbesondere die Europäische Menschenrechtskonvention[47].

c) Die Grundrechte haben Schranken[48], die sich aus den dem allgemeinen Wohl
dienenden Zielen der Gemeinschaft ergeben; sie dürfen dabei aber die Grundrechte nicht in ihrem Wesen antasten[49] und dürfen nicht unverhältnismäßig eingesetzt werden[50].

d) Es gibt einen Grundrechtskatalog, den der EuGH in vielen Einzelurteilen erstellt
hat[51]. Dieser Teil der Rechtsprechung wird obsolet, sollte der EUV in der Fassung
des – vorerst gescheiterten – Reformvertrags von Lissabon vom 13. Dezember
2007 doch in Kraft treten. Dort wird in Art. 6 Abs. 1 die Charta der Grundrechte
mit Vertragscharakter ausgestattet.

Mit dieser Rechtsprechung hat der EuGH einen Grundrechtsstandard geschaffen,
der sogar vom besonders grundrechtssensiblen deutschen Bundesverfassungsgericht als im Wesentlichen dem deutschen Grundrechtsschutz gleichwertig eingestuft wurde[52].

(6) Die unmittelbare Wirkung von Richtlinien

Art. 249 Abs. 2 EGV bestimmt für Verordnungen der EG eine unmittelbare Geltung in den Mitgliedstaaten. Damit tritt der oben dargestellte Effekt ein, zu dem
dann noch der absolute Vorrang kommt. Demgegenüber sieht Art. 249 Abs. 3 EGV
für Richtlinien eine ganz andere Konstruktion vor. Die Richtlinie legt nämlich zunächst nur ein Ziel fest, das die Mitgliedstaaten innerhalb einer bestimmten Frist
zu verwirklichen haben. Daher wird der Inhalt der Richtlinie erst dann in den Mitgliedstaaten verbindlich, wenn diese die Richtlinie umgesetzt haben, wobei ihnen
die freie Wahl der Form und der Mittel zusteht. In der Regel wählen sie dafür ein
Umsetzungsgesetz.

Die Richtlinie repräsentiert damit gewissermaßen das völkerrechtliche Erbe,
indem der Einzelne erst dann Rechte aus der Richtlinie bekommt, wenn, wie bei

---

45 EuGH, Rs. 11/70, Internationale Handelsgesellschaft, Slg. 1970, 1125 ff., Rn. 4.
46 EuGH, 4/73, Nold, Slg. 1974, 491 ff., Rn. 13.
47 EuGH, Rs. 36/75, Rutili, Slg. 1975, 1219 ff., Rn. 32.
48 EuGH, Rs. 11/70, Internationale Handelsgesellschaft, Slg. 1970, 1125 ff., Rn. 4.
49 EuGH, Rs. 4/73, Nold, Slg. 1974, 491 ff., Rn. 14.
50 EuGH, Rs. 44/79, Hauer, Slg. 1979, 3727, Rn. 23.
51 S. die Aufzählung bei Schweitzer u. a., Europarecht, Rn. 1117.
52 BVerfGE 73, 339 ff., 387.

einem völkerrechtlichen Vertrag, eine Inkorporation in das innerstaatliche Recht stattgefunden hat.

Diese Konstruktion erwies sich in der Praxis rasch als sehr fragil, als sich nämlich herausstellte, dass die Mitgliedstaaten – entgegen einer anfangs gehegten Idealvorstellung – Richtlinien teilweise falsch oder gar nicht umsetzten. Damit wurde der Einzelne um seine in den Richtlinien vorgesehenen Rechte gebracht. Gleichzeitig zeigte sich, dass das System nicht in der Lage war, wirkungsvoll einzugreifen. Denn natürlich kann niemand, auch nicht der in solchen Fällen von der Kommission angerufene EuGH, ein mitgliedstaatliches Parlament zwingen, ein Umsetzungsgesetz zu erlassen, oder gar eine Ersatzvornahme tätigen.

Hier hat der EuGH eingegriffen und falsch oder nicht umgesetzten Richtlinien eine unmittelbare Wirkung zugesprochen. Er geht dabei aus von der Effektivität der Rechtsetzung und von einer Art Sanktion für die betreffenden Mitgliedstaaten. Damit kann sich der Einzelne gegenüber Behörden und Gerichten unmittelbar auf die Richtlinie berufen und daraus Rechte geltend machen, wenn folgende drei Voraussetzungen gegeben sind: Nichtumsetzung innerhalb der vorgesehenen Frist, Rechte aus der Richtlinie, hinreichend genaue und inhaltlich unbedingte Formulierung dieser Rechte (sogenannte unmittelbare Anwendbarkeit)[53].

Der EuGH hat mit dieser teilweise heftig kritisierten Rechtsprechung die Position des Einzelnen wesentlich verbessert, indem es den Mitgliedstaaten unmöglich gemacht wird, durch bloße Untätigkeit diesen um sein Recht zu bringen. Er hat dabei aber – entgegen dem Wortlaut des Art. 249 Abs. 3 EGV – die Konstruktion der Richtlinie grundlegend verändert.

(7) Die Staatshaftung

Es zeigte sich aber sehr bald, dass mit der Rechtsprechung zur unmittelbaren Wirkung von Richtlinien noch keineswegs alle Fälle umfasst waren, in denen der Einzelne wegen der Nichtumsetzung einer Richtlinie um sein Recht gebracht wird. Denn wenn eine Richtlinie, die nicht umgesetzt wurde, zwar ein Recht des Einzelnen hinreichend genau und inhaltlich unbedingt beschreibt, aber ansonsten nicht unmittelbar anwendbar ist, kann sich der Einzelne wegen Fehlens einer der drei vom EuGH geforderten Voraussetzungen nicht auf die Richtlinie berufen. Dies war z. B. der Fall bei der Richtlinie 80/987/EWG zur Angleichung der Rechtsvorschriften der Mitgliedstaaten über den Schutz der Arbeitnehmer bei Zahlungsunfähigkeit

---

53   Z.B. EuGH, Rs. 8/81, Becker, Slg. 1982, 53 ff., Rn. 22 ff.

des Arbeitgebers vom 20. Oktober 1980[54]. Sie verpflichtete die Mitgliedstaaten, Garantieeinrichtungen zu schaffen, damit in Konkursfällen ausstehende Lohnforderungen von Arbeitnehmern vorrangig und außerhalb der Konkursquote befriedigt werden können. Auf diese Richtlinien konnten sich betroffene Arbeitnehmer nicht unmittelbar berufen, da wegen der Nichtumsetzung durch Italien eben keine Garantieeinrichtungen vorhanden waren, insofern also eine unmittelbare Anwendbarkeit fehlte. Als die Arbeitnehmer daraufhin vom italienischen Staat Schadenersatz verlangten, führte der im Rahmen eines Vorabentscheidungsverfahrens gemäß Art. 234 EGV angerufene EuGH zu einer derartigen Staatshaftung aus[55]:

> »Der Grundsatz einer Haftung des Staates für Schäden, die dem einzelnen durch dem Staat zurechenbare Verstöße gegen das Gemeinschaftsrecht entstehen, folgt somit aus dem Wesen der mit dem EWG-Vertrag geschaffenen Rechtsordnung …
> Erstens muss das durch die Richtlinie vorgeschriebene Ziel die Verleihung von Rechten an einzelne beinhalten. Zweitens muss der Inhalt dieser Rechte auf der Grundlage der Richtlinie bestimmt werden können. Drittens muss ein Kausalzusammenhang zwischen dem Verstoß gegen die dem Staat auferlegte Verpflichtung und dem den Geschädigten entstandenen Schaden bestehen.«

Hier zeigte sich in besonderem Ausmaß die »Integration durch Richterrecht«. Nicht nur, dass im Vertragsrecht eine Staatshaftung nirgends vorgesehen ist und der EuGH sie daher aus dem »Wesen« der Gemeinschaftsrechtsordnung ableitet. Die Rechtsprechung stand vielmehr auch im Widerspruch zu den mitgliedstaatlichen Rechtsordnungen. Denn selbst dort, wo eine Staatshaftung wegen legislativen Unrechts vorgesehen ist, gilt dies nicht für den Nichterlass von Gesetzen.

Der EuGH hat die Rechtsprechung zur Staatshaftung auch noch ausgebaut und sie – ohne vertragliche Rechtsgrundlagen – auf sämtliche Fälle der Schadenszufügung unter Verstoß gegen Gemeinschaftsrecht ausgedehnt[56]. Er hat dabei auch klargestellt, dass davon die gesamte Staatsgewalt betroffen ist, selbst dann, wenn es sich um Höchstgerichte handelt[57]. Wieder kollidierte der EuGH damit mit etlichen mitgliedstaatlichen Rechtsordnungen, u. a. auch mit der österreichischen.

---

54 ABl. 1980, Nr. L 283, 23 ff.
55 EuGH, verb. Rs. C-6/90 und C-9/90, Francovich u. a., Slg. 1991, I-5357 ff., Rn. 35 und 40.
56 EuGH, verb. Rs. C-46/93 und C-48/93, Brasserie du pêcheur, Slg. 1996, I-1029 ff. Zu den Einzelheiten s. Schweitzer u. a., Europarecht, Rn. 940 ff.
57 EuGH, Rs. C-224/01, Köbler, Slg. 2003, I-10239 ff., Rn. 37 ff.

(8) Das Beschränkungsverbot

Die in Art. 14 Abs. 2 EGV vorgesehenen Grundfreiheiten (freier Waren-, Personen-, Dienstleistungs- und Kapitalverkehr) enthalten als Kerngehalt nach den einschlägigen Vertragsbestimmungen jeweils ein Diskriminierungsverbot aufgrund der Staatsangehörigkeit der Person oder aufgrund der Herkunft der Waren bzw. des Kapitals. Umgekehrt ausgedrückt bedeutet das das Gebot der Inländergleichbehandlung bzw. der Inlandsgleichbehandlung.

Der EuGH hat diesen ursprünglichen Gehalt der Grundfreiheiten erheblich ausgedehnt. Danach sind auch nichtdiskriminierende Maßnahmen, die also In- und Ausländer bzw. inländische und ausländische Waren oder inländisches und ausländisches Kapital gleich behandeln, verboten, wenn sie nicht zwingenden Erfordernissen des Allgemeininteresses entsprechen und verhältnismäßig sind. Er hat dies folgendermaßen umschrieben[58]:

»Aus der Rechtsprechung des Gerichtshofes ergibt sich jedoch, dass nationale Maßnahmen, die die Ausübung der durch den Vertrag garantierten grundlegenden Freiheiten behindern oder weniger attraktiv machen können, vier Voraussetzungen erfüllen müssen: Sie müssen in nichtdiskriminierender Weise angewandt werden, sie müssen aus zwingenden Gründen des Allgemeininteresses gerechtfertigt sein, sie müssen geeignet sein, die Verwirklichung des mit ihnen verfolgten Zieles zu gewährleisten, und sie dürfen nicht über das hinausgehen, was zur Erreichung dieses Zieles erforderlich ist …«

Damit wurde der Anwendungsbereich der Grundfreiheiten wesentlich erweitert, und das vertraglich nicht vorgesehene Beschränkungsverbot bildet heute in der Praxis den Schwerpunkt bei Binnenmarktfällen.

IV.

Betrachtet man diese Rechtsprechung und die damit verbundene Weiterentwicklung der Integration durch ungeschriebenes primäres Gemeinschaftsrecht, die keineswegs schon zu Ende ist[59], so stellt sich natürlich die Frage nach den Grenzen der »Integration durch Richterrecht«. Dies ist zunächst eine Kompetenzfrage, die

---

58 EuGH, Rs. 55/94, Gebhard, Slg. 1995, I-4165 ff., Rn. 37.
59 Vgl. aus der jüngsten Zeit etwa die Rechtsprechung des EuGH zu Art. 18 EGV als fünfte Grundfreiheit, z. B. Rs. C-224/98, D'Hoop, Slg. 2002, I-6191 ff., Rn. 29 und insbesondere Rs. C-11/06 und 12/06, Morgan, Slg. 2007, I-9161 ff., Rn. 22 ff.

man von verschiedenen Blickwinkeln aus angehen kann. Aus verfassungsrechtlicher Sicht ließe sich für Österreich die Geltung einer rechtsfortbildenden Kompetenz des EuGH auf Grund des Bundesverfassungsgesetzes über den Beitritt Österreichs zur Europäischen Union vom 9. September 1994 (Beitritts-BVG)[60] durchaus bejahen. Dieses bezieht sich auf die ausgehandelten Beitrittsbedingungen, also auf die Übernahme des *acquis communautaire,* ergänzt durch Änderungen, Ausnahmen, Übergangsregelungen etc. Das bis dahin existierende Richterrecht gehört ebenfalls dazu, Österreich hat also willentlich und bewusst diese ungeschriebenen Grundsätze akzeptiert. Ebenfalls akzeptiert hat es damit wohl auch die Rolle des EuGH als »Motor der Integration«. Das Beitritts-BVG ermächtigte die »bundesverfassungsgesetzlich zuständigen Organe« zum Abschluss des Beitrittsvertrags, es wurde zudem durch eine Volksabstimmung gemäß Art. 44 Abs. 3 B-VG gebilligt. Der Beitritt bewirkte – dadurch gedeckt – eine Gesamtänderung der Bundesverfassung. Dennoch geht die wohl herrschende Lehre in Österreich davon aus, dass auch nach dieser Gesamtänderung das B-VG noch Integrationsschranken enthält, die im Bereich der Grundprinzipien angesiedelt sind.[61] So gesehen könnte es durchaus zu einer verfassungsgerichtlichen Kontrolle dieser Integrationsschranken kommen und dabei ein ultra-vires-Handeln des EuGH festgestellt werden. Dies ist allerdings bislang noch nicht geschehen.

Verschärft ist die Situation in Deutschland. Auch dort werden von der herrschenden Lehre Integrationsschranken aus der Verfassung abgeleitet. Wo sie genau zu verorten sind und was alles dazu gehört, ist umstritten, als Minimum kann man aber die durch die Ewigkeitsklausel des Art. 79 Abs. 3 Grundgesetz vor jeder Verfassungsänderung ausgenommenen Schutzgüter anführen[62]. Dazu kommt – im Gegensatz zu Österreich –, dass das deutsche Bundesverfassungsgericht Integrationsschranken bereits ausdrücklich bejaht und daraus in seinem Maastricht-Urteil vom 12. Oktober 1993 den Schluss gezogen hat, dass Urteile des EuGH, die zu einer Vertragsänderung führen, und daher auch solche, die Rechtsfortbildung betreiben, als ultra-vires-Akte keine Bindungswirkung in Deutschland hätten[63].

In einer solchen Situation, in der sich Höchstgerichte verschiedener Rechtsordnungen gegenüberstehen, könnte die Lösung in einer auf diese Fälle beschränkten Gerichtsbarkeit liegen. In diese Richtung ging die von mehreren Seiten, z. B. auch von Wolfgang Schüssel in der dargestellten Kritik, erhobene Forderung nach

---

60 BGBl. 1994/744.
61 Vgl. zum Ganzen Öhlinger, Verfassungsrecht, Rn. 134 f., 156 ff.; Werner Schroeder, Das Gemeinschaftsrechtssystem, Tübingen 2002, 185 ff.
62 Vgl. dazu Martin Selmayr/Nicola Prowald, Abschied von den »Solange-«Vorbehalten, in: Deutsche Verwaltungsblätter, 1999, 269 ff.
63 BVerfGE 89, 155 ff., 188, 210.

der Einrichtung eines eigenen Kompetenzgerichtshofs. Am weitesten ging dabei Roman Herzog (ehemaliger Präsident des deutschen Bundesverfassungsgerichts, ehemaliger Bundespräsident und Vorsitzender des Konvents zur Ausarbeitung der Grundrechte-Charta), der gemeinsam mit Lüder Gerken einen eigenständigen Gerichtshof vorschlug, der nicht nur Rechtsakte auf ihre Kompetenzmäßigkeit überprüfen könnte, sondern auch die Urteile des EuGH. Er sollte sich aus Mitgliedern der mitgliedstaatlichen Verfassungsgerichte zusammensetzen[64]. Auch in den Verhandlungen des Konvents zur Erarbeitung des Verfassungsvertrags war ein Kompetenzgerichtshof andiskutiert worden, das Projekt wurde aber nicht weiter verfolgt. Es wäre damit auch nicht viel gewonnen, denn ein solcher Gerichtshof würde sich – methodisch gesehen – in genau der gleichen Situation befinden wie der EuGH.

Aus gemeinschaftsrechtlicher Sicht können aber verfassungsrechtliche Integrationsschranken keineswegs die Zuständigkeit des EuGH beschränken. Denn wenn – wie dargestellt – der Vorrang des Gemeinschaftsrechts auch gegenüber den »Strukturprinzipien der nationalen Verfassung«[65] greift, so gehören dazu auch allfällige Integrationsschranken. Zudem ist diese Rechtsprechung durch Vertragsrecht abgesichert. Denn in Nr. 2 des zum primären Gemeinschaftsrecht zählenden Protokolls (Nr. 30) zum EGV über die Anwendung der Grundsätze der Subsidiarität und der Verhältnismäßigkeit von 1997[66] heißt es, dass durch diese Grundsätze »die vom Gerichtshof aufgestellten Grundsätze für das Verhältnis zwischen einzelstaatlichem Recht und Gemeinschaftsrecht nicht berührt« werden. Der Vorrang gilt daher auch gegenüber verfassungsrechtlichen Integrationsschranken. Es lässt sich nämlich schwerlich argumentieren, dass diese vertragliche Anerkennung der Rechtsprechung zum absoluten Vorrang einer verfassungsrechtlich verankerten Integrationsschranke unterliege.

Hier ergibt sich das übliche Problem, das entsteht, wenn zwei Rechtsordnungen aufeinandertreffen und Widersprüche nicht durch von beiden anerkannten Kollisionsregeln aufgelöst werden können. Da vom eigenen Ansatz her gesehen weder die verfassungsrechtliche Argumentation mit den Integrationsschranken noch die gemeinschaftsrechtliche mit dem absoluten Vorrang widerlegt werden können, zeigt sich, dass die Frage nach den Grenzen der »Integration durch Richterrecht« kein juristisches, sondern ein politisches Problem darstellt.

Der EuGH ist nämlich letztlich auf die politische Akzeptanz seiner juristischen Ergebnisse angewiesen. Denn seine Urteile sind nicht vollstreckbar, selbst dann

---

64 Welt am Sonntag vom 14. Januar 2007

65 EuGH, Rs. 11/70, Internationale Handelsgesellschaft, Slg. 1970, 1125 ff., Rn. 3.

66 ABl. 1997, Nr. C 340, 105 ff.

nicht, wenn er den Mitgliedstaaten finanzielle Sanktionen auferlegt. Dies ist zwar umstritten, ergibt sich aber wohl aus dem klaren Wortlaut des Art. 228 Abs. 2 in Verbindung mit Art. 244 in Verbindung mit Art. 256 Abs. 1 EGV[67].

Zudem kann der EuGH jederzeit durch Vertragsänderung korrigiert werden, wozu es allerdings gemäß dem Verfahren des Art. 48 EUV der Zustimmung aller Mitgliedstaaten bedarf. Der ehemalige Richter am EuGH, Ulrich Everling, hat die Situation des EuGH folgendermaßen umschrieben[68]:

> »Letztlich kommt es (…) darauf an, dass sich der Gerichtshof seiner und der Gemeinschaft Grenzen bewusst ist und sich entsprechend zurückhält.«

Ob man dem EuGH diese »judicial self-restraint« bestätigen kann, ist allerdings sehr fraglich.

Dennoch zeigt sich, dass die notwendige Akzeptanz bislang vorhanden ist. Die Urteile des EuGH wurden – wenn auch teilweise mit zeitlicher Verzögerung – durchgehend befolgt. Finanzielle Sanktionen wurden in den bislang wenigen Fällen[69] bezahlt.

Die Mitgliedstaaten scheinen diese Form einer dynamischen, von ihnen nicht beeinflussbaren Integration hinzunehmen. Das ist deshalb bemerkenswert, weil – wie dargestellt – diese Entwicklung einen viel stärkeren Verlust an Souveränität mit sich bringt als die vertraglich vereinbarte Supranationalität. Man hat die Rolle des EuGH als »stille Revolution im Rücken der Politik« bezeichnet, dabei das Revolutionäre aber nicht allein in seiner Rechtsprechung gesehen, sondern vielmehr auch darin, dass diese ohne größeren Widerstand von den Mitgliedstaaten akzeptiert wurde[70]. Wie der EuGH das »geschafft« hat, ist eine viel diskutierte Frage in der – speziell politikwissenschaftlichen – Integrationstheorie[71]. Fest steht bei aller Theorie, dass es ihm bisher gelungen ist.

---

67   S. dazu Michael Schweitzer, Art. 228 Abs. 2 EGV: Schnittstelle von Souveränität und Supranationalität, in: Ipsen/Strüer (Hg.), Europa im Wandel. Festschrift für H.W. Rengeling zum 70. Geburtstag, Köln 2008, 437 ff.

68   Ulrich Everling, Die Rolle des Europäischen Gerichtshofs, in: Werner Weidenfeld (Hrsg.), Reform der Europäischen Union, Gütersloh 1995, 261.

69   EuGH, Rs. C-387/97, Kommission/Griechenland, Slg. 2000, I-5047 ff., Rs. C-278/01, Kommission/Spanien, Slg. 2003, S. I-14141 ff.; Rs. 304/02, Kommission/Frankreich, Slg. 2005, I-6263 ff.; Rs. C-177/04, Kommission/Frankreich, Slg. 2006, I-2461 ff.

70   Vgl. Joseph H. H. Weiler, A Quiet Revolution, in: Comparative Political Studies 26 (1994), 510 und 517.

71   S. dazu Marcus Höreth, Stille Revolution im Namen des Rechts, Zentrum für Europäische Integrationsforschung, Discussion Paper, 2000, 17 ff.

Was sich dabei als bedenklich erweist, könnte sich aber gleichzeitig als große Chance herausstellen. Einerseits ist es demokratiepolitisch zu beanstanden, wenn die Integration ohne Zustimmung der nationalen Parlamente durch die Rechtsprechung des EuGH weiterentwickelt wird. Das Demokratiedefizit ist dabei höher einzustufen, als wenn man dem Europäischen Parlament – wie bislang geschehen – die Funktion als eigentlicher Gesetzgeber verweigert. Andererseits repräsentieren die nationalen Parlamente ja die Völker der Mitgliedstaaten. Damit verschiebt sich das Akzeptanzproblem des EuGH über die Parlamente auf die Bürger. Und hier erweist sich die dargestellte Rechtsprechung als signifikant bürgerfreundlich. Sie könnte daher dazu beitragen, die nach wie vor in etlichen Mitgliedstaaten, darunter auch Österreich, niedrigen Zustimmungswerte zur EU zu verbessern.

V.

Trotz der kontinuierlich fortschreitenden Vertiefung der Integration innerhalb der EU bleibt die grundsätzliche Souveränität der Mitgliedstaaten unberührt. Die EU ist kein Staat, der die Staatlichkeit der Mitgliedstaaten ersetzt. Sie soll dies nach dem gegenwärtigen Stand der Integration auch gar nicht werden. Alles was angestrebt wird, ist die Schaffung einer »immer engeren Union der Völker Europas« (Abs. 13 Präambel, Art. 1 Abs. 2 EUV). Daran würde auch der – vorerst gescheiterte – Reformvertrag nichts ändern, der den bisherigen Wortlaut bestehen lässt. Dennoch wird die Staatlichkeit der Mitgliedstaaten mehr und mehr eingeschränkt, die EU tritt als neue Hoheitsgewalt neben diese. Dies zeigt sich am deutlichsten in den dargestellten Besonderheiten, wie der unmittelbaren Geltung des Gemeinschaftsrechts in den Mitgliedstaaten, dem Vorrang des Gemeinschaftsrechts gegenüber dem nationalem Recht oder der weitgehenden Gleichstellung aller Unionsbürger in ihrem jeweiligen Aufenthaltsland.

Für den CV stellt sich dabei die Frage, inwieweit diese Entwicklung Auswirkungen auf seine Grundlagen hat und ob insbesondere das Prinzip »Vaterland« davon berührt wird. Art. IV der ÖCV-Satzung enthält ein Bekenntnis »zur souveränen demokratischen Republik Österreich«. Er verlangt aber auch von seinen Mitgliedern »eine auf sozialer Verantwortung gegründete Liebe zu ihrem Vaterland in völkerverbindender Gesinnung«. Dies könnte auch im Sinne eines Hinweises auf die europäische Integration verstanden werden. Diese vollzieht sich zwar nicht nur, aber doch überwiegend in der EU. Soweit ersichtlich, hat der ÖCV diesen Schritt bislang noch nicht vollzogen.

Anzusetzen wäre an der Auslegung oder Ergänzung des genannten Art. IV dahingehend, dass nicht nur die »Liebe zum Vaterland in völkerverbindender Gesinnung«, sondern auch die »Förderung einer immer engeren Union der Völker Europas« von den Mitgliedern des ÖCV verlangt wird.

Je weiter die Integration in Europa fortschreitet und je mehr die EU neben die Staatlichkeit der Mitgliedstaaten bzw. an deren Stelle tritt, umso wichtiger wird es sein, an eine solche »Europäisierung« des Prinzips »Vaterland« zu denken. Es wäre eine Anpassung an die Realität.

Benno Koch

Globalisierung und Internationalisierung.
Expatriates – Zerrissene zwischen Kulturen

Dieser Beitrag für den Sammelband »125 Jahre Norica« beruht auf eigenem Erleben während meiner Auslandseinsätze im Rahmen der Auslandsorganisation der Wirtschaftskammer Österreich, wie auch auf Erfahrungen, die ich im Laufe meiner Tätigkeit als Leiter der damaligen »Gruppe Organisation« – also mitzuständig für die Einsätze und Betreuung unserer Kolleginnen und Kollegen im Ausland – gewinnen konnte oder musste.

Wir alle, die im Ausland tätig sind oder waren, gingen und gehen durch die gleichen Phasen der Interkulturation, standen und stehen vor den gleichen Problemen und versuch(t)en die gleichen Lösungsansätze, wobei die Erklärung für die Variationsbreite zwischen Versagen, Zeitverschwendung oder beruflichem Erfolg bei einem Auslandseinsatz in der Persönlichkeit der einzelnen Betroffenen zu suchen ist.

Es ist interessant nachzulesen, wie sich der Österreichische Cartellverband (ÖCV) seit Einsetzen der Globalisierungswelle verändert hat. Gerhard Hartmann schreibt in seinem ausgezeichnet recherchierten und hervorragend geschriebenen Standardwerk[1]:

„Auch im CV machte sich der seit den siebziger Jahren einsetzende Trend zum Ökonomischen bemerkbar. Während der Sektor ›Privatwirtschaft‹ 1949 nur 10,4 % ausmachte, war er bereits 1967 – nach Abschluss des ›Wirtschaftswunders‹ – auf 16,6 % gestiegen, 2004 betrug der Anteil 38,7 Prozent!« Hartmann setzt fort: »Spezifisch für Österreich kam noch hinzu, dass ab Mitte der achtziger Jahre – einerseits durch das Streben in die EU, andererseits durch den Globalisierungsdruck der Wirtschaft, aber auch durch den Wiedereintritt der ÖVP in die Regierungverantwortung – die direkt wie indirekt verstaatlichte Wirtschaft radikal abgebaut wurde.

Während also bis in die siebziger Jahre hinein hochbürokratische Funktionen (z. B. Sektionschef, Ministerialrat, Hofrat) gleichsam das Berufsideal des

---

1 Gerhard Hartmann, Für Gott und Vaterland. Geschichte und Wirken des CV in Österreich. Kevelaer 2006, hier 706.

CVers war, um so – gepaart mit politischen Funktionen – eine gewisse Dominanz in Staat und Gesellschaft anzuzeigen, hat sich das dann stark in Richtung Wirtschaft geändert. CV-Anteile im politischen Bereich wie in der Hochbürokratie verlieren zunehmend an Aussagekraft hinsichtlich gesellschaftlicher Wirkungsmacht.« Hartmann stellt abschließend fest: »Das berufliche Idealbild des CVers liegt nicht mehr im Ministerialrat oder Hofrat, sondern im Vorstandsmitglied einer Aktiengesellschaft oder im selbständigen Unternehmertum.«[2]

Bekräftigt wird diese Aussage durch die Realpolitik, es wird immer deutlicher, dass wirtschaftliche Interessen alle Bereiche der Politik bestimmen. Umso erfreulicher ist die Tatsache, die beim letzten Gründerabend der Norica (er findet immer knapp vor Weihnachten statt) zutage trat: Die überwiegende Anzahl jener »Alten Herren«, die ein Ehrenband erhielten, war in wirtschaftlichen Funktionen tätig, sei es in leitender Position in einem Unternehmen oder als selbständige Wirtschaftstreibende, aber auch als internationalisierte Rechtsanwälte und Notare, Hochschulprofessoren, Ärzte usw. Und wie sich auch bei den Kurzdarstellungen des jeweiligen Lebensweges zeigte, haben alle diese »Alten Herren« Wesentliches und Positives in ihren Bereichen geleistet.

Die zunehmende Bedeutung der Wirtschaft hinterlässt bei den Jungen noch stärkere Spuren. Die Hochschulstatistik für das Jahr 2006 berichtet über die Studienwahl:[3]

»An den Universitäten erfreuen sich die einzelnen Studienrichtungen völlig unterschiedlicher Beliebtheit. Lagen bis Anfang der 90er-Jahre die Geisteswissenschaften unangefochten an erster Stelle der Beliebtheitsskala, so haben die Sozial- und Wirtschaftswissenschaften in den letzten Jahren kräftig aufgeholt. Die Studien der Rechtwissenschaften, Medizin, Betriebswirtschaft und Psychologie zählen bei den österreichischen Studierenden zu den mit Abstand beliebtesten Studien. Im Wintersemester 2004/05 haben 29 % der inländischen Studienanfänger ein Fach der Geisteswissenschaften belegt und 18 % wählten ein Studium der Sozial- und Wirtschaftswissenschaften. Gemeinsam stellen diese beiden Hauptstudienrichtungen fast die Hälfte der Studienanfänger. Es folgen Naturwissenschaften (16 %) und technische Studienrichtungen (13 %).«

---

2   Hartmann, Für Gott, 718.
3   Hochschulstatistik 2006 (Statistik Austria, Wien 2006), hier 17. (S. 19).

Die Studienabschlüsse ergeben folgendes Bild:

»Knapp ein Viertel der Österreichischen Jungakademiker absolvierte ein Studium der Sozial- und Wirtschaftswissenschaften, ein Fünftel wurden Geisteswissenschaftler. Es folgen Naturwissenschaften (15 %), technische Studienrichtungen (14 %), Rechtswissenschaften (10 %) und Medizin (3 %).

Die Statistik zeigt einen deutlichen Zug zu Wirtschaftswissenschaften oder zu wirtschaftsorientierten und -verwandten Berufen.« [4]

Unsere Jugend ist daher voll im Trend der Wirtschaft, die im Zuge der Globalisierung zum bestimmenden Faktor der nationalen und internationalen Politik wurde. Es bieten sich unzählige neue Berufschancen und die Möglichkeit, schnell nach »oben« zu kommen. Gut ausgebildete Jungakademiker, die in ihre Ausbildung Zeit, Geld und Energie investiert haben, suchen einen schnellen *return on investment,* und die Globalisierung kann zu einem gut bezahlten und herausfordernden, aber auch verantwortungsvollen Job führen, wobei es allerdings einen wesentlichen Unterschied macht, ob man im Inland unter bekannten Umfeldsverhältnissen an einer internationalisierten Stelle arbeitet oder ob man im Ausland eingesetzt wird.

In meinem Beitrag beschäftige ich mich ausschließlich mit den sogenannten *Expatriates,* also im Ausland tätigen Personen, die entweder von ihren Dienstgebern ins Ausland entsandt wurden oder die, aus welchen Gründen auch immer, im Ausland arbeiten. Es sind jene Personen, die sich in ihrem beruflichen und privaten Leben tagtäglich mit fremder Kultur, fremden Sitten und Verhaltensweisen auseinandersetzen müssen.

Über die Globalisierung wird viel geschrieben und gesprochen; um Missverständnisse zu vermeiden, muss man sich über die Definition im Klaren sein. Diese hat Karl Aiginger, Leiter des Österreichischen Institutes für Wirtschaftsforschung, anlässlich des Globalisierungskongresses der Österreichischen Nationalbank am 22. 5. 2006 so klar und prägnant, wie man sie kaum anderswo finden könnte, gegeben:

„We tentatively define globalisation as the extension of the horizon of actions. Economic strategies, but also social relations, knowledge, and culture seize to be limited by national borders, become international and finally become global.

As to the dimensions of globalisation within the economic realism globalisation implies a larger horizon for trade, production and sourcing, physical and financial investment. The origin of goods consumed widens, this happens also

---

4   Hochschulstatistik 2006, 19.

for intangible activities and services, specifically information, technology, orga-nisation, culture and finally for the socio-economic model. Specifically import-ant is the choice of the location for living and working, a topic covered by the term mobility within an integration area and by the term migration outside.

In comparison to the related concept of integration, globalisation per defi-nition refers to regions which are very different from each other, not only with respect to distance, but culture, economic system, and income level.

If we want to discuss the impact of globalisation on incomes and wealth, it is important to distinguish between impacts for all countries, the World, and then separately for the poorer regions, P(oor country) and for the developed one, R(ich country). In the literature these regions are often called developed versus developing countries, or as North vs. South.«

Diese Definition umfasst zwei wesentliche Faktoren, nämlich Kultur und Zivilisa-tion. Da diese Definition der Globalisierung in englischer Sprache, in der Aiginger den Vortrag gab, gehalten ist, muss ich der Vollständigkeit halber den US-ameri-kanischen Philosophen Samuel P. Huntington anführen, der in seinem bekannten Buch *Clash of Civilizations* schreibt:[5]

„Civilization and Culture both refer to the overall way of life of people, and a civilization is a culture writ large. They both involve the ›values, norms, in-stitutions and modes of thinking‹ to which successive generations in a given society have attached importance«,

und weiter:

„A civilization is thus the highest cultural grouping of people and the broadest level of cultural identity people have short of that which distinguishes human from other species.« Huntington macht keinen Unterschied zwischen Kultur und Zivilisation, wie er im deutschen Sprachbereich gegeben ist und an den ich mich halte:[6]
„Kultur ist die Gesamtheit der geistigen und künstlerischen Lebenserfahrun-gen, also Bildung aufbauend auf Geschichte und Tradition.« »Zivilisation (hingegen) ist die Summe der durch Wissenschaft und Technik geschaffenen (verbesserten) Lebensverhältnisse.«

---

5   Samuel P. Huntington, Clash of Civilizations Remaking of World Order, New York 1996, die
     folgenden Zitate 41 und 43.
6   Rororo Duden Lexikon, Reinbek, 1973.

Während meiner Auslandsaufenthalte habe ich immer wieder gehört, wie das Flugzeug uns alle nähergebracht hat; in wenigen Flugstunden sind wir in Buenos Aires, in Bangkok, Tokio oder New York. Wir treffen auch im Hotel auf eine bekannte Atmosphäre; die Einrichtungen und das Service der Hotelketten Hilton, Marriott, Intercontinental etc. sind uns vertraut und wir merken nicht, dass wir in einer anderen Welt sind. Der zivilisatorische Fortschritt verdeckt die darunterliegenden geistigen und kulturellen Eigenheiten des Landes. Pater Josef Neuner SJ, Professor für Theologie am De Nobili Institut in Pune, Indien und Peritus beim II. Vatikanischen Konzil, schreibt in seinem Buch »Der indische Josef«: »Die moderne Art, sozusagen ›im Fluge‹ Entfernungen schnell zu überwinden, hat das Reisen zerstört. Man fliegt von Flughafen zu Flughafen, ohne die Welt und die Menschen dazwischen zu sehen und zu erleben.«[7] P. Neuner fuhr 1939 per Schiff von Triest nach Bombay, jetzt Mumbai; als er im Hafen von Port Said eintraf, wurde er von seinen mitreisenden und schon erfahrenen Mitbrüdern »(…) mit aller Entschiedenheit aufgefordert, einen Tropenhelm zu kaufen. So erstand ich meinen ersten Topi, um so vor einem Hitzeschlag bewahrt zu bleiben. Heute lachen wir über solche Dinge (…).« P. Neuner wurde aber in diesem Moment bewusst, dass er in eine neue Welt eintauchen wird. Er berichtet in seinen Erinnerungen auch, wie er auf seine Karriere und seinen Einsatz in Übersee von seinen Ordensoberen vorbereitet wurde.

Es ist schwer nachzuvollziehen, wie wenig Bedeutung junge Menschen ihrer Berufsplanung beimessen; viele lassen sich vom Motto eines hohen Verdienstes treiben, und es ist frustrierend zu sehen, wie oft Ratschläge nicht angenommen werden und vielversprechende Karrieren im Sande verlaufen. Dabei handelt es sich um banale Punkte, die berücksichtigt werden sollten. Karriereplanung bedeutet in vereinfachter Form nichts anderes, als dass man genau überdenken sollte, welchen Beruf – selbständig oder unselbständig – man mit seiner Studienrichtung ergreifen will, bei welcher Institution oder bei welchen Unternehmen die Karriere im In- oder Ausland angestrebt werden soll, welche Partnerwahl man treffen will und wann eine Familiengründung in Betracht gezogen wird. Natürlich sind diese Entscheidungen nicht auf einmal, sondern immer zeitmäßig entsprechend gesondert zu treffen und müssen je nach den Lebensumständen immer wieder überdacht werden. Einige dieser Punkte sind rein subjektiv zu beantworten, währenddessen bei den Fragen nach Arbeitgeber oder des für einen Einsatz ins Auge gefassten Landes objektive Kriterien vorhanden sind.

Ich gehe jetzt von dem Fall aus, dass die Bewerberin oder der Bewerber einen Auslandseinsatz anstrebt.

---

7   Josef Neuner, Der Indische Josef. Erinnerungen aus meinem Leben, Feldkirch 2005, 29

Institutionen oder Firmen, die derartige Möglichkeiten bieten, verstecken sich nicht, sondern geben über ihre Ziele und Strategien *mission statements* ab; auf ihren *websites* finden sich Angaben über Forschung und Entwicklung, über Schwerpunktländer und Auslandsnetzwerk, über Personalstruktur und über Aufstiegschancen. Bilanzen, Zeitungsberichte, Datenbanken, Informationen aus Archiven und Bibliotheken geben Aufschluss über Management und Betriebsklima. Die Informationsmöglichkeiten über einen zukünftigen Arbeitgeber sind also zahlreich und beschränken sich nicht mehr nur auf persönliche Gespräche unter Bewerbern. Aus diesen Meldungen ist sehr viel über das Arbeitsklima und über die Sicherheit des Arbeitsplatzes zu erfahren. Es ist wichtig, sich immer wieder vor Augen zu führen, dass nicht nur die Karriere, sondern auch das persönliche Wohlbefinden am Arbeitsplatz bedeutsam ist.

Wie Bewerbungen, seien sie unmittelbar bei einem möglichen Arbeitgeber oder im Rahmen einer nationalen oder internationalen Ausschreibung von global tätigen Unternehmen, Institutionen und Organisationen, Hochschulen, Forschungsinstituten u. dgl., abgefasst werden sollen, wird vielfach gelehrt. Die Form wird oft vorgegeben. Ideale Arbeitsplätze sind selten, Bewerber gibt es viele. Die Arbeitgeber haben daher für die Auswahl der Kandidaten Auswahlverfahren festgelegt. Tests, oft auch schriftlich, und Interviews müssen abgelegt werde, die Sprachkenntnisse werden überpüft, oft werden auch Allgemeinwissen und Ereignisse des Tagesgeschehens einbezogen. Es geht darum, ein möglichst umfassendes Bild über die Bewerber zu erhalten. Manche Arbeitgeber gehen sogar so weit, die Kandidaten zu gesellschaftlichen Anlässen einzuladen; der Hintergrund ist klar, man will feststellen, wie gewandt die Bewerber sich in solchen Situationen verhalten.

Ein verantwortungsvoller Arbeitgeber hat ein genaues Persönlichkeits- und Anforderungsprofil für neu aufzunehmende Mitarbeiter. Solche Unterlagen werden von Unternehmensberatern in Berücksichtigung der täglichen Herausforderungen, der zukünftigen Strategien im In- und Ausland und der Unternehmenskultur unter Einbeziehung des Managements erstellt. Bei internationalen Organisationen, Forschungsinstituten und Hochschulen wird klarerweise die schon gegebene fachliche Qualifikation stark bewertet.

 Der Arbeitgeber ist gefunden, die Bewerberin oder der Bewerber wird aufgenommen, und es folgt die Phase der Einschulung und der Eingewöhnung. Es ist die Periode des besseren Kennenlernens, die möglichen Auslandseinsatzorte und die Plätze, für die die Unternehmensleitung die Kandidaten für geeignet hält, stellen sich heraus.

Junge Menschen mit Interesse, ins Ausland zu gehen, haben aus verschiedensten Gründen immer Präferenzen für einzelne Länder. Oft sind es romantische Vorstellungen aus der Jugendzeit, von denen man sich aber im Arbeitsleben trennen muss.

Für eine Junggesellin oder einen Junggesellen ist es verhältnismäßig einfach, eine Auswahl für Einsatzorte zu treffen.

Schwieriger ist es für Partnergemeinschaften (Partnerin steht im Folgenden synonym auch für Partner, in den meisten Fällen wird es sich, wie die bisherigen Erfahrungen zeigen, um eine Partnerin handeln.) Ein klarer Wille zur Ortsveränderung muss vorhanden sein und eine gemeinsame Wahl der annehmbaren Einsatzorte im Ausland – zumindest mit Partnerin und Partner – ist nicht nur ideal, sondern auch notwendig. Partnerin und Kinder werden aus ihrem gewohnten Umfeld herausgerissen, sie verliert ihren Job, sie verzichtet auf ihre eigene Karriere und auf eine eigene Pension; sie findet auch im neuen Gastland in der Mehrzahl der Fälle keinen neuen Arbeitsplatz – es fehlt die gegenseitige Anerkennung der Diplome oder die Gesetze des Gastlandes verbieten es. Der Schulwechsel der Kinder stellt ebenfalls ein wesentliches Problem dar, nicht nur, dass der Abschluss einiger Auslandsschulen in Österreich nicht anerkannt wird, auch das psychologische Problem der Kinder, die ihren Freundeskreis aufgeben müssen, ist nicht zu unterschätzen. Abgesehen von den karrieremäßigen Kriterien zeigen diese Faktoren, die die Privatsphäre betreffen, die Wichtigkeit, die man der Bewerbung um einen Auslandseinsatz beimessen sollte, auf.

Bei der Kandidatin oder beim Kandidaten stellt sich eine gewisse vorübergehende Erleichterung ein – die Bewerbung wurde angenommen. In dieser Phase kommen aber zwei wichtige Themenkreise auf sie zu – intensives Studium des Landes und Absicherung der Position im Ausland.

Natürlich haben sich die Bewerber mit dem zukünftigen Gastland schon beschäftigt oder es bereist. Es geht numehr darum, die Kenntnisse über das allgemeine Wissen hinaus zu vertiefen. Es gibt nur wenige Reiseführer, die eine echte Hilfe bieten und die ausführlich Kultur, Philosophie, Sitten und Gebräuche, Geschichte und Politik beschreiben und erklären. Ausgezeichnete Informationsquellen sind die Veröffentlichungen des Bundesministeriums für europäische und internationale Angelegenheiten (AA) und der Außenwirtschaftsabteilung der Wirtschaftskammer Österreich (AWO), die über Wirtschaftsstruktur und -system, über Geschäftsusancen, Gerichtsbarkeit etc. Aufschluss geben. Auch die ÖCV-Bildungsakademie führt immer wieder sehr informative Programme durch. Die Verbandszeitschrift »Academia« und Verbindungszeitschriften bringen von Zeit zu Zeit Situationsberichte. Daneben bieten sich Spezialwerke an. Ich denke hier als Beispiele für Indien an A. L. Balshans *The Wonder that was India* (Sidgwick and Jackson, Fontana, 1971) oder für die USA an Hans Dieter Gelferts *Typisch amerikanisch* (Verlag H. C. Beck, München 2002). Gespräche mit Vertretern der Botschaften, der Konsulate, der Außenhandelsstellen und der Kulturforen sind aufschlussreich. Selbstverständlich gibt der Vorgänger am Platz wichtige Erfahrungen weiter.

Es hat sich gezeigt, dass sich die Auslandsbewerber für »exotische« Länder intensiv vorzubereiten wissen, dabei wird übersehen, dass Länder, von denen wir glauben, sie stünden uns kulturell nahe, sehr wohl verschiedene geschichtlich tradierte Werte haben. Das Einleben in eine solche Umgebung ist im Vergleich zum »Exoten« kaum leichter.

Amerikanische internationale Firmen lassen ihre Auslandskandidaten durch sogenannte *Relocation Agents* beraten. Derartige Einführungen in ein neues Land habe ich miterlebt; ich wurde öfters als externer Berater für Österreich beigezogen. Diese Konsultationen dauern einen Tag und umfassen in einem *crash course* die ganze Bandbreite der Probleme. Solche Einführungen sind sicherlich nützlich, sie entheben aber die Kandidaten nicht vom Eigenstudium.

Ein sensibles Thema bei der fachlichen Vorbereitung ist die Sprache; es geht nicht um die anerkannte Geschäftssprache, sondern vielmehr um Landessprachen. Auf der einen Seite ist es sicherlich von Vorteil, wenn man z .B. des Urdu mächtig ist. Das tägliche Leben wird einfacher, im gesellschaftlichen Bereich freuen sich die Gäste über die Sprachkenntnisse der Gastgeber. Bei Geschäftsverhandlungen kann gerade das aber zum Problem werden, und zwar dann, wenn der lokale Gesprächspartner bei Geschäftsverhandlungen in Unwissenheit über die Sprachkenntnisse des *expatriate* gelassen wird; der »Lokale« fühlt sich hintergangen.

Der zweite wichtige Themenkreis, den die zukünftigen *expatriates* bei der Vorbereitung des Auslandseinsatzes mit der Unternehmensleitung besprechen müssen, betrifft die genaue Definition der Aufgabenstellung und der Position sowie die Abklärung des Gehaltes und der sozialen Absicherung. Im Außenamt und in der Außenwirtschaftsabteilung der Wirtschaftskammer (AWO) oder bei internationalen Organisationen sind diese Punkte klar geregelt, in Unternehmen müssen sie vielfach verhandelt werden. Es geht darum, dass die *expatriates* in der Hierarchie des Unternehmens im Ausland wie im Inland entsprechend eingestuft werden, dass sie die nötige Vollmacht zur Durchsetzung der ihnen gestellten Aufgaben erhalten und dass somit ihre Position gegenüber den sogenannten *locals* gesichert ist. Und dann stellt sich das Problem der Entlohnung und der *fringe benefits*. Es geht für österreichische Staatsbürger vor allem um nachstehende Punkte – es handelt sich um eine demonstrative Aufzählung, die individuell angewandt werden muss; bei einigen Fragen ist die Beiziehung eines Steuerberaters oder eines anderen erfahrenen Experten anzuraten: Gehalt in Euro oder Landeswährung oder in Landeswährung und Euro, geteiltes Gehalt, Frage der Steuerabsetzbeträge, Bonus am Ende des Jahres für ausgezeichnete Leistung, Zuschläge für die Mithilfe der Partnerin und deren Weiterversicherung bei der Sozialversicherung, Familien- und Kinderbeihilfen, Schulgelder, Kranken-, Unfall- und Pensionsversicherung, Urlaub und Heimaturlaub, Haus- oder Wohnungsvergütung, Autokosten, Repräsentationsgelder, Hauspersonalentgelte, Übersiedlungskosten, Anzahl und Vergütung von Geschäftreisen.

Für die Berechnung des Gehaltes werden nationale und internationale Statistiken herangezogen, aber auch Gehälter, die andere Unternehmen oder Organisationen an vergleichbare Mitarbeiter auszahlen. Es gibt auf diesem Gebiet ziemlich objektive Richtlinien. Anders ist die Situation bei den *fringe benefits*, die, da nur teilweise vergleichbar, ausverhandelt werden müssen – Informationen sind von den Handelskammern erhältlich. Eine Nachbesserung ist immer ziemlich schwierig.

Sind alle diese Fragen zur Zufriedenheit aller gelöst, beginnt die Reise ins Unbekannte.

Nach der Ankunft und nach einer gewissen Zeit kommt es im Allgemeinen zu einem psychologischen Einbruch. Jeder *expatriate* geht durch verschiedene Phasen der Eingewöhnung, auch wenn er oder sie noch so gut vorbereitet sein mag; die Realität ist oft anders als die Vorstellung.

Ich beschreibe die drei hervorstechenden Perioden.

Am Beginn finden *expatriates* alles höchst interessant und wunderbar; die Menschen des Gastlandes sind schön, freundlich und zuvorkommend; die Landschaft ist herrlich, das Klima angenehm, man kommt in der klimatisch verträglichen Jahreszeit an, und die berufliche Aufgabe scheint nicht schwer zu meistern – man ist gut vorbereitet und die Unterstützung durch die lokalen Mitarbeiter ist großartig; Bürokratie gibt es im Gegensatz zum Heimatland nicht, man hat auch Zugang zu den höchsten Stellen.

Nach einiger Zeit verschwindet aber dieses Hochgefühl und es kommt zum »Schock«. Man empfindet, dass die lokalen Mitarbeiter unzuverlässig sind und nicht das erwartete Resultat erbringen. Die Worte der Ministeriumsbeamten des Gastlandes haben zwar vielversprechend geklungen, aber… Die Wohnungssuche ist schwieriger als erwartet, überdies hat die Umzugsfirma »gepatzt«, das Übersiedlungsgut ist verspätet angekommen oder ist teilweise beschädigt. Mit der Schule der Kinder gibt es Schwierigkeiten etc. Plötzlich ist die Neuheit des Gastlandes verschwunden; man sieht den Schmutz, das Elend, das Verkehrschaos, die bürokratischen Hürden und, zusammengefasst, alle nur möglichen Kritikpunkte.

Partnerin und Kinder sind von der Umstellung noch stärker betroffen. Während der Partner in »seiner« Firma noch einen gewissen Rückhalt hat, sind Partnerin und Kinder die meiste Zeit auf sich gestellt und einsam. Zudem ist »Sie« aus der beruflichen Karriere herausgerissen und findet sich in der traditionellen Rolle einer »Hausfrau«. Sie muss sich um Wohnung und Einrichtung kümmern, das tägliche Leben besorgen und sich der Nöte der Kinder annehmen. »Sie« und die Kinder leiden unter dem Verlust des alten Freundeskreises. Die Folge dieser Wandlung ist spürbar, auch beruflich, die Freude ist vorbei und hat einer Lethargie Platz gemacht, ein Unlustgefühl stellt sich ein, manchmal treten auch gesundheitliche und mentale Probleme auf – und darüber steht das Damoklesschwert, dass die vom Arbeitgeber erwartete Rendite nicht erbracht wird.

In dieser Phase bedarf es einer großen Selbstkontrolle und eines starken Willens zum Durchhalten, um sich selber aus dem Tief herauszureißen. Einige Ratschläge hiefür: Wichtig ist, das Vertrauen in sich selbst und in sein Können wiederherzustellen, bewusst Kontakte nach außen zu suchen, und zwar nicht innerhalb der *expatriate's community*, sondern zu Intellektuellen, Künstlern, Professoren, Journalisten und natürlich auch zu den führenden Geschäftskreisen des Gastlandes. Hilfreich sind auch Reisen aufs Land und die Begegnung mit der Landbevölkerung. Es geht darum, bewusst ein aktives Leben zu führen! Ich habe auch führende Manager gekannt, die in dieser Phase das stille Gebet oder die Meditation in einer Kirche gesucht haben und sich so auf die Herausforderungen des Lebens »draußen« wieder vorbereitet haben. Es ist für einen Mann schwer, das Empfinden einer Frau wiederzugeben, ich kann nur wiederholen, was mir immer wieder bedeutet wurde: Aktivität ist auch von der Partnerin gefordert, wobei je nach individueller Veranlagung die Möglichkeiten verschieden sind – fachliche Weiterbildung oder auch Aufnahme eines neuen Studiums an der lokalen Universität, Mitarbeit bei Österreich-Veranstaltungen oder bei karitativen Organisationen können die Aktivitäten ergänzen. Die Kinderbetreuung fällt in erster Linie der Partnerin zu, aber der Partner darf sich in dieser schwierigen, für Kinder stark belastenden Übergangsphase dem nicht entziehen. Für mich ist die Aussage eines leitenden *expatriate* so wichtig, dass ich sie hier wiederhole: Er betonte, dass er jeden Tag eine gewisse Zeit für seine Familie da war und dass es so gemeinsam gelungen ist, die familiären sowie die eigenen Probleme zu lösen. Es geht also um eine partnerschaftliche Überwindung der Krise. Gelingt es, ist das Damoklesschwert des »Nichterbringens der Rendite« zumindest teilweise weg, die Überzeugung, dass es richtig war, einen Einsatzplatz im Ausland zu suchen, ist dann wieder zurückgekommen.

Interessant zu beobachten ist in dieser Phase des Unmutes, wie sich der Führungsstil der *expatriates* entwickelt. Sie selber können, wenn sie selbstkritisch sind, wichtige Schlüsse auf ihre Persönlichkeit ziehen. Jene *expatriates*, die entäuscht über das Gastland sind und ihre Erwartungen nicht erfüllt sehen, entwickeln als Verteidigungsstrategie eine abwehrende Haltung gegenüber dem »Anderen«; die Kommunikation mit den »Lokalen« innerhalb des Betriebes wird schwierig und ist mit Problemen aller Arten belastet; der Wille, einander zu verstehen, fehlt. Ein autoritärer Führungsstil wird aufgebaut, üblicherweise wird die Unternehmenskultur der »Mutter« auf die Auslandstochter übertragen, was sie – diese *expatriates* – zumindest für eine gewisse Zeit zu Liebkindern der Bürokraten der »Mutter« macht. In diesem Trend stellen sich aber langsam autokratische und teilweise auch chauvinistische Züge ein. Das Experiment, in dem mit den »Anderen« in einer derartigen Weise verfahren wird, ist schlussendlich, wie viele Beispiele zeigen, zum Scheitern verurteilt.

Anders liegt der Fall bei jenen *expatriates*, die ihre Anpassungsstrategien im völligen Einsinken der Kultur des Gastlandes suchen, sie verlieren à la longue ihre eigenen kulturellen Werte und somit auch ihre ursprüngliche Persönlichkeit. Ein Zeichen dieser Integration ist das Phänomen, dass die *expatriates* bei Berichten über das Gastland in der Wir-Form – z.B. »wir in Argentinien« – zu sprechen beginnen. Diese totale Anpassung ist insofern problematisch, als solche *expatriates* mehr auf der Seite des Gastlandes stehen und die Abwägung der Interessen zwischen Mutterfirma und Gastland nicht mehr vornehmen können. Es ist klar, dass sie einem großen Druck der Mutterfirma ausgesetzt sind und in der Regel Führungsaufgaben nicht mehr wahrnehmen können. In beiden Fällen müsste die Mutterfirma die Rückberufung überlegen und einleiten. Anzumerken ist, dass diese Phänomene auch bei Beamten internationaler Organisationen anzutreffen sind. Eine Rückkehr, vorzeitig oder nicht, ist für den Arbeitgeber immer sehr kostenintensiv. Einzurechnen sind nämlich nicht nur die reinen Rückholkosten, sondern auch die versäumten Möglichkeiten, bedingt durch die schwache Leistung der *expatriates*. Es entspricht den Usancen der globalen Geschäftswelt, dass deren Zukunftchancen nicht mehr hoch einzuschätzen sind.

Die wirklich erfolgreichen *expatriates* versuchen durch flexibles Verhalten die Interessen der »Mutter«, des Gastlandes und der »Lokalen« auszugleichen; sie sind bereit, auf Eigenheiten des Gastlandes einzugehen und sie der Mutterorganisation begreiflich zu machen, aber auch umgekehrt bei den »Lokalen« auf die Prioritäten der »Mutter« hinzuweisen und Verständnis zu erwirken. Es ist nicht wegzudiskutieren, dass er oder sie zeitweise von beiden Seiten einem großen Druck ausgesetzt ist, aber dieser flexible und verständnissuchende Führungsstil ist einzig und allein richtig, auch wenn er schwer zu verwirklichen ist.

Nicht alle *expatriates* wollen ihre Karriere im Ausland beenden, sondern einige denken an eine Rückkehr. Auch wenn die urprünglichen Aufnahmetests in eine Organisation noch so ausgeklügelt waren, so stellen sich gewisse Eigenschaften erst im Laufe des Einsatzes, in diesem Fall in der fremden Umwelt heraus. Die entsendende Organisation wird die *expatriates* beobachten, ob sie für »höhere Weihen« in Frage kommen. Positive Einstellung und Einsatz, Belastbarkeit und persönliche Reife, Geduld und Durchhaltevermögen, realistische Einschätzung der täglichen Gegebenheiten und Problemlösung werden vermerkt. Die Aufzählung ist in erster Linie demonstrativ und klingt selbstverständlich, bezieht sich aber auf grundlegende Eigenschaften, die den Erfolg versprechen. Auch bei den Inlandsmitarbeitern werden diese Qualitäten überprüft, sie können aber in einem gewohnten Umfeld agieren und somit Schwächen länger kaschieren. Auch bei etwaigen Problemen ist Hilfe gleich zur Stelle. Die »Ausländer« sind hingegen auf sich allein gestellt und somit exponierter.

Die Zeit der Rückkehr ist gekommen und nur dann marginal einfacher, wenn vor der Entsendung ein Wiedereinstellungsrecht mit dem Arbeitgeber vereinbart wurde. Gleichgültig, ob Wiedereinstellung oder nicht, die Schwierigkeiten, Einschränkungen und Enttäuschungen, die die Heimkehrer und ihre Familien erleben, sind vielfach. Zuerst der Wegfall des Auslandsgehaltes mit den *fringe benefits*, die Umstellung auf das Inlandsgehalt, die Eingebundenheit in die Hierarchie und die verminderte Kompetenz. In den seltensten Fällen ist ein adäquater Posten, der den Erfahrungen der ehemaligen *expatriates* entspricht, frei, die sogenannten »Zurückgeblieben« sind in der Zwischenzeit nachgerückt und versperren den weiteren Aufstieg; sollte jedoch der Idealfall der richtigen Einstufung gegeben sein, müssen die »Ehemaligen« mit dem Neid der Kollegenschaft rechnen. Im privaten Bereich müssen die Heimkehrer feststellen, dass sie aufgrund des »anderen Lebens« von einigen Freunden für arrogant gehalten werden und ein weiterer freundschaftlicher Kontakt wegbricht – eine schmerzliche Erfahrung. Partnerin und Kinder müssen dieselben Probleme durchleben, wobei für schulpflichtige Kinder die Frage der Schulwahl und Klasseneinstufung eine hohe Barriere für die Wiedereingliederung darstellt. Viele österreichische Schulen bereiten unnötige Schwierigkeiten, da sie die Vorstellung haben, ausländische Institutionen können nicht gleichwertig sein und somit auch nicht deren Zeugnisse. Den Eltern wird eingeredet, dass, obwohl keine objektiven Gründe vorliegen, die Wiederholung einer Klasse für ihr Kind von Vorteil wäre. Die Anerkennung einer Auslandsmatura aus jenen Ländern und von jenen Schulen, die im Internationalen Baccaulareat nicht anerkannt sind, ist nicht vorgesehen, eine Wiederholung steht an.

Ein Kuriosum ist die Immatrikulation an einer österreichischen Universität oder Hochschule. Österreichische Staatsbürger, die eine vom Internationalen Baccaulareat anerkannte Auslandsschule abgeschlossen haben, müssen zwar nicht die Matura wiederholen, die Immatrikulationspapiere müssen sie aber beim Schalter »Ausländer« abgeben. Die neue Studentin oder der neue Student wird vom »Mutterland« als »Ausländer« eingestuft, was eine prägende Erfahrung darstellt und der Wiedereingliederung sicherlich nicht förderlich ist. Hier sehe ich auch ein Problem für unseren Nachwuchs im CV.

Meine Erfahrung zeigt, dass zu lange dauernde Auslandsaufenthalte der Heimkehr entgegenstehen. Langgediente *expatriates* finden kaum einen entsprechenden Job. Zu alt, zu erfahren, zu teuer – so lauten die Argumente, und zudem warten schon »Einheimische«. Natürlich kommt es bei globalen Unternehmen und Organisationen vor, dass eine Österreicherin oder ein Österreicher von einer Niederlassung, z. B. New York, Brüssel etc., nach Wien versetzt wird. In einigen Fällen folgen auch österreichische Firmen diesem Personalkonzept – zu ihrem Vorteil. Solche Firmen haben eine weitsichtige Personalplanung und ein fortschrittliches Konzept der Mitarbeiterentwicklung.

Im Wesentlichen bedeutet dies, dass eine Rückkehr langfristig geplant werden muss. Verschiedenste Informationsquellen über mögliche anstrebenswerte Stellen bieten sich an – nationale und internationale Auschreibungen; hier liegen die Schwierigkeiten darin, dass sich der Bewerber nicht am Platz befindet und somit vom Informationsfluss abgeschnitten ist; in vielen solcher Fälle hat die ausschreibende Stelle auch schon einen Wunschkandidaten »in petto«. Weiters veröffentlichen österreichische Berufsorganisationen auf ihren *websites* offene Stellen, Magazine und Zeitungen haben ebenfalls derartige Seiten – nach Durchsicht müssen die »Heimkehrer« aber feststellen, dass es kaum passende Nachfragen gibt. Mir erscheint der einzig gangbare Weg zu einer neuen verantwortungsvollen Stelle im höheren Management im Engagement eines *head hunters* zu liegen. Diese Organisationen verfügen über das notwendige *know-how* und über das notwendige *network* und werden deshalb auch von Unternehmen, Institutionen etc., die Mitarbeiter auf höchster Ebene benötigen, mit der Suche beauftragt. Das Engagement ist kostspielig und kann lange Zeit in Anspruch nehmen, doch es wird sich meist auszahlen.

Networking war immer schon ein Zauberwort; in der Zeit der neuen Medien hat dieses Wort noch eine zusätzliche Dimension und Attraktivität dazugewonnen. Es ist erfreulich, wie im Cartellverband die digitale Information verwendet wird. Erfreulich ist auch, wie sich unsere Norica vernetzt hat. Noch erfreulicher wäre es, wenn die Vernetzung in einem hohen Maße ebenfalls von den »Älteren«, d. h. in diesem Fall im Beruf stehenden Bundesschwestern und Bundesbrüdern genützt würde, um wichtige Informationen, so u. a. auch über offene Stellen, weiterzugeben.

In meinen Ausführungen habe ich versucht, eine Beschreibung der Probleme, die bei einer Auslandsverwendung auftreten können, zu geben. Meine Absicht war es nicht, junge Menschen davon abzuhalten, ins Ausland zu gehen; gelingt der Brückenschlag zum Gastland ideal, so kann das für das berufliche wie das private Leben interessant und bereichernd sein, und vielen gelingt dieser Erfolg.

P. S. Eine empfehlenswerte Lektüre ist das Buch von Gerhard Apfelthaler, *Interkulturelles Management – Bewältigung kultureller Differenzen in der internationalen Unternehmenstätigkeit* (Manz Verlag, Wien, 1999). Apfelthaler beschreibt aber die Probleme hauptsächlich vonseiten des Arbeitgebers.

Wolfgang Moser/Romeo Reichel/Markus Figl

Im Dienste des Glaubens

Die Erfahrung der Jünger auf dem Weg nach Emmaus gehört zu den besonders eindrücklichen und berührenden Begegnungen des auferstandenen Jesus mit seinen Jüngern. Der Weg, die Verunsicherung, das Zusammenrücken – Situationen, in denen sich Menschen immer wieder finden und in denen das Angebot Gottes, uns Gemeinschaft zu geben, besonders trostvoll ist. »Wo zwei oder drei in meinem Namen beisammen sind, dort bin ich mitten unter ihnen« – auch in diesem Wort wird die Bedeutung der Gemeinschaft deutlich. Wir erkennen in der Kirche sogar den Umkehrschluss: Gelebte Gemeinschaft sehen wir als wichtige Voraussetzung für die Begegnung mit Gott.

Die Verbindung steht im Dienste des Glaubens – bloß was bedeutet das für uns? Für diesen Beitrag haben wir den Gedanken der Gemeinschaft in Inhalt und Form aufgegriffen. *Inhaltlich* durch den Spannungsbogen von *religio* als tragendem Prinzip der Verbindung über das dadurch geprägte Wirken in der Gesellschaft bis hin zum Privaten, dem persönlichen Fundament und dem Auftrag, den der Glaube für jeden persönlich bedeutet. *Formell* in der Gestaltung dieses Beitrags als Gemeinschaftswerk dreier Bundesbrüder: Romeo Reichel mit seinem Beruf als Arzt und geweihter Diakon, Wolfgang Moser als Unternehmensberater und Markus Figl als Politiker.

In unseren Gesprächen haben sich wichtige Fragen herauskristallisiert, zu denen manchmal gleiche Zugänge entstehen, manchmal auch einander stark ergänzende. In den folgenden Abschnitten diskutieren wir unsere persönlichen Zugänge dazu:

1. Anspruch und Auftrag im Verbindungsleben
2. Unser Wirken in der Gesellschaft
3. *Religio* als persönlicher Auftrag

1. Anspruch und Auftrag im Verbindungsleben

1.1 Inwieweit ist Norica eine religiöse Gemeinschaft?
Welchen Zugang zum Glauben vertritt Norica?

Markus (Figl): Schon der Name »Katholisch-akademische Verbindung Norica« stellt mit dem ersten Wort klar, dass die Religion eine große Bedeutung für unsere Gemeinschaft hat. Religion steht – wortwörtlich genommen – an erster Stelle. Festgelegt wird dabei, dass es sich bei Norica um eine katholische Gemeinschaft handelt. Der Katholizismus ist Ursprung und nach wie vor Grundlage der Verbindung. Jedoch ist die Norica keine religiöse Gemeinschaft im engeren Sinne, kein Orden oder Betverein. Das Prinzip *religio* ist – wie auch die anderen drei Prinzipien – der gemeinsame Nenner aller Mitglieder. Die Religion ist also Basis der Verbindung, aber sie steht nicht alleine da, auch wenn der Einfluss auf die anderen Prinzipien nicht zu leugnen ist. *Religio* ist aber mehr als nur ein Prinzip, welches eine materielle Grundlage für die Gemeinsamkeit der Verbindung liefert. Es ist auch die freiwillig eingegangene Verpflichtung jedes einzelnen Bundesbruders bzw. jeder einzelnen Bundesschwester, sein bzw. ihr Leben nach dem Glauben und damit nach christlichen Prinzipien auszurichten. Der Glaube ist also nicht nur gemeinschaftsstiftend, sondern hat auch eine sehr persönliche Komponente.

In Österreich hat das Katholische auch noch eine andere, nicht rein religiöse Bedeutung, und auch diese schwingt gerade in der K.a.V. Norica mit: der Katholizismus als politische Bewegung. Gerade in der zweiten Hälfte des 19. Jahrhunderts, während der Entstehungsjahre unserer Verbindung, fühlten sich die Katholiken zunehmend unter Druck gesetzt. Von links lautete die Botschaft, dass Religion Opium des Volkes sei, rechts startete die Los-von-Rom-Bewegung durch. Als Gegenreaktion und im Sog der gesellschaftlichen Veränderungen kristallisierten sich, in den vielfältigsten Formen, katholische Initiativen heraus. Der Vereinskatholizismus entstand, und auch die Norica ist ein Teil davon. Religio ist daher nicht nur ein religiöses Prinzip, sondern verweist auch auf den weltanschaulichen Hintergrund der Entstehungsgeschichte. Dies wird durch die historische Tatsache verstärkt, dass es zur Entstehungszeit der Norica noch kein Prinzip *patria* gab.

Die sich entwickelnde Katholische Soziallehre als weltanschauliches Grundmuster konnte damals nur ihren Platz im Prinzip *religio* finden. Nunmehr kann sie wohl auch einen wichtigen Berührungspunkt zwischen den Prinzipien *patria* und *religio* bilden, wobei die Schwerpunkte unterschiedlich sind. Die Katholische Soziallehre geht deshalb deutlich über Religion und Glaube hinaus, weil es sich um ein politisches Konzept handelt, welches, auch ohne dass jemand katholisch (oder christlich) sein muss, als Vorbild für das politische Wirken genommen werden kann. Unser Glaube ist daher nicht nur der persönliche Auftrag an den Einzelnen und der Kitt nach innen, sondern auch Auftrag nach außen – Auftrag für jedes Mitglied, aber auch für die Verbindung als solche, das Bekenntnis zum Glauben zu leben und in der Gesellschaft zu wirken, diese nach Möglichkeit zu beeinflussen.

Romeo (Reichel): Beim Nachdenken darüber, inwieweit Norica eine religiöse Gemeinschaft ist, ist zunächst zu fragen, wie sich Religiosität äußert, welche Merkmale Religiosität hat und ob diese Merkmale in der Gemeinschaft Norica festzustellen sind. Beim Nachdenken über diese Frage geht es im Folgenden nicht um systematische Vollständigkeit, sondern um das Herausarbeiten mir wesentlich erscheinender Aspekte. Wesentliches Merkmal einer Religiosität ist der Glaube. In unserer Gemeinschaft, in der wir als Gemeinschaft und als einzelne Mitglieder dieser Gemeinschaft den römisch-katholischen Glauben bekennen, ist es der Glaube, wie er im Wesentlichen im nizäno-konstantinopolitanischen Glaubensbekenntnis bekannt wird. Das Vorhandensein dieses Glaubens festzustellen ist jedoch nicht so einfach. Nur aufgrund der Feststellung des Vorhandenseins von Phänomenen des Glaubens können wir auf sein Vorhandensein oder Nichtvorhandensein rückschließen. Ein solches Phänomen ist der Ritus, ein anderes sind die »Werke« (siehe Glaube und Werke in Jak 2,14–16+). Ein weiteres Merkmal ist aber auch das Bekennen des Glaubens.

Zum Phänomen Ritus gehört im Wesentlichen der Gottesdienst. Die Gemeinschaft Norica feiert den Gottesdienst regelmäßig im Zuge von Veranstaltungen, z. B. bei der Semestereröffnung, beim Weihnachtskommers, beim Gründerabend, beim Stiftungsfest und monatlich bei den »Messen der Familie Norica«. Was jedoch die Teilnahme am Gottesdienst im Vergleich zur Teilnahme an der dazugehörigen profanen Veranstaltung anbelangt, ist erkennbar, dass einem Teil der Gemeinschaft der Gottesdienst kein Anliegen zu sein scheint. Ich will aber den Gottesdienst nicht nur als Ritus verstanden wissen, sondern vor allem als eine Möglichkeit der Gemeinschaft mit Christus. Indem wir als Gemeinschaft Eucharistie feiern, sind wir einzeln und gemeinsam in der Gemeinschaft Christi (»Communio«). Wo mir der Ritus abgeht, ist das weite Feld der Zusammenkünfte, insbesondere die Konvente, aber auch die Veranstaltungen mit religiösen Themen. Ein kurzes Gebet zum Beginn, die Rückbesinnung auf Gott und unser Bekenntnis zu ihm könnten dazu beitragen, dass manche Veranstaltungen in einem brüderlichen/geschwisterlichen Ton ablaufen. Christus könnte wieder mehr in diesen Teil unseres Lebens hereingeholt werden. Das ist so wie mit dem Tischgebet, das schon sehr selten geworden ist, aber wieder aktiviert werden kann.

Was die Werke betrifft, gab und gibt es unzählige Werke Einzelner in ihrem je eigenen Lebensbereich. Diese sind zunächst nicht so leicht erkennbar. Aber immer, wenn es mir gelingt, mich in ein wirkliches Gespräch mit einem Bundesbruder hineinzubegeben, erfahre ich von Werken, die Religiosität bezeugen. Aber nicht nur die Werke Einzelner, sondern auch das Engagement von Gruppierungen innerhalb unserer Verbindung oder der Verbindung als solcher zeugen von der Religiosität der Gemeinschaft Norica und ihrer Glieder (z. B. soziale Aktionen und Engagement für das ungeborene Leben in Vergangenheit und Gegenwart). Somit ist auch die Norica Teil jenes Leibes, dessen Haupt Christus ist.

Eine weitere Möglichkeit, *religio* zu erkennen, ist die Beobachtung der Befolgung der anderen drei Prinzipien: *amicitia, scientia* und *patria*. An ihnen kann im zunächst vermeintlich unverfänglichen Bereich das Ernstnehmen des Prinzips *religio* zumindest indirekt erkannt werden: Wie verhalte ich mich im Hinblick auf *religio* bei der Befolgung dieser Prinzipien? Wie ich immer wieder postuliere, ist ja *religio* unser allererstes Prinzip, also das »Principium«, der Anfang, der Ursprung, aus dem sich unsere nachfolgenden Prinzipien ableiten. Daher kann ich umgekehrt vom »wie« der Befolgung der anderen Prinzipien auf das Vorhandensein von Religiosität schließen. Beispiele: Wie verhält sich ein uns zugehöriger Politiker in Fragen des Schutzes des Lebens, wie verhält sich ein uns zugehöriger Wissenschaftler in seinem Bereich im Hinblick auf christlich-ethische Anforderungen?

Wolfgang (Moser): In der Verankerung der *religio* als eines von vier Prinzipien liegt für mich ein sehr lebensnahes Spannungsfeld begründet. Denn weder wird die Verbindung als ausschließlich dem Glauben gewidmet definiert (wie eine Ordensgemeinschaft) noch wird der Glaube in die Privatsphäre des Einzelnen verbannt (wie in rein profanen Organisationen). Zugänge zum Glauben in der Norica stehen daher im Zusammenhang mit anderen Prinzipien. Beispiele: Die katholische Soziallehre stellt eine oft gebrauchte Verbindung zum Politischen und Gesellschaftlichen im Prinzip *patria* dar; die gemeinsam gefeierten Sakramente zum Prinzip *amicitia;* und der Anspruch, den Glauben nicht als reine Gefühlsangelegenheit zu behandeln, sondern auch gut fundiertes Wissen aufzubauen, die Verbindung zum Prinzip *scientia.*

Im Unterschied zu einer spirituellen Gemeinschaft ist der Glaube in der Verbindung in Bezug auf die anderen Wirkungsbereiche angesiedelt. Wir können in der Verbindung bei Entscheidungsprozessen mit Werten argumentieren, die sich auf den Glauben gründen. Wir werden in der Verbindung nicht verlacht, wenn wir uns zur Kirche bekennen (auch wenn die Skepsis oft zum Diskussionsgegenstand wird – ich sehe aber auch in diesem Ringen ein Bekenntnis zur Zugehörigkeit).

Aber: In meiner Pfarre erlebe ich den Gottesdienst als das unbestrittene Zentrum der Gemeinde, und alle Feste, Vorträge und caritativen Aktionen gruppieren sich rundherum. In der Verbindung hingegen leben und wirken wir nicht primär zur

Ausübung des Gottesdienstes, sondern nehmen die anderen Prinzipien gleichwertig wahr. Wahrscheinlich tun sich deswegen stark kirchlich oder spirituell geprägte Gemeinschaften mit dem Religionsbegriff in der Verbindung so schwer: Weil er in Balance zu anderen Prinzipien steht und nicht nach dem oberflächlich leichter verständlichen Ansatz »ganz oder gar nicht« gehandhabt wird.

1.2 Welche Leistungen verlangt das Prinzip religio der Verbindung ab?
Welches religiöse Service bietet Norica?

Romeo: Das Sichtbarwerden von Werken hat ein potenziell weites Feld. Dieses reicht vom persönlichen Umgang miteinander innerhalb der Gemeinschaft bis zum Wirken im beruflichen und privaten Bereich. Auch das Verhalten im Straßenverkehr, das man gelegentlich beobachten kann, kann sichtbares Zeichen »christlichen oder nicht christlichen Verhaltens« sein. Hier allerdings könnte man manchmal meinen, der Teufel hätte hier ein neues Betätigungsfeld gefunden. Ich möchte da nicht moralisieren und kann dabei auch mich selbst nicht ausnehmen.

Das Bekenntnis kann durchaus in persönlichen Gesprächen zum Ausdruck kommen. Hier ergibt sich meiner Beobachtung nach ein weites Spektrum von der Rückkehr zu Häresien des frühen Christentums bis zur – wenn auch im Vergleich zum Ersten wesentlich selteneren – fast neurotischen Religiosität. Insgesamt unterscheidet sich die Gemeinschaft Norica hinsichtlich ihrer Religiosität nicht wesentlich von der Gemeinschaft jener, die sich unserer Kirche irgendwie zugehörig fühlen: Eine große Individualität und Heterogenität ist hier festzustellen, wobei der Anteil jener, die sich ihren eigenen Glauben machen, im Steigen begriffen ist. In diesem Sinne ist auch die Frage, welchen Zugang zum Glauben die Norica vertritt, zu beantworten: sehr individuell. Dies aber bedeutet für mich, dass die Norica als Gemeinschaft keinen definierten Zugang zum Glauben vertritt.

Die Frage ist nun, welche Leistungen das Prinzip *religio* der Norica abverlangt, welchen religiösen Service es bietet? – Das Prinzip *religio* verlangt nach einer gewissenhaften katholisch-religiösen Bildung. Dies ist eine Forderung an den Einzelnen, aber auch an die Gemeinschaft, religiös bildend wirksam zu werden. Wie in der gesamten katholischen Gemeinschaft lautet die Herausforderung, die Jugend bei ihrer religiösen Bildung zu unterstützen. In unserer Gemeinschaft müssen wir beim Verbindungsnachwuchs, den Fuchsen, ansetzen. Neue Anläufe gibt es in der jüngeren Vergangenheit – haben wir doch einen Religionsprofessor als Fuchsmajor gehabt, dem die religiöse Bildung ein besonderes Anliegen war. Es ist aber nicht nur die Bildung, sondern auch die Möglichkeit zu gemeinsamer Gotteserfahrung im gemeinsamen Gebet, die zu fördern ist. In Erweiterung zu den bestehenden Messen der

Familie Norica, die dank des Engagements unseres Verbindungsseelsorgers einen Fixpunkt für einen Kreis von Noricern darstellen, könnten Gebetskreise, Wallfahrten, Exerzitien, Einkehrstunden oder -tage das Angebot erweitern.

Wolfgang: In der Messe bin ich nicht Besucher, sondern Mitwirkender. Mit dem Aufbau und der Pflege einer religiösen Infrastruktur in der Verbindung soll somit primär die Möglichkeit für jeden Einzelnen geschaffen werden, sich mit wichtigen religiösen Fragen zu beschäftigen, Überzeugungen und Glaube zu bilden, sich selbst einzubringen. Diese Leistung in der Auseinandersetzung verlangt das Prinzip religio. Jedes religiöse Angebot hilft dabei: die gemeinsamen Messen, der Verbindungsseelsorger oder theologische Diskussionen, um nur ein paar Beispiele zu nennen.

Dieser äußere Rahmen lässt sich organisatorisch herstellen, und es ist auch die Aufgabe der Chargen, diesen Rahmen gut zu unterstützen. Jedes Verbindungsmitglied aber muss diesen Rahmen mit Leben und Überzeugung füllen!

Markus: Ein Blick in unsere Semesterprogramme zeigt, welches religiöse Service die Norica anbietet. Da gibt es doch immer wieder Diskussionsveranstaltungen, die mit dem Glauben zu tun haben. Gemeinsame Heilige Messen gehören bei uns selbstverständlich dazu. Ich finde es großartig, dass wir diese nicht nur vor den formellen Festveranstaltungen, den Kommersen, feiern, sondern dass auch zu Familienmessen am Sonntagnachmittag eingeladen wird. Diese sind etwas Besonderes, weil sie so herzlich und Norica-spezifisch sind. Dazu tragen der Ort (unser Verbindungsheim, die Bude), die anwesenden Bundesgeschwister, die vielen Kinder und vor allem auch unser Verbindungsseelsorger bei. Und das ist wohl ein ganz wichtiger Punkt, weil es immer die Menschen sind, die ein Amt ausfüllen und Dinge konkret in Bewegung setzen:

Unser aktiver Verbindungsseelsorger ist ein Glücksfall für die Verbindung! Er ist aufgrund seiner religiösen Einstellung, seiner tiefen Verwurzelung im Leben und seiner über den Tellerrand hinausblickenden Art eine große Bereicherung. Das merkt man in seinen Predigten, Vorträgen oder auch in seinen E-Mail-Kurzpredigten. Er leistet großartige Arbeit, für uns und für die Gesellschaft. Er steht zahlreichen Bundesgeschwistern bei diversen Anlässen wie Taufen oder Hochzeiten zur Verfügung und ist daher ein wirklicher Begleiter für jeden Einzelnen von uns. Er ist auch deshalb vorbildlich, weil er neben anderen Funktionen innerhalb seines Ordens – vor allem als Geschäftsführer der Franziskaner für Mittel- und Osteuropa – unmittelbare Hilfe für Menschen leistet. Das halte ich auch für einen wesentlichen Punkt: dass der Glaube gelebt wird und unmittelbare, positive Auswirkungen hat. Nicht nur nach innen gläubig sein, sondern nach außen wirken. Ein Verbindungsseelsorger ist wesentlich – aber diese Verantwortung können wir nicht auf eine einzelne Person oder Ereignisse abladen. Ich habe es immer großartig gefunden, dass man mit Noricern ganz selbstverständlich über »Gott und die Welt« diskutieren kann. Der Glaube gehört selbstverständlich und als Selbstverständnis dazu.

1.3 Wie sorgen wir in der Verbindung dafür, dass wir über religio ausreichend viel wissen?

Wolfgang: Zunächst ist es schon einmal bezeichnend, dass wir Glaube und Wissen als verbunden und zusammengehörig sehen. Religion wird nicht zur rein charismatischen Angelegenheit erklärt. Die eigentliche Wissensvermittlung macht im Laufe der Zugehörigkeit zur Verbindung eine Entwicklung durch.

In den ersten paar Jahren ist es am wichtigsten, im Wettstreit mit anderen weltanschaulichen Konzepten bestehen zu können, vor allem verbal. Dementsprechend hilfreich ist es, für die systematische Aneignung wichtiger Glaubensinhalte zu sorgen. Das geschieht durch eine Mischung aus Programm (z. B. Veranstaltungen mit Gästen oder Fuchsenconvente) und der Verpflichtung zur Selbstbildung.

Im Laufe der Jahre nehmen aber auch Bedarf und Möglichkeiten zu, dauerhafte Taten zu setzen. Das Wissen über den Glauben verlässt für mich die Bücher und geht in die Biografie ein. Es gewinnt an Bedeutung, zu wissen, *wer* sich *in welcher Form* religiös engagiert. Die oft unspektakulären, aber realen Beispiele gelebten Glaubens sind wie Mosaiksteine, die auf ein ganzes Bild hinweisen. Darüber Bescheid zu wissen, ist ein Bestandteil unserer Glaubensbildung.

Markus: Zuallererst ist das, finde ich, die Verantwortung jedes Einzelnen. Man kann sein Nicht-Wissen nicht der Verbindung vorwerfen. Auch das Prinzip *scientia* trägt den Auftrag in sich, sich mit Gott und der Welt wissenschaftlich auseinanderzusetzen und regt auch hier zur ständigen Weiterbildung an. Neben diesem individualistischen Ansatz hat aber auch die Verbindung eine Verantwortung. Wir haben oben schon darüber diskutiert, welches religiöse Service die Verbindung anbietet. Vor allem sind es natürlich Diskussionsveranstaltungen, die zur inhaltlichen Auseinandersetzung mit dem Glauben anregen. Besondere Verantwortung hat die Verbindung, sowohl als Ganzes als auch jeder einzelne Bundesbruder bzw. jede Bundesschwester, gegenüber den neuen Verbindungsmitgliedern. Diese müssen von Anfang an ein Klima und Angebote vorfinden, die die religiöse Auseinandersetzung ermöglichen. Und ich verwende absichtlich das Wort »Auseinandersetzung«, denn das pure Faktenwissen ist zwar Voraussetzung für eine fundierte Diskussion, aber keine befriedigende Beschäftigung mit dem Prinzip *religio*. Aus meiner Sicht muss es hier eine ständige Auseinandersetzung geben, sowohl über aktuelle Entwicklungen und Situationen als auch im Sinne eines Ringens um seinen eigenen Glauben (das wird wohl eher ein Ringen mit sich selbst sein, aber bei diesem – so geht es zumindest mir – helfen Gespräche und Diskussionen mit anderen ungemein). *Religio* hat nicht nur mit Gott zu tun, sondern ganz wesentlich mit der Welt. Denn Nächstenliebe lässt sich nicht alleine im stillen Kämmerlein verwirklichen, sondern nur dann, wenn man die Schwelle des eigenen Hauses bzw. der eigenen Bude überwindet.

Romeo: Das Angebot an religiösen Veranstaltungen mit Bildungscharakter ist sowohl bei der Aktivitas als auch bei der Altherrenschaft immer wieder vorhanden, doch vermisse ich dabei eine gewisse Systematik und Nachhaltigkeit. Eine interessante Erfahrung, die ich in Gesprächen gemacht habe, ist, dass ich, mehr als zunächst erwartet, Bundesbrüder und Bundesschwestern unterschiedlichen Alters gefunden habe, denen Glauben zu leben ein Anliegen ist. Diese, organisiert zusammengebracht, könnten einen Kondensationskeim für weitere Bundesbrüder und Bundesschwestern sein.

1.4 Welchen religiösen Beitrag leisten die Einzelnen zur Verbindung? Was erwarte ich mir in Bezug auf religio von meinen Bundesbrüdern und Bundesschwestern?

Markus: Von meinen Bundesbrüdern und Bundesschwestern erwarte ich mir vor allem, dass sie ein wirkliches Interesse an *religio* haben und es daher in der Verbindung eine Atmosphäre gibt, in der der Glaube ganz selbstverständlich dazu gehört. Neben formalen Veranstaltungen wie Heiligen Messen oder Diskussionsveranstaltungen haben mich die persönlichen Gespräche mit Bundesgeschwistern immer besonders bereichert. Außerdem erwarte ich mir, und das sind nicht nur Ansprüche an »die Anderen«, sondern vor allem auch an mich selbst, das Christ-Sein aktiv zu leben. Viele unserer Bundesbrüder und Bundesschwestern sind aktive Menschen, die hier vorbildlich sind, in der Kirche, in den Pfarren, in sozialen Organisationen. Ich bin davon überzeugt, dass es hier eine Wechselwirkung gibt: Durch das Engagement nach außen ist die Norica nicht nur ein Netzwerk christlich engagierter Menschen, sondern diese bringen ihre Erfahrungen in die Verbindung ein und bereichern sie dadurch. Die Sozialaktionen beispielsweise, die wir bei unserer Weihnachtsaktion unterstützen, sind fast immer solche, die einen Bezug zu uns haben – eben weil es Bundesbrüder und Bundesschwestern gibt, die sich bei unterstützenswerten Aktionen beteiligen und die Norica dazu einladen, einen finanziellen Beitrag zu leisten.

Wolfgang: Gemeinsamer Glaube schafft viel Vertrautheit im Umgang miteinander. Er schafft auch die Möglichkeit, hinter scheinbar belanglosen gemeinsamen Erlebnissen einen tieferen Sinn zu sehen. *Gott finden in allen Dingen* – diese Grundhaltung des Hl. Ignatius eröffnet viele Möglichkeiten, auch bei modernem Lebensstil und reflektierter Aufgeklärtheit den Kontakt zum Lebensstifter nicht zu verlieren. Diese Grundhaltung suche ich bei Bundesbrüdern und Bundesschwestern mehr als bei zufälligen Kontakten im Arbeitsleben.

Ich gehe zwar davon aus, dass wirklich jeder diese Sehnsucht nach Gott in sich trägt, aber die Möglichkeiten, darüber nachzudenken, zu reden und sich dazu zu bekennen, sind je nach Umfeld und persönlicher Reife unterschiedlich. Hier in der Verbindung erwarte ich ein Umfeld, in dem jeder zu seiner Sehnsucht nach Gott steht und den Mitteln, die uns die katholische Kirche für den Umgang mit dieser Sehnsucht gibt, im eigenen Leben einen ernsthaften Stellenwert einräumt.

1.5 Wird Norica ihrem Religio-Anspruch gerecht?
Wir haben das Prinzip religio – leben wir es auch?

Romeo: Um die Frage, ob Norica ihrem Religio-Anspruch gerecht wird, beantworten zu können, müssen wir den Religio-Anspruch näher beschreiben. Dazu geben die ÖCV-Satzungen einen Anhalt. Diese verlangen ein Leben nach christlichen Grundsätzen im privaten und öffentlichen Bereich. Werden wir diesem Anspruch gerecht? Ich glaube, dass viele diesem Anspruch gerecht werden, wie ich bereits erwähnt habe, viele aber – ohne richten zu wollen – auch nicht. Wie wir damit umgehen wollen, stellt eine der großen Herausforderungen für die nahe Zukunft dar.

Wolfgang: Wo ich Ansprüche stelle, kann ich auch Enttäuschungen miterleben. Das fängt bei mir selber an, betrifft aber auch meine Mitmenschen. Mit dem oben skizzierten Anspruch an *religio* in der Verbindung erlebe ich beides mit: Erfüllung und Enttäuschung. Erfüllung, wenn geistlich geprägte Rituale der Freude und der Trauer von echter Teilnahme getragen werden. Erfüllung, wenn das Feiern einer Messe in der Verbindung nicht peinliche Folklore, sondern vertraute Gemeinsamkeit ist. Enttäuschung, wenn ich in einer Begegnung merke, wie fern einem Bundesbruder oder einer Bundesschwester der unbefangene Umgang mit dem Angebot der Kirche geworden ist. Enttäuschung, wenn die religiöse Diskussion wie eine politische geführt wird und die Kategorisierung in scheinbar gute und böse Zugänge zum Glauben die Vielschichtigkeit und Versöhnlichkeit des Stifters vergessen lässt.

Das Entscheidende ist für mich dabei, dass wir nicht müde werden und dass wir auch den Konflikt zwischen professionell weltgewandtem Handeln und dem

Eindringen in eine oft eher intim empfundene religiöse Sphäre auszuhalten und auszuleben üben. Das findet in den realen Lebensumgebungen – vor allem der Arbeitswelt – nur mehr selten statt. Beispiele: Schulmessen sind ja noch akzeptiert, Feldmessen beim Bundesheer schon eine Herausforderung für alle Beteiligten, aber stellen wir uns vor: eine Betriebsmesse für die Angehörigen einer Bankfiliale oder einer Autowerkstatt, vielleicht gemeinsam mit Kunden – das kommt uns doch zu skurril vor. In der Verbindung trauen wir uns aber diesen Spagat zu: mit Menschen, die auch gute Vorträge halten sollen oder in ihren Berufen Außergewöhnliches leisten oder die besten Biertrinker der Welt sind, auch noch ernsthaft Messe feiern … Diesen scheinbaren Widerspruch muss man doch erst einmal begreifen und aushalten. Ich bin froh um die Verbindung, die diese Konfrontation immer wieder herbeiführt.

Markus: Ob jemand das Prinzip *religio* lebt, ist wohl eine höchstpersönliche Frage, die sich in erster Linie jeder selbst stellen und beantworten muss. Für die Verbindung ist es eine Frage der Balance, an die man sehr behutsam herangehen muss. Denn die Extreme an möglichen Vorwürfen schwanken. Auf der einen Seite kann es zum Vorwurf des »Laissez-faire-Prinzips« kommen, wenn *religio* als Wort ein Prinzip ist, aber nicht entsprechend gelebt wird und zur Floskel verkommt. Auf der anderen Seite stünde der Vorwurf, dass die Verbindung zum reinen Betverein wird, wenn *religio* überbetont würde. Ein gutes Mittelmaß ist hier wohl angebracht. Angebracht ist aber auch die ständige Überprüfung, ob wir gerade das richtige Maß an *religio* anbieten. Die verschiedenen Generationen prägen unsere Verbindung auch unterschiedlich. Am deutlichsten ist das in der Aktivitas: Neue Verbindungsmitglieder bringen neue Impulse, und die verschiedenen Chargen gehen ganz unterschiedlich an die praktische Umsetzung unserer Prinzipien heran.

2. Unser Wirken in der Gesellschaft

2.1 Welche religiösen Impulse an die Gesellschaft gehen von der Norica aus?
Sind wir (noch) Sauerteig?

Wolfgang: Was sich als Gesellschaft bezeichnen lässt, ist so multipolar und vernetzt, dass keine einzige Gruppe oder Strömung eine länger dauernde Meinungsführerschaft halten kann. Falls es denn in früheren Generationen jemals anders gewesen sein sollte – ich habe keine andere Realität miterlebt als diese jetzige. Das Bild vom Sauerteig weckt immerhin noch die Hoffnung, eine Hebelwirkung erzielen zu können. Aber versuchen das nicht andere auch? Spin Doctors, Marketing, Verführer aller Art spezialisieren sich doch auf Effizienz in der Kommunikation bis hin zur Manipulation.

Den schnellen Effekt erzielen viele. Das wirkliche Gegenmodell dazu sind Geduld und Beharrlichkeit. Eine Gemeinschaft, die den schnellen Erfolg gar nicht braucht, ist den einen unverständlich, den anderen ein Ärgernis. Selbst als Angehöriger einer solchen Gemeinschaft – sowohl die Verbindung als auch noch viel mehr die Kirche sind auf Dauer angelegt – würde ich mich manchmal über *quick wins* freuen. Es darf doch nicht in Anbetracht der Ewigkeit die Auseinandersetzung mit der Gegenwart verdrängt werden!

Aber wenn wir heute der Gesellschaft etwas Unerhörtes zu bieten haben, dann ist es doch das: Dauer, Gelassenheit, Vertrauen in die Zugehörigkeit. Diese Saat *muss* aufgehen in einer Umgebung, die in dieser Hinsicht immer größere Defizite aufbaut. Der spezielle Beitrag Noricas – *numquam incerti, semper aperti* – ist es, diese Dauerhaftigkeit und Geborgenheit nicht zur abgeschlossenen Behaglichkeit verkommen zu lassen.

Markus: Die Norica ist hier in vielfältiger Weise gefordert. Der christliche Glaube an sich sowie die katholische Soziallehre im Besonderen geben uns den klaren Auftrag, in der Gesellschaft zu wirken und Positionen zu beziehen. Wir können stolz sein auf jede Bundesschwester und jeden Bundesbruder, die und der sich in dieser Richtung engagieren. Die Norica fungiert dabei als Knotenpunkt eines Netzwerkes, in dem sich Gleichgesinnte treffen. Daraus können sich wieder neue Querverbindungen und Impulse ergeben. Die Norica ist auch eine Kraftstation; ein Ort, wo man Freunde mit denselben Werten trifft und Kraft tanken kann. Als Verbindung haben wir uns immer mit aktuellen Situationen auseinandergesetzt und es entstanden entsprechende Initiativen.

Die Bude war immer wieder ein guter Diskussionsboden. Die gemeinsame Teilnahme am Lichtermeer, das Herumreichen der Unterschriftenlisten zum Kirchenvolksbegehren oder die Diskussionen rund um den St. Pöltener Bischof sind Beispiele für besonders emotionale Momente der Verbindungsgeschichte in den 1990er-Jahren – kontroverse Meinungen inklusive. Intensiv eingebracht haben wir uns als Norica in den »Dialog für Österreich«, der von der katholischen Bischofskonferenz als Reaktion auf die österreichische Kirchenkrise ausgerufen worden ist und ein breiter Diskussionsprozess über die Zukunft der Kirche sein sollte. Als »Dialog in der Norica« haben wir damals nicht nur über verschiedene Norica-Generationen hinweg zahlreiche Diskussionsabende abgehalten, sondern auch eine Broschüre verfasst, die dem Generalvikar im Rahmen einer offiziellen Veranstaltung übergeben wurde. Hier haben wir umfassend Stellung bezogen und auch Vorschläge für die Zukunft der Kirche ausgearbeitet.

Eingebracht haben wir uns in dieser Zeit der innerkirchlichen Diskussion aber auch im Rahmen der »Wallfahrt der Vielfalt« in Mariazell. Die österreichischen Bischöfe luden im September 1996 die verschiedenen kirchlichen Gruppen ein, mit ihnen in eine Debatte über die Zukunft der österreichischen Kirche einzutreten. Im Rahmen der Arbeitsgemeinschaft Katholischer Verbände waren wir als starke Norica-Delegation vertreten. Unseren damals erarbeiteten Standpunkt, die Kirche als »Gemeinschaft von Gemeinschaften« anzusehen, halte ich nach wie vor für richtig. Denn unsere Kirche lebt von der Vielfalt und den unterschiedlichen Angeboten für katholisches Engagement. Gerade für uns als Teil des Vereinskatholizismus ist diese Definition von Freiheit in Verantwortung von besonderer Bedeutung.

Romeo: Ich mache immer wieder die Erfahrung, dass einzelne Mitglieder unserer Gemeinschaft in ihrem Bereich religiöse Impulse setzen. Als Beispiel führe ich insbesondere das Engagement für den Schutz des ungeborenen Lebens an: 1973 bis 1975 engagierten sich Noricer gegen die Fristenregelung bzw. für das »Volksbegehren zum Schutz des Lebens«. Auch heute engagieren sich Mitglieder der »Familie Norica« im Rahmen der Aktion Leben für das ungeborene Leben. Einzelne Mitglieder sind immer wieder Sauerteig in ihrem Bereich. Dass die Norica als Gemeinschaft gesellschaftliche Impulse setzt, kann ich allerdings derzeit nicht sehen. Aber es ist positiv hervorzuheben, dass sich die Norica als Gemeinschaft und individuell an religiös motivierten Initiativen beteiligt.

2.2 Welche Spannungen zum gesellschaftlichen Umfeld ergeben sich für die Norica durch das Prinzip religio?

Markus: Die Gesellschaft ist, zumindest in unseren Breiten, der Religion gegenüber sehr kritisch eingestellt. Die Fakten sind deutlich: Die Anzahl der Priester, der Kirchengeher und der Katholiken insgesamt sinkt. Insbesondere die katholische Kirche ist negativer Kritik ausgesetzt, gilt vielerorts als altmodisch und reaktionär. Ich habe immer wieder die Erfahrung gemacht, dass es viele Leute einfach als Witz abtun, wenn man sich dazu bekennt, jeden Sonntag die Heilige Messe zu besuchen oder selbständig zu beten. Das erscheint machen Menschen als absurd und völlig fremd. Mir tut es da gut, dass es einen Ort gibt, der einem Rückhalt gibt. Wo solche Aussagen als selbstverständlich angesehen werden. Denn solche Refugien sind manchmal nötig, um Kraft zu sammeln. Es ist auch gut, dass sich die Norica als Verbindung klar zum Prinzip *religio* bekennt und hier Flagge zeigt. Auch und gerade weil es nicht unbedingt dem Mainstream entspricht.

Romeo: Die Spannungen im gesellschaftlichen Umfeld sind für die Mitglieder unserer Gemeinschaft dieselben wie für andere gläubige und praktizierende Christen auch. In einer zunehmend nicht an einen Gott glaubenden Gesellschaft wird man, wenn man seinen Glauben bekennt, belächelt, allerdings manchmal auch um seinen Glauben beneidet. Meine persönliche Erfahrung ist es, dass Angehörige des muslimischen Glaubens mehr Verständnis für meinen Glauben haben als viele Menschen, die aus der Tradition des christlichen Glaubens kommen.

Wolfgang: Religion und Glaube werden in weiten Teilen der Gesellschaft zwar toleriert, sind aber tabu für konkrete Gestaltungsentscheidungen. Dass die Planung des Wochenendes auch die Messe berücksichtigt, dass sich die Gestaltung der Ostertage nach den Liturgien richtet, dass ich am Aschermittwoch einen Termin zum Heringschmaus nicht annehme, weil ich in die Abendmesse gehe – so etwas stößt bei vielen auf *ungläubiges* Staunen. In so einer Umgebung ist eine Verbindung, in der Messen und religiöse Rituale dazugehören, aber nicht den alleinigen Anspruch stellen, ungewohnt. Dem intensiv kirchlichen Spektrum ist so eine Gemeinschaft zu gesellschaftlich ausgerichtet, dem Rest der Gesellschaft zu kirchlich.

Es ist für mich diese Schnittstelle, die das Prinzip *religio* so interessant macht: Als Einzelner und als Gemeinschaft mit beiden Beinen im modernen Leben zu stehen und dabei den Kontakt zu den oft als antiquiert missverstandenen Glaubenswurzeln nicht zu verlieren. Die wichtigste Spannung dabei ist der kontinuierliche Bedarf, diese Position zu erklären – sowohl den religiösen Eiferern als auch den säkularen Ignoranten.

2.3 Wie definieren wir unsere Loyalität zu kirchlichen Institutionen, zu Papst und Bischöfen?

Romeo: Die Loyalität zu Kirche, Papst und Bischöfen ist nicht wirklich sehr brauchbar definiert. Dies gilt aber auch für die Institution ÖCV: Laut ÖCV-Statuten verpflichten wir uns, den Sendungsauftrag der Kirche mitzuerfüllen. Von einem »Scharen um unseren Bischof« oder einer »Loyalität zum Papst« ist da nicht die Rede. Sie kann nur indirekt abgeleitet werden. Dies ist wohl auch historisch bedingt durch die frühere Rivalität zwischen CV und Katholischer Aktion.

Wolfgang: Glaube braucht Gemeinschaft. Die Intimität einer privaten Andacht und Erleuchtung ist zwar ein wichtiges Refugium, darf sich aber nicht abkoppeln von der Glaubensgemeinschaft. Dabei geht es sowohl um die Bereitschaft, zu teilen und sich einzubringen, als auch um die Bereitschaft, Impulse zu empfangen und zu verarbeiten. Ich habe Respekt vor der Professionalität: Geistliche und Hauptamtliche in der Kirche widmen einen großen Teil ihrer Zeit und ihrer Kapazität den Themen, die weniger intensiv Eingebundene oft nur im Vorübergehen streifen.

Loyalität zur Kirche und ihren Vertretern heißt für mich zunächst, diesen professionellen Vorsprung zu akzeptieren und ihre Positionen nicht reflexartig nach politischen Kategorien zu schubladisieren. Ich halte es für unsinnig, diejenigen, die mir relativ zu weiten Teilen der Gesellschaft am nächsten stehen, aufgrund von Auffassungsunterschieden über Einzelthemen zu bekämpfen.

Loyalität heißt für mich: auf den gemeinsamen Glaubensgrund und die daraus erfolgte Gewissensbildung zu vertrauen. Das erlaubt es dann auch, die Unterschiede zu akzeptieren, die sich zwischen den persönlichen Lebenspositionen aufbauen. Das erlaubt es auch, der Stimme des eigenen Gewissens zu trauen und im Einzelfall die allgemeiner gehaltene Regel zu überformen. Das erfordert aber viel Behutsamkeit und Wachheit sich selbst gegenüber und gelingt sicher nicht in einer Grundhaltung des Protestes der Kirchengemeinschaft gegenüber.

Markus: Die Norica ist von ihrem Selbstverständnis her ein Teil des Vereinskatholizismus. Und diese Positionierung bestimmt auch ihre Nähe zur Kirche, welche ich als *liebevoll kritisch* bezeichnen würde. Wir sind Teil der Kirche im umfassenden Sinn. Jedoch sind wir kein Teil der Kirche im institutionellen Sinn. Wir können uns unseren Verbindungsseelsorger selbst wählen. Das ist ein großer Unterschied zu anderen kirchlichen Organisationen, die der Hierarchie unterstellt sind und wo die Seelsorger von oben eingesetzt und immer wieder ausgetauscht werden – und manchmal auch nach kirchenpolitischen Kriterien besetzt werden. Dementsprechend ist dann auch oft die Unruhe und Unzufriedenheit in diesen Gemeinschaften.

Loyalität im positiven Sinne bedeutet für uns, dass uns die Kirche wichtig ist. Wir interessieren uns für die Zukunft unserer Kirche, freuen uns mit ihr, wenn es ihr gut geht, und leiden mit ihr in der Krise. Die Worte von kirchlichen Würdenträgern haben für uns besondere Bedeutung und sollten nicht achtlos beiseitegeschoben werden, vielmehr sollten diese Ausgangspunkte für Diskussion und Auseinandersetzung sein. Es geht nicht um Kritik um der Kritik willen, sondern um den Ausdruck unseres Willens, die Zukunft unserer Kirche positiv mitzugestalten.

2.4 Wie hat sich in der Norica der Umgang mit dem Glauben und dem Prinzip religio über die Jahre verändert?

Romeo: Der Umgang mit dem Glauben und dem Prinzip *religio* hat sich zumindest teilweise verändert. War zum Beispiel früher das Leben in einer Partnerschaft ohne das Sakrament der Ehe zumindest ein Anlass für Diskussionen oder eine Scheidung und Wiederverheiratung Grund für einen Ausschluss, wird heute mehr oder weniger stillschweigend darüber hinweggegangen.

Markus: In der Anfangszeit unserer Verbindung gab es noch das Prinzip der Sittlichkeit – es hat sich also im Anspruch an die Mitglieder einiges geändert. Jede Generation prägt ihre Zeit. Umgekehrt gilt das natürlich auch. Gerade in der Aktivitas gibt es größere Schwankungen, je nachdem, wer gerade welche Charge ausübt. Das finde ich durchaus auch positiv, denn es soll in jedem Semester andere Schwerpunktsetzungen geben. Das macht das Verbindungsprogramm viel abwechslungsreicher. Die Altherrenschaft hat hier die Verantwortung, auf eine gewisse Kontinuität zu achten, ohne die Kreativität der Aktiven zu beschneiden. In meiner Aktivengeneration hatte das Prinzip *religio* sehr viel mit inhaltlicher und spiritueller Auseinandersetzung zu tun. Ich habe es sehr genossen, dass es nicht nur als formales Prinzip interpretiert wurde, frei nach dem Motto: Wer sonntags in die Messe geht, ist ein braver Katholik, nur das zählt.

Wolfgang: In der Verbindung so wie in der ganzen Gesellschaft gestehen wir uns heute mehr individuellen Spielraum zu als noch vor einer Generation. Wir messen nicht mehr die Tugendhaftigkeit von Verbindungsangehörigen, indem wir die Anwesenheit bei Roratemessen registrieren oder den Vollzug der Sakramente überprüfen. Die Frage der Tugendhaftigkeit eines Einzelnen wird überhaupt nicht mehr zum Gegenstand der Erörterung in der Verbindung gemacht. Selbst die lange Zeit unumstößliche Haltung zu Scheidung und erneuter Heirat wird heute in sehr vielen Fällen nach individuellen Umständen differenziert betrachtet.

Ich sehe darin nicht den Untergang von Sitte und Moral. Ich glaube allerdings auch, dass es nicht die letztgültige Antwort einer tief verbundenen Gemeinschaft sein kann, diese Themen achselzuckend auszuklammern und in den Bereichen, die mit gutem Grund zur Privatsphäre des Einzelnen gehören, keine Anhaltspunkte mehr zu liefern. Aus dem positiven Ansatz, nicht übergriffig zu sein, wird zu leicht eine Haltung der Kontaktlosigkeit. Die Toleranz gegenüber dem Tun und Lassen meiner Mitmenschen soll nicht dazu führen, dass sie mir eigentlich egal sind.

Die Veränderung im Verbindungsleben weg von einer zu formalistischen Ausübung des Prinzips *religio* war ein Schritt, der über die letzten ein oder zwei Generationen gemacht wurde. Der notwendige zweite Schritt – Intensivierung der Aufmerksamkeit und Beziehung zueinander – erfordert unser eigenes Bemühen, um das Versprechen einzulösen, das vor allem aus dem Zusammenwirken von *religio* und *amicitia* entsteht. Es drückt für mich am besten aus, dass wir uns zu einem liebenden Gott bekennen und nicht vor allem den Richter suchen.

3. Religio als persönlicher Auftrag

3.1 Wozu verpflichtet das Prinzip religio? Ist religio genug für ein erfülltes Glaubensleben?

Markus: Wenn man *religio* umfassend genug interpretiert, ist es sicher ausreichend für ein erfülltes Glaubensleben. Lebt man *religio* nur auf der Bude, dann ist es sicher zu wenig. Das Prinzip *religio* hat zwei Zielrichtungen. Erstens ist es die Verpflichtung jedes und jeder Einzelnen, sein bzw. ihr Leben nach dem »christlich gebildeten Gewissen« auszurichten. Diesen Maßstab muss man sich aber immer wieder aufs Neue erarbeiten. Zweitens hat *religio* einen missionarischen Kern: das Hinausgehen in die Welt, um diese nach christlichem Sinne zu gestalten (hier ist der Schnittpunkt zum Prinzip *patria*). Das ist ein klarer Auftrag an uns alle. Dabei ist es nach meiner Überzeugung vor allem wichtig, ein lebendiges Beispiel für einen im Leben stehenden Christen zu geben. Das überzeugt die Menschen nach meiner Erfahrung am besten. Beide Zielrichtungen gehören daher zusammen und sind nur zwei Seiten derselben Medaille. Religio verpflichtet uns ganz besonders dazu, die Richtschnur des Glaubens in allem, was wir tun, im Auge zu behalten. Der Glaube sollte selbstverständlicher Teil, mehr noch: Grundlage unseres Lebens sein.

Das sind selbstverständlich hohe Ziele. Gott sei Dank besteht unser Glaubensgerüst aber nicht aus einer absolutistischen Ideologie, die vom fehlerlosen Menschen ausgeht, wie das in einigen Versionen des Marxismus der Fall ist. Das soll nicht als Rechtfertigung angeführt werden, sondern die richtigen Dimensionen festhalten. Fehler und Unvollkommenheit gehören zum Leben. Gerade das katholische Konzept der Sünde kennt die Vergebung. Für die Norica ist das ein wichtiger Aspekt, denn der christliche Umgang mit dem Nächsten sollte gerade innerhalb einer Gemeinschaft, die sich katholisch nennt, vorbildlich sein.

Das Streben nach hohen Zielen bei gleichzeitiger Berücksichtigung der menschlichen Aspekte – keine leichte Aufgabe für eine Verbindung, aber eine lohnende. Denn wir alle können von dieser Atmosphäre profitieren.

Romeo: Das Prinzip *religio* verpflichtet jedenfalls dazu, ernst genommen zu werden. Bisweilen habe ich den Eindruck, dass dies nicht immer der Fall ist. Zu einem erfüllten Glaubensleben gehört jedenfalls mehr, nämlich das Sich-Einlassen auf eine persönliche Beziehung zu Gott, mit allem, was sich daraus ergibt, wie das Bemühen, den Glauben mit Werken zu erfüllen und in Gemeinschaft (Gemeinde, religiöse Gemeinschaft, Orden) Gott zu feiern.

Wie schon vorher dargelegt, verlangt das Prinzip *religio* von mir, dass ich auch bei der Befolgung der anderen Prinzipien mich am Prinzip *religio* rückorientiere.

Schließlich verlangt das Prinzip *religio* von mir, dass ich mich bemühe, Gott in mir »Herr sein« zu lassen, mich also der Gnade Gottes zu öffnen, in mir Herr sein zu wollen.

Wolfgang: Alle Prinzipien unserer Verbindung bringen auch Verpflichtungen mit sich. In erster Linie begreife ich sie aber als Chance. Durch die ausdrückliche Nennung der Prinzipien schaffen wir uns den Raum, in ihrem Sinne aktiv zu sein. Verpflichtung heißt also vor allem, dem eigenen Anspruch gerecht zu werden. – Was ist der Anspruch im Bereich *religio?* Äußerlich erkennbar sind etwa die Zeremonien, formelle Aufnahmekriterien oder Veranstaltungen mit ausdrücklich religiösem Bezug.

Aber Religion wird heute nicht als rein äußerlich dargebrachte Veranstaltung akzeptiert. Wer sich als religiös bezeichnet, muss über irgendeine persönliche Haltung verfügen, die über äußere Merkmale hinausgeht. Mutter Teresa leuchtet allen als glaubwürdiges Beispiel für ein religiös orientiertes Leben ein. Aber ein ganz normaler Angestellter und Familienmensch in einer Verbindung, die sich nebstbei auch noch drei andere Prinzipien an die Fahnen heftet – kann denn so jemand als besonders religiös gelten?

Ob eine tiefere religiöse Orientierung gelingt, hängt von sehr vielen Umständen ab. Verschiedene Lebensphasen, auch das höhere Alter, bringen bei vielen Menschen Veränderungen mit sich, und zwar schwer vorhersagbar, in welche Richtung. In eine Gemeinschaft eingebunden zu sein, die regelmäßig in Wort und Tat religiösen Anstoß gibt, ist doch schon eine positive Voraussetzung. *Religio* ist niemals etwas, das wir *haben* können – es ist immer die Aufforderung, den nächsten Schritt zur Vertiefung zu machen.

3.2 Ist die Norica ein Ort für persönliche Glaubenserfahrungen?
Wie groß ist die Differenz zwischen persönlichem Glaubensbedürfnis und tatsächlichem Glaubensleben in der Norica?

Romeo: Ich glaube, dass die Norica eher selten ein Ort für persönliche Glaubenserfahrung ist. Wer aber die Angebote dazu wahrnimmt (Heilige Messen), findet diese Orte der Glaubenserfahrung. Wie groß die Differenz zwischen persönlichem Glaubensbedürfnis und tatsächlichem Glaubensleben ist, hängt vom je eigenen Bedürfnis ab und ist daher sehr verschieden.

Wolfgang: Es bringt uns menschlich näher, dass wir religiöse Erfahrungen miteinander teilen. Wenn wir gemeinsam Messe feiern auf der Bude, wenn wir uns in Diskussionen auf Werte stützen, die aus dem Glauben stammen, wenn wir im persönlichen Kontakt miteinander uns auch für den Intimbereich religiöser Erfahrungen öffnen.

Das ist für mich bereits ein wichtiger Bestandteil des Glaubenslebens, das ich von der Verbindung erwarte. Denn: Die Verbindung ist nicht primär als Andachtsraum konzipiert. Religio steht in Balance zu anderen Prinzipien. Insofern erwarte ich auch nicht ein Übermaß an äußerlich erkennbarer Frömmigkeit in der Verbindung.

Die Verbindung kann keine Norm dafür aufstellen, wie intensiv ein Bundesbruder oder eine Bundesschwester selbst gerade Zugang zu einem vertieften Glaubensleben hat. Wir begleiten einander ein Leben lang und da gibt es ein Auf und Ab. Die Verbindung kann für das Glaubensleben jedes Angehörigen Impulse geben und Rahmen schaffen. In die spirituelle Erfahrung kann ich aber nur selber gehen.

Markus: Für mich ist die Norica ein Ort für persönliche Glaubenserfahrung. Dabei sind es nicht nur die gemeinsamen Verbindungsmessen, sondern vor allem die persönlichen Begegnungen. »Wo zwei oder drei in meinem Namen versammelt sind …« – dieses Motto habe ich immer wieder erlebt.

Jeder hat wohl andere spirituelle Bedürfnisse. Das liegt einerseits an der unterschiedlichen Persönlichkeit und andererseits auch daran, ob jemand eine andere Möglichkeit hat, seine spirituellen Bedürfnisse zu befriedigen. Die Norica sollte ein breites Angebot machen, um auf die individuellen Wünsche einzugehen. Natürlich kann eine Verbindung keine Pfarre oder keinen Orden ersetzen. Aber die Norica kann ihren Bundesschwestern und Bundesbrüdern sehr wohl eine spirituelle Heimat geben. Die Bedeutung des Verbindungsseelsorgers habe ich schon erwähnt. Er betreut uns – siehe Hochzeiten und Taufen – auch sehr persönlich. Ich finde es andererseits sehr schade, dass bestimmte Angebote kaum genützt werden. Die Teilnahme an Heiligen Messen ist recht unterschiedlich. Um es positiv zu formulieren: Ein gut besuchter Gottesdienst trägt für mich viel dazu bei, mich in der Verbindung stärker zu Hause zu fühlen.

Neben der Norica als Verbindung sind es Noricer selbst, die religiöse Initiativen starten und am Leben halten. Ein Beispiel: 1949/50 fand eine erste Mariazell-Wallfahrt statt, die seit 1952/53 regelmäßig durchgeführt wird. Auch jetzt noch trifft sich – immerhin schon zum 53. Mal – eine Schar von rund 15 Bundes- und Cartellbrüdern sowie deren Angehörigen, um nach Mariazell zu pilgern. Das ist nur ein Beispiel von vielen, wie durch privates Engagement auf die individuellen Glaubensbedürfnisse eingegangen werden kann. Die Norica ist dabei insofern von Bedeutung, als sie ein Begegnungsort von gleichgesinnten Menschen ist, wo aus dieser Begegnung heraus solche Initiativen entstehen können.

3.3 Wie gebe ich persönlich Zeugnis in der Verbindung? Unterstützen wir einander im Glauben?

Wolfgang: Die Stärke eines gelebten Prinzips *religio* ist es, Themen auszusprechen, die sonst im stillen Kämmerchen bleiben würden. Äußerlich sichtbar sind dabei vor allem Zeremonien: Wenn wir es immer wieder üben, miteinander Messe zu feiern, und das auch auf der Bude tun, dann fällt die Scheu, mit Menschen, denen man auch im professionellen Berufsalltag begegnet, etwas Intimes zu teilen.

Ich suche die Gelegenheit zum Zeugnis vor allem im persönlichen Gespräch. Die Ereignisse des Lebens – nicht nur die außergewöhnlichen Erschütterungen wie Krankheit oder Tod, sondern vor allem auch die normalen Erlebnisse eines Arbeitsumfeldes – *zur größeren Ehre Gottes* zu interpretieren ist für mich eine Übung, die oft beklagte Kluft zwischen den Zwängen des professionellen Arbeitslebens und der romantischen Sehnsucht nach einem spirituell erfüllten Leben nicht zu groß werden zu lassen.

Unterstützung im Glauben können wir einander durch alles geben, was die Integration von profan geprägten alltäglichen Lebenserfahrungen und idealisierten Konzepten einer heilen spirituellen Welt ermöglicht.

Markus: In der Verbindung gibt es viele Gelegenheiten, ein klares Zeugnis abzulegen. So ist der Besuch der Heiligen Messe ein klares Bekenntnis, nicht nur bei öffentlichen Prozessionen wie zu Fronleichnam. Bei zahlreichen Diskussionen, sei es im Rahmen von Veranstaltungen, bei spontanen Debatten oder in den verschiedenen Gremien, zeigt sich, wie wir miteinander und mit dem Thema *religio* umgehen. In der Verbindung einen Standpunkt *pro religione* einzunehmen, halte ich aber für keine so große Herausforderung, wie es dies beispielsweise im Berufsleben ist. Denn bei uns sollte – zumindest idealiter – die katholische Einstellung vorausgesetzt werden können. Zeugnis abzulegen innerhalb der Verbindung geschieht vielmehr durch konkrete Handlungen, wie beispielsweise durch die Organisation von Veranstaltungen zu Themen des Glaubens. Die Norica hat uns aber auch die Plattform gegeben, dass wir uns am »Dialog für Österreich« oder der »Wallfahrt der Vielfalt« in Mariazell beteiligen und konkrete Standpunkte einbringen konnten.

Romeo: Mein persönliches Zeugnis gebe ich sowohl in der Verbindung als auch in der Gesellschaft dadurch, dass ich Gott und meine Beziehung zu Gott nicht verberge, sondern offen zeige, und auch die Sprache auf Gott bringe, »denn ich schäme mich des Evangeliums nicht« (Röm. 1,16). Jedes Gespräch, das sich dadurch ergibt, kann Unterstützung füreinander sein. Natürlich hat *religio* Auswirkungen auf Beruf und Privatleben, insbesondere wenn man – wie es bei mir der Fall ist – ein Amt ausübt. Sowohl im Beruf als auch im Privatleben muss ich mich besonders bemühen, meinem Auftrag im Umgang mit meinem Nächsten gerecht zu werden. Ich gebe zu, dass dies immer wieder neuer Anstrengungen bedarf.

3.4 Wie gebe ich persönlich Zeugnis in der Gesellschaft? Welche Auswirkungen hat religio auf Beruf und Privatleben?

Markus: Für mich hat *religio* große Auswirkungen. Das christlich gebildete Gewissen ist für mich Richtschnur meines Handelns und Ausgangspunkt für die Überlegung darüber, ob ich mit mir und meinem Leben zufrieden bin. Das ist der Anspruch, den ich an mich selbst stelle, sowohl im Privat- als auch im Berufsleben. Da ich in der Politik tätig bin, ist es aber eine sensible Angelegenheit, das Christentum auf der Zunge zu tragen, denn allzu leicht kann man missverstanden werden. Denn es kann in der Politik nicht darum gehen, Andersdenkende auszuschließen (auch so wird leider Christentum von manchen verstanden) oder missionarisch im kirchlichen Sinne tätig zu werden oder sich gar in innerkirchliche Angelegenheit einzumischen.

Auf der anderen Seite ist das Verschweigen keine Lösung. Wir brauchen klare Bekenntnisse und ich bin der Überzeugung, dass die Menschen das erwarten. Es soll jeder wissen, woher bestimmte Politiker ihre Kraft beziehen und welche Richtschnur sie an ihre konkreten Handlungen legen. Kurzum: welche Weltanschauung sie vertreten. Die Katholische Soziallehre ist ein Angebot an alle Menschen – egal welcher Herkunft oder spirituellen Einstellung. Deutlicher formuliert: Für Christen ist sie eine Selbstverständlichkeit, für alle anderen Menschen ist sie ein Angebot.

Wolfgang: Ich erlebe es in meinem Arbeitsumfeld – Unternehmensberatung in der IT-Branche – bei vielleicht einem von hundert Kontakten, dass ein positiver Bezug zu Glaube und Kirche hergestellt wird. Das Thema ist in weiten Teilen meiner relevanten Lebensumgebung tabu. Umso unerwarteter und auffälliger kommt es, wenn ich auch nur durch kleine Bemerkungen Hinweise auf meine Haltung gebe.

Ich erinnere mich an einen Mittagstisch am Tag nach dem letzten Papstbesuch in Wien. Als kurioser und unverständlicher Trubel wurde dieses Ereignis belächelt und die umfangreiche Fernsehberichterstattung mit Empörung abgetan. Umso größer das Erstaunen über mein *outing*, selbst im Stephansdom gewesen zu sein. Überraschend kam es für einige Anwesende, dass sich ein Kollege mit solchen Dingen überhaupt befasst.

Wenigstens über die Ebene des Events kann manchmal im kirchlichen Niemandsland des modernen Berufslebens ein Anknüpfungspunkt entstehen. Das gelingt mir aber nur, weil ich den Rückhalt sowohl einer Beziehung miterlebe, in der Glaube ein alltägliches Thema ist, als auch einer Pfarrgemeinde, in der ich aktiv mitwirke, als auch der Norica, in der ich die Balance zwischen *religio* und den anderen Prinzipien einüben konnte.

Heinz Krejci

Die universitäre Juristenausbildung im Spannungsfeld zwischen »patria« und »scientia«

I. Worum es geht

Der K.a.V. Norica haben immer viele Juristen angehört. Das ist auch heute noch so. Ihnen sollte die Juristenausbildung an unseren Universitäten nicht gleichgültig sein. Manchen fehlt jedoch das erforderliche Problembewusstsein, um ihren Einfluss geltend zu machen, derzeit laufenden Fehlentwicklungen gegenzusteuern. Einschlägige Einblicke zu bieten und damit auch Engagement zu wecken, ist Aufgabe dieses Beitrags. Ein Bestandsjubiläum, das auf immerhin stolze 125 Jahre zurückblicken kann, sollte nicht bloß Anlass zur Retrospektive sein, sondern auch als solides Fundament verstanden werden, auf welchem Künftiges aufgebaut werden kann.

Was sich derzeit im Zuge permanenter Universitätsreformen auch im Bereich der Konzeption juristischer Studienpläne an den einzelnen Universitäten abspielt, hat längst zu einem von vielen unbemerkt gebliebenen Spannungsfeld zwischen essenziellen Erfordernissen des Rechtsstaats (»patria«) und der universitären Gestaltungsfreiheit, Studienordnungen nach eigenen Vorstellungen zu entwickeln (»scientia«), geführt.

Dieses Spannungsfeld gehört wieder abgebaut. Wer das Studium der Rechte konzipiert, darf nicht die damit verbundene Staatsaufgabe aus dem Auge verlieren. Nicht alle Universitäten sind sich dieser Aufgabe und Verantwortung hinreichend bewusst.

II. Ohne gute Juristen kein guter Rechtsstaat

Der *Rechtsstaat* bedarf nicht nur eines verfassungsrechtlichen Fundaments. Er muss darüber hinaus *laufend gehegt, gepflegt und gelebt* werden. Die Qualität dieses *Rechtslebens* hängt nicht nur von seinen formal-organisatorischen Einrichtungen ab, sondern vor allem auch vom *Ethos* und vom *Können* jener Fachleute, die dazu berufen sind, das Recht zu gestalten, zu wahren und ihm zum Durchbruch zu verhelfen. Das sind nicht nur die *Legisten* in den Ministerien, sondern vor allem auch die *Richter, Staatsanwälte, Rechtsanwälte, Notare und Verwaltungsjuristen.*

Dass es auch vielen anderen Berufen, wie z. B. Steuerberatern und Wirtschaftstreuhändern, aber auch Vorstands- und Aufsichtsratsmitgliedern von Wirtschaftsunternehmen, gut ansteht, sich im Gefüge der Rechtsordnung korrekt zu bewegen, sollte sich von selbst verstehen, ändert aber nichts daran, dass die letztlich im wahrsten Sinne des Wortes *entscheidende* Verantwortung dafür, dass das Rechtssystem möglichst so funktioniert, wie es soll, bei den *juristischen »Kernberufen«* liegt. Die Qualität der Ausbildung, aber auch das Berufsethos all derer, die diese Berufe ausüben, ist für die Qualität des Rechtsstaats von grundlegender Bedeutung.

Für die juristischen Kernberufe sind (wie für vergleichbare andere Berufe wie etwa Ärzte, Apotheker oder Ziviltechniker) einschlägige, *spezielle Berufsausbildungen* vorgesehen, die den Anwärtern den nötigen »letzten Schliff« geben sollen.

III. Ohne gute universitäre Grundausbildung keine guten Juristen

Die *speziellen juristischen Berufsausbildungen,* die mit der *Rechtsanwalts-, Richteramts- oder Notariatsprüfung* abgeschlossen werden, setzen voraus, dass ihre Absolventen schon *vorweg eine juristische Grundausbildung* mitbringen, die man auch *rechtswissenschaftliche Berufsvorbildung* nennen darf.[1] Es geht also keineswegs darum, dass der Universitätsabsolvent bereits über jenes Detailwissen verfügen müsste, das für einen unmittelbaren Berufseinsatz erforderlich ist; sehr wohl aber hat er so viel an juristischen Kenntnissen mitzubringen, dass die speziellen Berufsausbildungen problemlos darauf aufbauen können.

Schon der Universitätsabsolvent muss also *selbständig juristisch arbeiten* können, die *juristischen Methoden und Denkweisen beherrschen* und den *Aufbau der (vor allem eigenen, nationalen) Rechtsordnung sowie das System und die Institutionen und Figuren der einzelnen Rechtsgebiete einschließlich ihrer Grundbegriffe* so eingehend kennen, dass alle Voraussetzungen für den Einsatz des Betreffenden in der praktischen Rechtsanwendung gegeben sind.

---

1 Das »Qualifikationsprofil« für das Studium der Rechtswissenschaften an der rechtswissenschaftlichen Fakultät der Universität Wien gemäß § 12 Abs. 5 UniStG, den am 1. 10. 1999 in Kraft getretenen (2006 durch einen neuen abgelösten) Studienplan betreffend, umschrieb das Ziel des Rechtsstudiums wie folgt: »Das Studium der Rechtswissenschaften dient der wissenschaftlichen Vorbildung für die traditionellen juristischen Berufe (Richter, Rechtsanwalt, Notar, Öffentlicher Dienst) und für alle anderen beruflichen Tätigkeiten, in denen gleichfalls juristische Fähigkeiten erforderlich sind.« Vgl. *Krejci/Pieler/Potz/Raschauer,* Jus in Wien (1999), 143. Dieses Grundanliegen hat sich auch im Hinblick auf den ab WS 2006/2007 maßgeblichen, neuen Studienplan nicht geändert; zu diesem vgl. *Mayer,* Die Zukunft hat begonnen: die Reform des Studiums der Rechtswissenschaften am Wiener Juridicum, ÖJZ 2006, 701.

Kurz: Die Absolventen einer universitären Rechtsausbildung haben den Weihnachtsbaum mitzubringen; die nachfolgende Berufsausbildung hat dann die Aufgabe, den Weihnachtsbaum zu schmücken und ihm die Lichter anzustecken. Sofern aber die universitäre Ausbildung sich darauf beschränken sollte, ihren Absolventen lediglich etwas Tannenreisig (mag auch schon die eine oder andere Glaskugel dranhängen) mitzugeben, so wäre dies zu wenig. Und um eines unserer Hauptprobleme, mit denen sich die vorliegenden Zeilen auseinandersetzen, schon vorweg mit diesem Bild zu verknüpfen: Ganz und gar verfehlt wäre es, wenn die rechtswissenschaftliche Berufsvorbildung an den einzelnen Universitäten so divergent wäre, dass zwar die *einen* sehr wohl (einmal größere, einmal kleinere) Weihnachtsbäume mitbrächten, die *anderen* aber nur (einmal mehr, einmal weniger) Tannenreisig vorzuweisen hätten.

Noch eine Vorbemerkung: Wie man die Ziele einer Rechtsausbildung erreicht, ist an sich Gegenstand mannigfacher grundsätzlicher Erwägungen und Erörterungen. Darum aber geht es im Folgenden nicht. Hier soll weder ein Beitrag zur Diskussion grundlegender Bildungsfragen unserer »Wissensgesellschaft« und zu ihren mitunter befremdlichen Merkwürdigkeiten geleistet werden,[2] noch sind Fragen des juristischen Lehrens, Lernens und Denkens zu erörtern.[3] Es geht vielmehr lediglich darum, welche grundsätzlichen Anforderungen die juristischen Kernberufe an die akademische Juristenausbildung im Vorfeld der eigentlichen Berufsausbildung stellen.

IV. Ohne einheitliche Berufs*vor*bildung keine einheitliche Grundlage für die weitere Berufs*aus*bildung

Die *rechtswissenschaftliche Berufsvorbildung* hat also gewissen inhaltlichen Mindestanforderungen zu entsprechen. Dies betrifft schon die Art und Weise sowie die Intensität der Vermittlung von Kenntnissen über das österreichische Recht, gilt aber erst recht angesichts des Trends zur Internationalisierung universitärer Ausbildung.[4]

Während die Naturwissenschaften schon ihrem Wesen nach keine Landesgrenzen kennen, sind die Rechtsordnungen trotz des Umstands, dass auch das menschliche Zusammenleben in Gesellschaften, die in ihrer Entwicklungsstufe vergleichbar sind, zwar *im Prinzip durchaus ähnlich organisiert* ist, *im Detail jedoch von Staat zu Staat erheblich divergent* ausgeprägt.[5]

---

2   Vgl. dazu jüngst *Liessmann,* Theorie der Unbildung (2006).
3   Vgl. etwa *Haft,* Einführung in das juristische Lernen (1997).
4   Vgl. in diesem Zusammenhang auch die Referate und Diskussionsbeiträge zur Vortragsveranstaltung des ÖJT am 9. 11. 2005, ÖJT (Hrsg), Juristenausbildung – Quo vadis (2006).
5   Wer z. B. die portugiesische oder englische Rechtsordnung bereits gut kennt, wird dennoch er-

Wer also *in Österreich einen juristischen Kernberuf ausüben* will, muss auf geeignete Weise darauf vorbereitet und eingeschult werden, das *österreichische* Recht zu beherrschen. Dies bleibt so lange geboten, als die ansatzweisen Bestrebungen, die nationalen Rechtsordnungen zu vereinheitlichen, nur bescheidene Früchte reifen lassen.[6]

A. Europäische Wanderjahre und österreichische Qualifikation

Obwohl als Gebot der Stunde propagiert wird, das Studium der Rechte zu *internationalisieren,* die Kenntnisse des *Gemeinschaftsrechts* und die *Rechtsvergleichung* zu vertiefen und auf diese Weise auch *fremdes* Recht besser und eingehender als bisher kennenzulernen (und sich damit zugleich in *fremden Sprachen* zu üben), so kann und darf es dem österreichischen juristischen Nachwuchs wie dem ausländischen, der in Österreich juristisch tätig sein will, nicht erspart bleiben, sich im erforderlichen Ausmaß (auch) mit dem *österreichischen* Recht zu befassen, will er einen juristischen Kernberuf ausüben.

Dabei bleibt zu beachten, dass es diesbezüglich *nicht genügt, sich erst im Zuge der speziellen Berufsausbildung eingehend mit dem österreichischen Recht zu befassen* und sich im Rahmen der rechtswissenschaftlichen Berufsvorbildung weitgehend *anderen* Materien zu widmen, so interessant und bildend dies auch sein mag. Die juristischen Kernberufe dürfen und müssen sich vielmehr von der *allgemeinen* Juristenausbildung erwarten, dass bereits *diese* jenes Maß an Kenntnissen des *österreichischen* Rechts vermittelt, die für die *darauf aufbauende spezielle* Berufsausbildung unabdingbar sind.[7]

---

hebliche Schwierigkeiten haben, deutsches oder österreichisches Recht anzuwenden. Einem deutschen oder österreichischen Juristen wird es in Portugal oder Großbritannien nicht anders ergehen. Und selbst verwandte Rechtsordnungen wie die deutsche und österreichische zeigen im Detail beachtliche Divergenzen, deren Kenntnis man sich erst einmal aneignen muss, will man als Deutscher im österreichischen oder als Österreicher im deutschen Recht verlässlich und erfolgreich arbeiten.

6   Vgl. zu diesem Problemkreis insb. *Griller/Seifert,* »Bologna-Prozess«, Europäischer Binnenmarkt und österreichisches Berufsrecht: Katalysatoren oder Gefahren für die Reform der Juristenausbildung in Österreich? JBl 2006, 613; vgl. auch *Benn-Ibler,* ÖJT, Juristenausbildung, 16 f; *Thienel,* ÖJT, Juristenausbildung, 22 ff; s. auch *Pfeiffer,* Wird der Juristenausbildung der Bologna-Prozess gemacht? NJW 32/2005, 2281; *Jeep,* Der Bologna-Prozess als Chance, NJW 32/2005, 2283; kritisch zu Bologna als »die Leere des europäischen Hochschulraumes«: *Liessmann,* Unbildung, 104 ff.

7   Allgemeines Philosophieren z. B. über die Möglichkeiten, Grundeigentum rechtssicher zu begründen und später nachweisen zu können, erspart nicht das konkrete Studium des österreichischen Grundbuchsrechts, mag sich dieses Studium auch auf das Wesentliche dieses Rechtsbereichs beschränken.

B. Der Trend zu unterschiedlichen juristischen Grundausbildungen

Von all dem abgesehen ist aber auch dort, wo es um die Vermittlung von Kenntnissen des österreichischen Rechts geht, darauf Bedacht zu nehmen, dass entweder die einzelnen Universitäten ein im Wesentlichen gemeinsames Ausbildungsprogramm haben, um den juristischen Kernberufen das zu bieten, was diese berechtigterweise von den Universitäten erwarten dürfen; oder die Kernberufe müssen sich überlegen, auf welche Weise sie unabhängig von den Universitäten erreichen, dass die Berufsanwärter über eine geeignete rechtswissenschaftliche Berufsvorbildung verfügen. Dessen sind sich die Repräsentanten der juristischen Kernberufe bewusst.[8]

C. Die einstige Ausgangslage

Auch wenn wir nicht bei Adam und Eva beginnen wollen, sei im gegebenen Zusammenhang ein kleiner Rückblick gestattet.[9]

Unter Joseph II. wurde der einstige universitäre Anspruch auf Wissenschaftlichkeit der Juristenausbildung weitgehend aufgegeben und die Erfordernisse insbesondere des Staatsbeamtentums zum Maßstab der universitären Juristenausbildung erhoben. 1782 und 1784 wurden die Universitäten Innsbruck und Graz zu »Lyceen« mit juristischen Kurzstudien. Wer heute juristische Fachhochschulen wünscht und die Juristischen Fakultäten an deren Anforderungen misst, ist auf dem Weg zurück zu Joseph II.

Im 19. Jahrhundert schlug das Pendel erfreulicherweise wieder in die entgegengesetzte Richtung aus. Den Rechtsfakultäten wurde wieder freies wissenschaftliches Forschen und Wirken ermöglicht.

Die *Thun-Hoheinstein'sche Universitätsreform* führte allerdings zu einer Art »Doppelgleisigkeit« der österreichischen Juristenausbildung: Einerseits waren Staatsprüfungen vorgesehen, die den Staatsanforderungen angepasst waren, andererseits gab es akademische Rigorosen, welche die Wissenschaftlichkeit der Juristenausbildung absichern sollten. Diese Zweiteilung des Rechtsstudiums wurde trotz bewegter Zwischenzeiten (1919, 1920, 1933, 1938, 1945) im Wesentlichen beibehalten. Da bei den Staatsprüfungen vielfach Vertreter der Praxis prüften, drifteten die beiden juristischen Ausbildungsanliegen zunehmend auseinander. Tatsächlich war es allerdings jedenfalls seit den 50er-Jahren des 20. Jahrhunderts so, dass der Prüfungs-

---

8   Vgl. *Enzinger,* Perspektiven der künftigen universitären Juristenausbildung, AnwBl 2006, 89; diese Publikation gibt einen Vortrag wieder, den *Enzinger* am 6. 10. 2005 anlässlich des Anwaltstages 2005 in Innsbruck gehalten hat.

9   Vgl. *Krejci/Pieler/Potz/Raschauer,* Jus in Wien² (2004), 83 f.

stoff der Staatsprüfungen kaum von jenem der Rigorosen unterschied. Auch die Staatsprüfungen wurden zu einem erheblichen Teil von Universitätslehrern abgenommen.

Die einschlägigen Prüfungsvorschriften legten *die zu prüfenden Fächer* fest und bestimmten zum anderen die *Methode, nach welcher kontrolliert wurde,* ob und inwieweit sich die Kandidaten das erforderliche Fachwissen angeeignet hatten. *Nicht die Universität, sondern der Staat* schrieb vor, welche Rechtsfächer Gegenstand dieser Prüfungen sein sollten. *Nicht die Universität, sondern der Staat* organisierte die Staatsprüfungen. Die Rigorosen waren hingegen Angelegenheit der Universität. Insgesamt kann aber gesagt werden, dass die Juristenausbildung, jedenfalls was die juristischen Kernberufe betraf, *in der Ingerenz des Staates selbst* lag und nicht Gegenstand fakultätsautonomer Gestaltung war. Niemand empfand dies als ungehörigen Eingriff in die verfassungsrechtlich garantierte Freiheit der Wissenschaft und Lehre.

Dieses *staatliche Korsett der universitären Juristenausbildung,* die im Übrigen nicht ausschließlich an der Universität, sondern (real) auch in diversen »Rechtskursen« stattfand, deren Beitrag zur Juristenausbildung nicht gering geschätzt werden sollte,[10] führte zwangsläufig dazu, dass die rechtswissenschaftliche Berufsvorbildung *österreichweit einheitlich* konzipiert war. Denn jede Fakultät hielt sich an das staatlich vorgegebene Ausbildungsschema.

Die Staatsprüfungen waren *kommissionelle Prüfungen,* die am Abschluss des jeweiligen Studienabschnitts über mehrere, zusammengehörende Fächer zugleich abzulegen waren. Die Kommissionsmitglieder wurden den Kandidaten ursprünglich überhaupt nicht bekannt gegeben, später erfuhr man erst kurze Zeit vor der Prüfung, wer sie abnehmen würde.

Sowohl der Umstand, dass mehrere Fächer zugleich geprüft wurden, als auch die sehr späte Bekanntgabe der Prüfer zwang die Studierenden, sich mit den Prüfungsfächern während der Dauer des Studienabschnitts auf eine den Stoff mehrmals *wiederholende* Weise und somit *intensiv* zu beschäftigen, um den Stoff im Kopf zu behalten. Außerdem beschäftigte man sich vor allem mit den jeweiligen *Rechtsgebieten als solchen* und weit weniger mit den *Prüfern* und ihren *Fragen.*

Neben den Staatsprüfungen gab es noch universitäre Rigorosen. Sie glichen thematisch den Staatsprüfungen, bildeten mit ihnen also gleichsam einen »double check«. Zwar wurden *theoretisch* beachtliche Unterschiede zwischen den beiden Prüfungstypen betont, *praktisch* aber war davon wenig zu bemerken.

Kein System ist vollkommen. Die an den Staatsprüfungen und am Kurs- und Skriptenwesen geübte Kritik nährte rechtspolitische Bemühungen, den Fakultäten

---

10   Vgl. *Krejci/Pieler/Potz/Raschauer,* Jus in Wien² (2004), 83.

mehr Einfluss zu gewähren und die im Prüfungswesen wirkenden »Praktiker« zu-
rückzudrängen.

Die weitere Entwicklung hat dieser Kritik entsprochen. Die Juristenausbildung
wurde Schritt für Schritt »entstaatlicht« und damit den Ausbildungsanforderungen
der juristischen Kernberufe zunehmend entfremdet. Dies lässt sich anhand der drei
juristischen Studienreformen zeigen, die in den letzten rund 30 Jahren erfolgten.

D. Die juristische Studienreform 1978

Noch ehe die Rechtswissenschaftlichen Fakultäten die juristische Berufsvorbildung
der Juristen in die ausschließlich eigene Verantwortung übernahmen – dies geschah durch die Reform des Rechtsstudiums des Jahres 1978[11] – , kam es zu erheblichen organisationsrechtlichen Änderungen an den Universitäten. Nicht zuletzt
als Frucht der unruhigen späten 60er-Jahre, die »unter den Talaren den Muff von
tausend Jahren« vermuteten,[12] wurde das UOG 1975 geschaffen.[13] Die Einführung
der (inzwischen durch das UG 2002[14] weitgehend wieder zurückgenommenen)
Mitbestimmung des Mittelbaues und der Studierenden führte dazu, dass fortan *alle*
Gruppierungen Einfluss auf das gesamte universitäre Geschehen nahmen.

Dieser Umstand färbte in der Folge auch auf die mehrfachen Reformen des
Rechtsstudiums sowohl im Hinblick auf dessen Aufbau als auch auf dessen Qualitätskontrolle ab; das umso mehr, je weniger sich der Staat selbst in die Neugestaltungen des Rechtsstudiums einmengte.

Die *juristische Studienreform des Jahres 1978* nahm dem Rechtsstudium weitgehend
seine bisherige Struktur. Die juristischen Staatsprüfungen wurden abgeschafft. Der
Staat übertrug die Qualitätskontrolle der Juristenausbildung ausschließlich den Universitäten. Diese verabschiedeten sich ihrerseits umgehend von der Einrichtung der
stets mehrere Fächer umfassenden, *kommissionellen* Prüfungen. Stattdessen wurde
eine Vielzahl von *Einzelprüfungen*, die sogenannten »Diplomprüfungen«, eingeführt.
Einzelprüfungen heißen sie deshalb, weil sie einerseits nur jeweils ein einziges Fach
betreffen und andererseits von einem einzelnen Prüfer abgenommen werden.

---

11 BG über das Studium der Rechtswissenschaften (RwStG), BGBl 1978/140; vgl. dazu *Rechberger/*
Fuchs, Das Neue Rechtsstudium. Ein Wegweiser[4] (1986).

12 Dazu und zur hinter diesem Spruch steckenden Bildungskritik *Liessmann,* Unbildung, 159.

13 BGBl 1975/258; *Ermacora,* UOG Universitäts-Organisationsgesetz[5] (1994). Das UOG wurde mehrfach novelliert und schließlich durch das UOG 1993, BGBl 1993/805 abgelöst; vgl. *Klemmer,* UOG
1993, Stand 20. 8. 1997, 1997; *Bast,* Universitäts-Organisationsgesetz '93[2] (1998).

14 BGBl 2002/120; vgl. *Sebök,* Universitätsgesetz 2002. Gesetzestext, Materialien, Erläuterungen und
Anmerkungen (2002); *Kostal,* Universitätsgesetz 2002. Textausgabe mit Materialien ([2]2005).

Die Einzelprüfungen haben erhebliche Nachteile. Die Leistungen der Kandidaten werden nicht durch mehrere (einander gegenseitig bezüglich der Art und Weise der Prüfung kontrollierende) Prüfer beurteilt, sondern nur durch einen allein, der – seinem jeweiligen Naturell entsprechend – Gefahr läuft, entweder zu »milde« oder zu »hart« zu sein; jedenfalls aber verstärkt sich der Einfluss subjektiver Beurteilungselemente. Die Prüfung wird zwangsläufig »persönlicher«, worin eher mehr Nachteile als Vorteile liegen. Insbesondere fehlt die Kontrolle anderer Kommissionsmitglieder im Hinblick darauf, was der einzelne Prüfer von den Kandidaten verlangt. Das Ergebnis des neuen Prüfungssystems war, dass sich die Kandidaten weit mehr auf den jeweiligen Prüfer und seine Eigenheiten als auf das zu absolvierende Fach vorbereiten. Minutiös zusammengetragene Fragensammlungen werden weit mehr konsultiert als die einschlägigen Lehrbücher. Das kommt vor allem daher, dass die Kandidaten schon lange Zeit vor dem Prüfungstermin wissen, wer sie prüfen wird.

Überdies führte der Umstand, dass die Studienreform 1978, was den Aufbau und die Abfolge der Studienschritte betrifft, von größter Liberalität war, dazu, dass die Studierenden begannen, die nunmehrigen Einzelprüfungen ohne sinnvolle Ordnung abzulegen. Dabei schoben sie die »schwierigen« Fächer gerne vor sich her, bis nahezu alle sogenannten »leichten« Fächer »abgehakt« waren.[15]

Zualldem verlor das Rechtsstudium weitgehend seine bisherige *Wirtschafts-kompetenz.* Die wirtschaftswissenschaftlichen Fächer wurden reduziert. Die Volkswirtschaftslehre, die vormals zweckmäßigerweise erst im dritten Studienabschnitt gelehrt wurde, schob man überdies in den ersten Studienabschnitt, wodurch die Studierenden überfordert und die Lehrenden frustriert waren.[16] Immerhin wurde damals auch noch (in bescheidenem Maße, aber doch) Betriebswirtschaftslehre als Pflichtfach gelehrt. Die Verbindung der Betriebswirtschaftslehre zum Unternehmensrecht wurde dabei allerdings nicht hergestellt.

---

15 Besonders litt unter dieser Tendenz das Bürgerliche Recht, das von den Studierenden vor allem wegen des Umstands, dass es die Fülle unterschiedlichster Lebenssachverhalte oft nur mit Hilfe sehr allgemeiner Regeln in den Griff zu bekommen sucht, der Rechtsprechung auffallend weite Bereiche überlässt und überdies eine Vielzahl recht komplizierter Rechtsinstitute kennt, als »besonders schwer« empfunden wurde (und immer noch wird) und daher besonders lange gemieden wurde. So kam es, dass viele die Sonderprivatrechte (Handelsrecht und Arbeitsrecht) zeitlich vor dem bürgerlichen Recht studierten, was dazu führte, dass die Sonderprivatrechte erst recht nicht verstanden wurden. Auch sonst ging durch die Zerstückelung des Studiums der Einblick in fachübergreifende Zusammenhänge verloren. Im Übrigen verlängerten die zahlreichen Einzelprüfungen die Studiendauer.

16 Den Anfängern fehlten die für das Verständnis der Nationalökonomie erforderlichen rechtlichen Grundlagen. Die Lehrenden konnten mangels der erforderlichen rechtlichen Vorkenntnisse der Studierenden nicht bieten, was erforderlich war. Oder sie boten es, ohne dass es die Hörer verstanden.

Die Zurückdrängung der wirtschaftswissenschaftlichen Fächer hing wohl auch damit zusammen, dass die vormalige *Rechts- und staatswissenschaftliche Fakultät* durch die Fakultätsteilung in eine rechtswissenschaftliche und in eine sozial- und wirtschaftswissenschaftliche Fakultät ihrer nichtjuristischen Kollegen beraubt wurde. Die Sozial- und Wirtschaftswissenschafter begingen allerdings einen dem Manko der Juristenausbildung entsprechenden Fehler, indem sie in ihren Studien die Rechtsfächer gravierend reduzierten und damit zu einer beachtlichen Schwächung des Rechtsverständnisses und Rechtsbewusstseins ihrer Absolventen beitrugen, die inzwischen in die wesentlichen Steuerungszentralen des Wirtschaftslebens eingerückt sind und die Juristen dort spürbar verdrängt haben.[17] So verloren die Juristen an *Wirtschafts-* und die Absolventen der Sozial- und Wirtschaftswissenschaften an *Rechtskompetenz.* Beides kann schwerlich als Erfolg gewertet werden. Nur die Besten gleichen diese Nachteile dadurch aus, dass sie sowohl Jus als auch Betriebswirtschaft studieren. Alle Übrigen bleiben jeweils »halbgebildet«.

Es versteht sich von selbst, dass ein vermindertes bis fehlendes Rechtsbewusstsein in Führungspositionen die Effektivität des Rechts schwächt. Es ist kein Zufall, dass an jüngsten Wirtschaftsskandalen im österreichischen Bankenbereich vor allem Führungskräfte beteiligt waren, die *nicht dem Juristenstand* angehören. Auch dem Spannungsfeld zwischen betriebswirtschaftlicher »Wertneutralität« und dem auch für Abschlussprüfer geltenden Gebot der Gesetzestreue und dem damit verbundenen »Rechtsethos« sollte man in diesem Zusammenhang einmal sorgende Aufmerksamkeit schenken.

E. Die Wiener Studienordnung des Jahres 1999

Die *Studienreform des Jahres 1999* war vom (keineswegs nur das Studium der Rechtswissenschaften betreffenden) Leitmotiv geprägt, dass die bisher übliche Studiendauer und damit auch die Gesamt-Semesterwochenstunden entscheidend verkürzt werden sollten.[18] Dadurch blieb auch noch der vormalige Rest an wirtschaftswis-

---

17 Vgl. *Griller/Puff,* Das Wirtschaftsrechtsstudium an der WU-Wien. Eine Antwort auf die Herausforderungen des Bologna-Prozesses und der sich ändernden Berufsbilder für Juristen, ÖJZ 2006, 706 (707 f).

18 Diesbezüglich enthielt das Universitäts-Studiengesetz, UniStG BGBl I 1997/48, zwingende Vorgaben. Das gesetzlich zulässige Ausmaß an Gesamt-Semesterwochenstunden betrug 100 bis 125 Semesterwochenstunden, wobei das Rechtsstudium das Höchstmaß ausschöpfte. Dabei war ein Minimum an »freien Wahlfächern« (die z. B. auch Sport- oder Musikstudien zuließen) im Ausmaß von 13 Semesterwochenstunden vorgesehen; vgl. den Studienplan 1999 und seine Erläuterungen bei *Krejci/Pieler/Potz/Raschauer*[1], 149 f.

senschaftlichen Pflichtfächern auf der Strecke.[19] Die Rechtsfakultäten hatten die Freiheit, die Studienpläne nach eigenen Vorstellungen zu gestalten. Der Wiener Fakultät gelang es, ihrer Studienordnung wieder eine gewisse Struktur zu geben, sodass die auffallenden Unsinnigkeiten im Studienablauf, welche die erste Studienreform ermöglichte, fortan vermieden werden konnte. Die Studienordnung war im Wesentlichen so aufgebaut, wie dies vor 1978 war: Drei Studienabschnitte (ein einführender und rechtsgeschichtlicher, ein judizieller und ein öffentlich-rechtlicher) teilten den Gesamtstoff in fachlich zusammenhängende Großgebiete, wobei die Rechtsgeschichte etwas zurückgedrängt wurde.

Eine Rückkehr zu den großen kommissionellen Prüfungen gelang nicht. Daher wurde nicht erreicht, dass die Studierenden verwandte Fächer *gleichzeitig* studieren. Es blieb vielmehr beim bisherigen »Hintereinander« der Einzelprüfungen.

Da bei einer derartigen Ausbildungsweise lediglich das Kurzzeitgedächtnis trainiert wird, vermochten sich die Studierenden nach wie vor keinen Einblick in die Zusammenhänge zu verschaffen.[20]

Die Studienordnung 1999 brachte trotz der Beibehaltung der vielen Einzelprüfungen eine faktische Verkürzung der (wie bisher) auf acht Semester angelegten Studiendauer, die vorher von vielen Studierenden erheblich überzogen wurde. Die Verkürzung wurde zum einen durch eine (geringfügige) Reduzierung der schriftlichen Prüfungen erreicht, zum anderen aber auch durch die allgemeine Einführung von *Studiengebühren*, die den Eifer der Studierenden, zügiger als bisher zu studieren, erheblich belebte. Schon im Hinblick auf diesen Erfolg sind politische Bestrebungen, die Studiengebühren wieder abzuschaffen, kontraproduktiv.

---

19 Diesbezüglich besagen die Erläuterungen des Studienplans 1999: »Es war daher nicht möglich, nichtjuristische Pflichtfächer (Betriebswirtschaftslehre, Volkswirtschaftslehre und Soziologie für Juristen) weiterhin als Pflichtfächer zu erhalten. Diese wurden in einen nichtjuristischen Wahlfachkatalog (§ 10 Abs 4) verlagert, sodass es den Studierenden unbenommen bleibt, sich die solcherart im Pflichtfachbereich fehlende einschlägige Kompetenz durch eine entsprechende Auswahl an Wahlfächern zu verschaffen.« Vgl. *Krejci/Pieler/Potz/Raschauer*[1], 150. Dass eine derartige Wahl in höchstem Maße vernünftig gewesen wäre, beflügelte nur wenige Studierende, dieses Angebot anzunehmen.

20 Zwar hatte nach der neuen juristischen Studienordnung z. B. fast jeder Kandidat des (damaligen) Handelsrechts die Zivilrechtsprüfung bereits absolviert, erstaunlicherweise merkte man als Prüfer davon aber kaum etwas. Hatten die Kandidaten des Handelsrechts früher deshalb von den zivilrechtlichen Fundamenten dieses Faches keine Ahnung, weil sie diese Fundamente noch gar nicht studiert hatten, so waren sie nunmehr ahnungslos, weil sie diese Fundamente mangels »Langzeitspeicherung« schon wieder vergessen hatten. Ich meine selbstverständlich im einen wie im anderen Fall *nicht alle* Kandidaten, sondern einen bemerkenswert hohen Anteil der Antretenden.

F. Die Wiener Studienordnung des Jahres 2006

Im Anschluss an die Universitätsreform 2002, die den Universitäten die Vollrechtsfähigkeit gab und den Fakultäten und Instituten die (vorübergehend gegönnte) Teilrechtsfähigkeit nahm, und angesichts der universitären Bestrebungen, auch Österreichs Universitäten in den »Bologna-Prozess« einzubinden, obwohl dazu keinerlei gemeinschaftsrechtliche noch sonstige rechtliche Verpflichtung besteht, hat man sich auch an den österreichischen Rechtswissenschaftlichen Fakultäten entschlossen, die bisherigen juristischen Studienordnungen nochmals neu zu konzipieren. Nicht alle Rechtsfakultäten passten sich dabei dem »Bologna-Prozess« an.

So gab sich z. B. die Rechtswissenschaftliche Fakultät Wien 2006 schon wieder eine neue Studienordnung.[21] Sie behält zwar im Wesentlichen die Struktur der vorangegangenen bei, bemüht sich jedoch, durch eine kräftige Erhöhung der Pflichtübungszahl die Studierenden mehr als bisher zum Besuch von Lehrveranstaltungen zu animieren. Die Wiedereinführung der kommissionellen Prüfungen über mehrere Fächer gelang hingegen wiederum nicht.[22] Damit bleibt es trotz partieller Bemühungen der Gegensteuerung im Wesentlichen dabei, dass die einzelnen Fächer nach wie vor jeweils isoliert und überdies viel zu kurze Zeit studiert werden, weshalb wie bisher die Zusammenhänge zu wenig gesehen und die Fähigkeit, sich etwas langfristig zu merken, nicht hinreichend aktiviert werden wird. Auch die Wirtschaftskompetenz der Juristen wurde nicht spürbar erhöht.

G. Die zunehmende Uneinheitlichkeit der juristischen Studienordnungen

Der im Ansatz bereits im Zuge der vorangegangenen Reformwelle bemerkbare Trend, sich von einem österreichweit einheitlichen Ausbildungsmodell im Bereich der Rechtswissenschaften zu verabschieden, wurde nunmehr verstärkt.

Dabei geht es nicht allein darum, dass die *einen* Fakultäten das »Bologna-Modell« bereits (zumindest für bestimmte Sonderausbildungen) realisieren und die *anderen* beharrlich *nicht*, sondern auch darum, dass sich zumindest insbesondere die Wirtschaftsuniversität Wien zu einem von allem bisher Dagewesenen auffallend abweichenden juristischen Ausbildungssystem entschlossen hat und sich so weitgehend

---

21 *Mayer,* ÖJZ 2006, 701.
22 Als bescheidener Erfolg in diese Richtung verblieb nach eingehenden Diskussionen lediglich eine schriftliche Prüfung aus Zivilrecht, in die auch ein (bescheidener) unternehmensrechtlicher Teil integriert wurde.

von der bisherigen Ausbildung in klassischen Rechtsfächern verabschiedete.[23] Zwar wurde anfangs gesagt, dass die Ausbildung zum »Wirtschaftsjuristen« nicht für die klassischen juristischen Berufe gedacht sei; inzwischen ist aber klar geworden, dass die Juristenausbildung an der Wirtschaftsuniversität darauf abzielt, auch auf diese Berufe vorzubereiten. Die Praxis wird also in Zukunft mit Universitätsabsolventen konfrontiert sein, die *höchst unterschiedliche wissenschaftliche Berufsvorbildungen* aufweisen.

Der Druck zu *konkurrierenden Ausbildungskonzepten* einerseits und zu bemerkenswerten *Sonder- und Schwerpunktprogrammen* andererseits und somit insgesamt der Druck zu *divergierender Vielfalt* wird noch durch die allgemeine universitätspolitische Vorstellung erhöht, *dass sich die Fakultäten in Forschung und Lehre spezielle Profile* geben sollen. Nicht mehr das *Universale* ist gefragt, wie man in Erinnerung an die Bedeutung der »Universität« meinen könnte, sondern das *Spezielle*.

Dies gipfelte z. T. sogar in der Forderung, keine Professuren für ganze Fächer mehr zu vergeben, sondern nur noch oder zumindest in spürbarem Ausmaß für wesentlich enger gezogene Forschungsbereiche.

In die gleiche Richtung weist der zumindest für rechtswissenschaftliche Fakultäten befremdliche universitätspolitische Wunsch, die einzelnen Institute mögen bei der Entwicklung ihrer künftigen Tätigkeiten nicht danach trachten, möglichst alle Facetten ihres Faches in Forschung und Lehre abzudecken, sondern Spezialisierungen fördern, die das einzelne Institut von den Parallelinstituten an anderen Fakultäten abheben sollen.

Es kann dem Gebot, Rechtsfächer *in ihrer Gesamtheit* zu lehren, nicht dienlich sein, wenn man die dafür vorgesehenen bzw. vorzusehenden Einrichtungen, nämlich die einschlägigen Lehrstühle, durch Forschungslehrstühle zu ersetzen trachtet, die sich aus Gründen der interuniversitären Profilierung nur Splitterbereichen dieser Fächer widmen sollen.

Der heute schon durch die einzelprüfungsbedingte Fächertrennung einsetzende Verlust der Fähigkeit, über den Tellerrand eines einzelnen Fachgebiets zu blicken und die fachübergreifenden Zusammenhänge rechtlicher Einrichtungen zu sehen, würde noch vertieft, wollte man nicht einmal mehr die Zusammenhänge der Teilbereiche eines einzelnen Faches in Forschung und Lehre pflegen, sondern eine weitere, auch formal-organisatorisch unterstützte Zersplitterung fördern.

All dies sind Indizien dafür, dass eine *einheitliche, allgemeine und umfassende rechtswissenschaftliche Berufsvorbildung durch die Universitäten immer weniger gewährleistet erscheint*. Damit korrodiert das Fundament der rechtswissenschaftlichen Berufsvorbildung, auf dem die speziellen Berufsausbildungen in den juristischen Kernberufen ruhen.

---

23 Dazu *Griller/Puff*, ÖJZ 2006, 706.

Die österreichischen Universitäten blicken in ihrem Bemühen um Verbesserung ihrer Wettbewerbsfähigkeit und ihres internationalen Ranges gebannt vor allem nach den USA und übersehen dabei mitunter die wesentlich anderen ökonomischen Grundbedingungen der amerikanischen Universitäten. Von all dem abgesehen aber wird nicht beachtet, dass auch in den USA die Law Schools aus guten Gründen eine Sonderstellung einnehmen und keineswegs über den allgemeinen Universitätsleisten geschlagen werden.

Die derzeitige Tendenz, die Rechtswissenschaftlichen Fakultäten zur Konkurrenz in Sonderausbildungsprogrammen und unterschiedlichen Forschungsschwerpunkten zu ermuntern (wobei Letzteres auch die juristische Meinungsvielfalt, die in einem kleinen Land wie Österreich ohnehin nur bescheiden gedeiht, in Fragen, für die dann nur mehr eine einzige Fakultät den geeigneten »Forschungsschwerpunkt« aufweist, gravierend reduzieren würde), stellt eine erhebliche Gefahr für die nach wie vor notwendige einheitliche juristische Grundausbildung an den Universitäten dar.

V. Maßnahmen, um ein Mindestmaß an Vereinheitlichung der universitären Juristenausbildung zu erreichen

Was kann zur Abwehr der Gefahr des Verlustes einer österreichweit einheitlichen Berufsvorbildung für die juristischen Kernberufe unternommen werden?

A. Rückkehr zu einer staatlichen juristischen Studienordnung?

Den in die rechtliche (nicht wirtschaftliche) Selbständigkeit entlassenen Universitäten wird man die Freiheit zur Gestaltung ihres Wissenschafts- und Lehrbetriebes wohl auch mit dem Hinweis, dass die Erhaltung des Rechtsstaats Besonderheiten im Bereich der Juristenausbildung fordert, realistischerweise nicht mehr nehmen können, mag dies (verfassungs)rechtlich auch möglich sein.[24] Der Gesetzgeber hatte jedenfalls keine Bedenken, im UniStG den Universitäten eine Höchstzahl von Semester-Wochenstunden und sonstige Rahmenbedingungen zur Gestaltung der Studienpläne vorzuschreiben.[25] Auch wurde zu jener Zeit, als die Juristenausbil-

---

24 Vgl. *Walter/Mayer/Kucsko-Stadlmayer,* Bundesverfassungsrecht[10] (2007), Rz 1507.

25 Der Gesetzgeber hat auch nichts dabei gefunden, den Universitäten zwingend vorzuschreiben, in jedem Semester neben den Prüfungsterminen am Beginn und am Ende des Semesters auch noch einen in der Semestermitte vorzuschreiben, womit der auf Semester ausgelegte Studienbetrieb insbesondere bei Fakultäten mit Massenbetrieb, wie es die Rechtsfakultäten sind, empfindlich gestört wird.

dung noch weitgehend gesetzlich vorgeschrieben wurde, nicht bezweifelt, dass diese Vorgangsweise der verfassungsrechtlich gewährleisteten Freiheit der Wissenschaft und Lehre entsprach.

B. Berufsrechtliche Zugangsvoraussetzungen für Berufsanwärter

Will man den Universitäten keine zwingenden Vorschriften über einen Gestaltungsrahmen für eine österreichweit einheitliche Juristenausbildung für die Kernberufe machen, so haben sich die juristischen Kernberufe, für die es ohnehin Sondervorschriften gibt, im Rahmen des jeweils eigenen Berufsrechts jener Voraussetzungen zu besinnen, die von jenen erfüllt sein müssen, die sich diesen Berufen zuwenden und deren Ausbildungssystem zu unterwerfen haben.

Die einschlägigen Vorschriften dürfen sich eben *nicht, wie bisher, damit begnügen, dass die Berufsanwärter einen juristischen akademischen Grad nachweisen.* Vielmehr muss darüber hinaus oder unabhängig davon geprüft werden, ob die Berufsanwärter die geforderte Berufsvorbildung haben oder nicht. Soweit diese fehlt, muss sie durch entsprechende allgemeine Zusatzausbildung und -prüfung ergänzt werden.

Die Sorge, ein derartiges Vorgehen könnte europarechtlich bedenklich sein, insbesondere deshalb, weil im Ausland ausgebildete Juristen am Zugang zu den juristischen Kernberufen in Österreich behindert würden, ist unberechtigt, weil es nicht um die Nichtanerkennung im Ausland erworbener juristischer akademischer Grade geht, sondern ganz allgemein darum, dass Berufsanwärter eine gewisse Mindestausbildung im österreichischen Recht aufweisen müssen. Nun trifft wohl zu, dass auch die eigenwilligste Studienplangestaltung einer österreichischen Universität den Studierenden mehr an österreichischem Recht vermitteln wird als eine ausländische Universität; doch darf aus diesem Umstand nicht geschlossen werden, dass es den in Österreich auszuübenden juristischen Kernberufen untersagt wäre, ausreichende Kenntnisse im österreichischen Recht zu verlangen. Man kann den speziellen Berufsausbildungen auch nicht zumuten, vom bisherigen Erfordernis einer rechtswissenschaftlichen Berufsvorbildung im österreichischen Recht überhaupt abzusehen und sich schlicht damit zu begnügen, dass die Berufsanwärter *irgendeine* rechtlich einschlägige Berufsvorbildung aufweisen, mag diese auch im Hinblick auf das österreichische Recht völlig unzulänglich sein. Träfe dies zu, so würde das bedeuten, dass die spezielle Ausbildung seitens der juristischen Kernberufe die Berufsanwärter in einem weitaus größeren Umfang als bisher auszubilden hätten. Eine solche Berufsausbildung müsste einerseits eine erheblich längere Zeit in Anspruch nehmen; andererseits aber hätten die Anwärter im Rahmen ihrer vorangegangenen universitären Ausbildung zu einem erheblichen Teil, was die für die

Kernberufe erforderliche juristische Berufsvorbildung betrifft, »leere Kilometer« abgespult, mag auch das Wissen der Berufsanwärter (allerdings in für die Kernberufe lediglich mittelbar interessanten Bereichen) an der Universität gewachsen sein.

Die mit dem »Bologna-Prozess« verbundene Vorstellung, ein akademisches Studium bruchstückweise an verschiedenen ausländischen Universitäten zu absolvieren und schließlich zu einem Ganzen zusammenzustoppeln, weswegen man eben europaweit kompatible Ausbildungsstrukturen und -bausteine benötige, passt naturgemäß so lange nicht auf ein Rechtsstudium, das einen Berufseinsatz in einer nationalen Rechtsordnung hinreichend vorbereiten soll, als sich die nationale Rechtsordnung in mannigfacher Weise von den übrigen nationalen Rechtsordnungen (vor allem von jenen, die der Absolvent studiert hat) unterscheidet. Die Situation würde sich entscheidend ändern, würden die nationalen Rechtsordnungen inhaltlich weitgehend vereinheitlicht sein. Doch dahin ist es noch ein langer Weg, von dem man heute noch nicht sagen kann, ob er überhaupt zu diesem Ziel zu führen vermag.

Nun wäre es den autonomen Universitäten dennoch möglich, das Studium der Rechte weitgehend zu internationalisieren und den akademischen Grad eines Bakkalaureus oder Mag. iur. auch für eine hinreichende Ansammlung höchst zersplitterter Teilkenntnisse aus unterschiedlichen nationalen Rechtsordnungen zu vergeben. Dies läge dann nahe, wenn man keinen Wert mehr darauf legen wollte, jemanden in einer bestimmten nationalen Rechtsordnung auszubilden, sondern die Einblicke in unterschiedliche nationale Rechtsordnungen als ausreichend anerkennen wollte, im Übrigen aber das Studium auf allgemeine Grundfragen beschränkte, die sich in jeder Rechtsordnung (vor allem einer modernen Industriegesellschaft) stellen, und auf die entsprechenden Lösungsalternativen einschließlich einer intensiven methodischen Schulung (die sich an den unterschiedlichen nationalen Rechtsgebieten erproben lässt). Ein derartiges Rechtsstudium könnte überdies einen Schwerpunkt im Europarecht, Völkerrecht und Rechtsvergleich haben.

Der universitären Lehrfreiheit steht die Ausbildung derartiger Studienpläne nicht entgegen; sie hätten auch durchaus ihren akademischen Reiz. Es wäre aber höchst bedenklich, wollte man die Absolventen eines derartigen Studiums unbesehen in die spezielle Berufsausbildung für österreichische Richter, Rechtsanwälte, Notare oder den Öffentlichen Dienst aufnehmen, weil solchen Absolventen trotz aller Übersicht, die sie über das Recht an sich und einige Besonderheiten in jeweils ausgewählten nationalen Rechtsordnungen gewonnen haben, die Berufsvorbildung im österreichischen Recht fehlt.

Je mehr sich in Zukunft derartige »internationale« Juristenausbildungen ohne nationale Ergänzungsprüfungen etablieren sollten, desto weniger erfüllen solche Ausbildungen die Erfordernisse der gebotenen rechtswissenschaftlichen Berufsvorbildung für die österreichischen juristischen Kernberufe.

Affines gilt aber auch für österreichische Sonderwege. Es mag durchaus zutreffen, dass die rechtswissenschaftliche Berufsvorbildung, wie sie für die anschließende spezielle Berufsausbildung für die juristischen Kernberufe notwendig erscheint, für *andere* Berufe, die gleichfalls eine juristische Ausbildung erfordern, nicht in gleicher Weise zweckmäßig ist, sei es, weil in einigen Bereichen zu viel und in anderen Bereichen zu wenig geboten wird. Insofern können gewisse Stoffverschiebungen bzw. Schwerpunktbildungen durchaus angebracht sein.

Vor diesem Hintergrund erscheint insbesondere der Gedanke attraktiv, einen »*Wirtschaftsjuristen*« auszubilden,[26] der vor allem in Unternehmen eingesetzt werden soll und hier Terrain, das zwischenzeitig an die klassischen Betriebswirte verloren wurde, zurückerobern kann. Denn auf diese Weise bestünde die Chance, den dem Wirtschafts- und Rechtsleben durchaus schädlichen Verlust an Rechtskenntnis und Rechtsbewusstsein allmählich wieder zu verringern.

Ein markantes Beispiel für die Entwicklung eines derartigen akademischen Ausbildungswegs für »Wirtschaftsjuristen« bietet nunmehr die Wirtschaftsuniversität Wien. Ob und inwieweit ihr dabei der Balanceakt zwischen der Vermittlung der für jedwedes Rechtsverständnis erforderlichen Grundkenntnisse über die juristischen Fächer, die ja keine willkürlich entstandenen Kunstprodukte sind, sondern aus guten Gründen so und nicht anders gewachsen sind,[27] einerseits und der Bildung von Schwerpunkten, die für den Wirtschaftsjuristen von besonderer Bedeutung sind, andererseits gelungen ist, bleibe hier dahingestellt.

Zum Scheitern verurteilt ist wohl jeder Versuch, im Rahmen eines Schwerpunktbereiches das Grundwissen gleichsam »einzubröckeln«.[28] Sehr wohl möglich ist allerdings, dass man der Darstellung von Schwerpunktbereichen eine gestrafftere Einführung in das Grundlagenfach bietet, als dies an Rechtsfakultäten sonst üblich ist. Die diesbezüglichen Dosierungen abzuwägen ist freilich heikel und muss

---

26 Vgl. *Schneeberger,* Qualifikationsanforderungen und Weiterbildungsbedarf von Wirtschaftsjuristen, Schriftenreihe des Instituts für Bildungsforschung der Wirtschaft Nr 87 (1991).

27 Eben deshalb sind Versuche mancher akademischen Lehrer, ihr Fachgebiet von den bisher gewachsenen Strukturen zu befreien und gleichsam »neu zu erfinden«, nicht unbedenklich bzw. tragen nicht notwendig dazu bei, die sachlogischen Zusammenhänge des Rechtsgebiets besser zu durchschauen, als dies das überkommene System ermöglicht. Vgl. z. B. den Versuch von *Tomandl,* das Arbeitsrecht völlig anders darzustellen, als dies das überkommene System vorsieht: (nunmehr) *Tomandl/Schrammel,* Arbeitsrecht 1, Gestalter und Gestaltungsmittel[5] (2004), und Arbeitsrecht 2, Sachprobleme[5] (2004).

28 Es bringt nichts, z. B. Gewährleistungsrecht zu lesen und bei dieser Gelegenheit zugleich zu versuchen, die wichtigsten Grundfragen des Zivilprozessrechts zu vermitteln. Es nützt auch nichts, Wirtschaftsstrafrecht vorzutragen und bei dieser Gelegenheit zugleich den Hörern das Allgemeine Strafrecht beibringen zu wollen. Man kann auch nicht Sonderfragen der Vertragsgestaltung erörtern und bei dieser Gelegenheit zugleich den Allgemeinen Teil des Zivilrechts und den Allgemeinen Teil des Schuldrechts lehren. Derartiges würde die Hörer nur verwirren.

gründlich durchdacht werden. Wer nicht vorweg einen gesondert dargestellten Überblick über die für ein Schwerpunktstudium unerlässlichen Grundlagenfächer erhält,[29] wird auch vom Schwerpunktfach vieles nicht verstehen. Überdies wäre es nicht sinnvoll, das Grundlagenwissen in einem späteren Studienabschnitt nachzutragen.

Die juristischen Kernberufe können sich nicht damit zufriedengeben, dass jemand z. B. eine besondere Ausbildung im Kreditsicherungsrecht, im Kapitalmarktrecht, im Rechnungslegungsrecht und im Urheberrecht erfahren hat, jedoch das Zivilrecht in seiner Gesamtheit ebenso wenig studiert hat wie das Zivilprozessrecht oder das Strafrecht.

Sollen auch in Zukunft die juristischen Kernberufe davon ausgehen können, dass ihre Berufsanwärter im Rahmen ihrer rechtswissenschaftlichen Berufsvorbildung ein österreichweit in gleichem Umfang erworbenes allgemeines Basiswissen für die spezielle Berufsausbildung mitbringen, dann wird es nicht mehr genügen, zu prüfen, ob die Berufsanwärter einen juristischen akademischen Grad erworben haben; stattdessen werden die juristischen Kernberufe in den einschlägigen Berufsgesetzen den *Katalog jener Fächer* aufzuzählen haben, in denen die Berufsanwärter erwiesenermaßen ausgebildet sein müssen. Nur so kann angesichts des zunehmenden Auseinanderdriftens der juristischen Studienpläne an den verschiedenen Universitäten erreicht werden, dass die für eine umfassende Juristenausbildung erforderlichen zentralen Fächer vorweg studiert wurden.

Dabei wird zugleich die *Intensität der Ausbildung* in den jeweiligen Fächern festzulegen sein. Diese Intensität kann in den international üblichen »*ECTS*« bzw. in *Semester-Wochenstunden* ausgedrückt werden. Dies ist notwendig, weil es einen nicht nur quantitativen, sondern auch *qualitativen* Unterschied macht, ob jemand z. B. im gesamten Zivilrecht nur im Ausmaß von acht oder aber im Ausmaß von 20 Semester-Wochenstunden ausgebildet wird. In der Sache geht es hier selbstverständlich nicht um abstrakte Stundenzahlen, sondern um die damit verbundene *Intensität* der Beschäftigung mit einem Fach und damit auch um das Volumen der dieses Fach betreffenden Prüfung.

Es wird aber auch festzulegen sein, durch welche Art von *Prüfungen* erwiesen sein muss, dass die erforderlichen Fächer auch gehörig studiert worden sind. Dieser Nachweis wird wohl auch in Zukunft durch einschlägige Prüfungen an der Universität erbracht werden können, sofern diese Prüfungen den gestellten Anforderungen entsprechen.

---

29 Und zwar nicht im Zuge von in das Schwerpunktstudium eingeschobenen »Trümmern«, sondern im Rahmen eigener Einführungsveranstaltungen, in denen das Grundlagenfach in seinem gesamten Aufbau und mit seinen wichtigsten Ordnungsfragen dargestellt wird.

Soweit dies aber nicht möglich oder nicht hinreichend gewährleistet erscheint, sollte der erforderliche Qualitätsnachweis auch durch staatliche Ergänzungsprüfungen komplettiert werden, die von den einschlägigen Berufskammern bzw. dem BMJ einzurichten sind. Sollte es angesichts einer noch weiteren Diversifizierung der universitären Ausbildungssysteme notwendig sein, ist auch an die Wiedereinführung von Staatsprüfungen zu denken.

Es ist anzunehmen, dass sich die Universitäten dem Anforderungsprofil der juristischen Kernberufe durch geeignete Angebote freiwillig anpassen werden.

Ob das auch die mitunter bereits eingeführte »freie Prüferwahl«, die den *race to the bottom* fördert, wieder beseitigen wird, darf bezweifelt werden. Es könnte aber durchaus vorgeschrieben werden, dass nur solche Universitätsprüfungen anerkannt werden, bei denen der Prüfer nicht vom Kandidaten frei gewählt wurde.

In diesem Zusammenhang sei noch etwas anderes angemerkt: Die prinzipielle Kündbarkeit von Universitätslehrern stellt keinen Beitrag zu ihrer Prüferunabhängigkeit dar. Desgleichen befremden Vorstellungen, wonach Studierende lediglich in den ersten Semestern am Studium durch negative Prüfungsnoten scheitern können sollen, später hingegen nicht mehr. Auch die erhöhte Konkurrenz zwischen den Ausbildungseinrichtungen fördert die Strenge von Prüfungen nicht. Wer da meint, dass jene Universitäten höhere Förderung verdienen, die eine niedrigere Drop-out-Rate aufweisen, kürzere Studiendauer und bessere Kalküle ermöglichen, verkennt das Anliegen, ein hohes Niveau zu halten.

Ein koordiniertes Vorgehen aller betroffenen juristischen Berufe wäre zweckmäßig, um den Universitäten eine entsprechende Anpassung ihrer Ausbildungssysteme zu ermöglichen, ohne sie dabei wegen eines zu großen Differenzierungsaufwands zu überfordern.

Es erscheint nicht allzu schwierig, den genannten Fächerkatalog zu erstellen, die einzelnen Fächer den Erfordernissen der Praxis entsprechend zu gewichten und die allgemeinen Anforderungen an die Qualitätskontrolle festzulegen.

Auf diese Weise könnte einerseits die universitäre Gestaltungsfreiheit auch im Bereich der Juristenausbildung unter Berücksichtigung der unterschiedlichsten juristischen Berufsbilder erhalten bleiben – zugleich aber wären die juristischen Kernberufe davor bewahrt, die für sie notwendige allgemeine rechtswissenschaftliche Berufsvorbildung, die ihnen die Universitäten bisher geboten haben, zu verlieren.

Somit ist abschließend festzuhalten:

Die Ausbildung zu den juristischen Kernberufen (Richter, Staatsanwälte, Rechtsanwälte, Notare, juristische Tätigkeit in der öffentlichen Verwaltung) bedarf einer *österreichweit einheitlichen juristischen Berufsvorbildung auf ebenso grundlegender wie breiter Basis (jedenfalls auch) in allen wesentlichen Fächern des österreichischen Rechts.*

Die diesbezüglichen Erfordernisse müssen *unabhängig von den zunehmend unterschiedlichen, mitunter nur Schwerpunkte hervorhebenden Ausbildungssystemen an den österreichischen Universitäten* österreichweit erfüllt sein. Es sind daher an den Universitäten Vorkehrungen dafür zu treffen, dass Berufsanwärter diese Erfordernisse einer grundlegenden und breiten Berufsvorbildung erfüllen.

Zu diesem Zweck sind in den einschlägigen Berufsgesetzen insbesondere der *Katalog der maßgeblichen Fächer, die Intensität der Beschäftigung mit diesen sowie der entsprechende Nachweis ihrer Beherrschung* festzulegen. Die bisher vorgenommene Änderung des Berufsrechts der Rechtsanwälte und Notare ist ein erster Schritt in diese Richtung.

VI. Wahrung der universitären Forschungsfreiheit

Keinesfalls aber darf den Universitäten die Freiheit genommen werden, nach eigenen Vorstellungen die rechtswissenschaftliche Forschung zu betreiben. Anforderungen an den Lehr- und Prüfungsbetrieb sind das eine, der Forschungsbetrieb das andere. Ein Ansinnen, den einzelnen Universitäten Forschungsschwerpunkte vorzuschreiben und ihnen damit die Möglichkeit zu nehmen, nach eigenen Vorstellungen zu entscheiden, in welchen Rechtsgebieten welche Forschungsschwerpunkte gesetzt werden, würde die Universitäten in ihrem Wesen als freie Forschungsstätten treffen und ist daher abzulehnen. Das gilt auch für den ökonomischen Druck des Staates, über die zwischen Ministerium und Universität abzuschließenden »Leistungsverträge« Forschungsbeschränkungen zu erreichen.

Michael Lang

Österreichische Universitäten
im internationalen Umfeld

I. Das Vorbild der US-amerikanischen Universitäten

Die von mir in der Folge angestellten Überlegungen sind notwendigerweise subjektiv geprägt. Wenn ich den Versuch unternehme, die österreichischen Universitäten in ihrem internationalen Umfeld zu beleuchten, kann ich dies nicht aus der Vogelperspektive, sondern nur aus der Froschperspektive tun. Als einer, der seinen Schwerpunkt in der Lehre und der Forschung auf dem Gebiet des *Internationalen* Steuerrechts hat, habe ich zwar das Vergnügen, immer wieder als Gastprofessor an ausländische Universitäten eingeladen zu werden. Doch kann ich nicht für mich in Anspruch nehmen, einen Überblick über ausländische Universitätssysteme schlechthin zu besitzen. Vielmehr kenne ich vor allem jene Universitäten, an denen das Internationale Steuerrecht ebenfalls einen großen Stellenwert hat, und an diesen Universitäten kenne ich dann vor allem die Institute, an denen mein Fach gepflegt wird, und habe in erster Linie Kontakt zu jenen Studierenden, die am Steuerrecht interessiert sind.

In der Folge möchte ich mich mit der Frage beschäftigen, was wir in Österreich vom US-amerikanischen Universitätssystem lernen können. Schon allein meine bescheidene Erfahrung, die ich über Gastprofessuren an der New York University und an der Georgetown University sowie Gastvorlesungen an der University of Michigan und an der Harvard Law School gewonnen habe, haben mir gezeigt, dass es verfehlt ist, von *der* amerikanischen Universität zu sprechen. Ich hatte das Glück, jene Institutionen näher kennenzulernen, die im juristischen Bereich oder speziell in meinem Fach über einen hervorragenden Ruf verfügen. Wenngleich schon diese Universitäten durchaus untereinander verschieden sind, so unterscheiden sie sich grundlegend von der breiten Masse US-amerikanischer Ausbildungsinstitutionen. Weiters haben die Law Schools – und nur jene kenne ich – auch innerhalb der amerikanischen Universitäten durchaus ein Eigenleben.

Genauso wenig, wie es *die* amerikanische Universität gibt, gibt es *die* europäische Universität. Die akademischen Ausbildungsstätten, die wir in Österreich und auch in Deutschland kennen, unterscheiden sich in vielerlei Hinsicht grundlegend von jenen anderer europäischer Länder. Von jener Universitätsautonomie, die wir in Österreich gewohnt sind, sind Universitäten in Italien und Spanien oft weit entfernt, wenn man dort nur an die landesweiten Auswahlverfahren für die verschiedenen Stufen akademischer Karrieren denkt. Wer eine österreichische Universität mit nach wie vor gut ausgestatteten »Lehrstühlen« kennt, wird die Sorbonne in Paris in Hinblick auf die Infrastruktur eher mit einem Gymnasium vergleichen. Mehr als ein größeres Lehrerzimmer und jeweils zu zweit ein Spind steht den französischen Professoren an dieser elitären Universität nicht zur Verfügung. Ein holländischer Kollege, der vor mir eine Gastprofessur an der Sorbonne innehatte, gab mir den wertvollen Tipp, eine Flasche Wein mitzunehmen, um unter den Studierenden einen Preis für denjenigen aussetzen zu können, dem es gelingt, einen Overhead-Projektor zu beschaffen. An modernere didaktische Hilfsmittel war nicht zu denken. Diese Beispiele mögen – völlig willkürlich gewählt – illustrieren, wie unterschiedlich die europäischen Universitätssysteme sind, und lassen auch schon erkennen, dass sich das österreichische Universitätssystem trotz aller Mängel im europäischen Konzert nicht völlig zu verstecken braucht.

II. Der Wettbewerb um Studierende

1. Studiengebühren und Stipendien

Ein wesentlicher genereller Unterschied zwischen dem österreichischen Universitätssystem und amerikanischen Spitzenuniversitäten liegt sicherlich in der Finanzierung: Während in Österreich die Studienbeiträge wohl kaum mehr als 10 % des Budgets einer Universität ausmachen, finanzieren sich US-Universitäten in sehr hohem Ausmaß über richtige Studiengebühren. Zwar können auch in Österreich zumindest im postgradualen Bereich Studiengebühren erhoben werden, doch kann sich deren Höhe im Regelfall nicht mit jener der guten und besten amerikanischen Universitäten vergleichen.

Während in Österreich und in den meisten anderen Ländern Europas Bildung primär als Staatsaufgabe gesehen wird und dementsprechend die Einführung von Studienbeiträgen – auch im internationalen Vergleich in bloß symbolischer Höhe – ideologisch heiß umkämpft ist, wird es in den USA als selbstverständlich angesehen, dass junge Menschen eben auch in ihre Ausbildung – und damit in die eigene Zukunft – zu investieren haben. Dass sich auf diese Weise der Zugang zur Bildung auch nach sozialen Kriterien bestimmt, ist unbestreitbare Folge. Fairerweise muss man allerdings hinzufügen, dass auch das in unseren Breiten jahrzehntelang gepflogene System des kostenlosen Universitätszuganges nichts daran geändert hat, dass vor allem Kinder von gut verdienenden Akademikern studieren. Wenngleich die Finanzierung eines Universitätsstudiums für Studierende und deren Eltern in den USA oft zu einer sehr großen Belastung wird, so wird es doch auch vielfach als gerecht angesehen, dass gerade jene, die dann aufgrund ihrer elitären Ausbildung aller Voraussicht nach gut oder exzellent verdienen werden, auch den Löwenanteil der Kosten des Studiums zu tragen haben. Mit einem Teil der Studiengebühren wird in den USA aber oft auch ein umfangreiches und großzügiges Stipendiensystem finanziert. Damit werden allerdings nicht in erster Linie soziale Unterschiede ausgeglichen, sondern es wird den qualifiziertesten Studierenden ermöglicht, an einer der guten Universitäten zu studieren. Das System ist sehr stark durch den Wettbewerb getrieben: Jede Universität bemüht sich um exzellente Studierende. Dies schafft die Voraussetzungen dafür, dass die Absolventen dann am Arbeitsmarkt auch entsprechend gut unterkommen. Dies wiederum rechtfertigt es, hohe Studiengebühren verlangen zu können. Nur auf diese Weise gelingt es, hervorragende Wissenschaftler von anderen Universitäten abzuwerben und für die eigene Universität zu rekrutieren. Somit lebt der Erfolg einer amerikanischen Universität auch vom erfolgreichen Wettbewerb um die besten Studierenden.

Trotz aller Kommerzialisierung des amerikanischen Universitätssystems habe ich den Eindruck gewonnen, dass die Studierenden dort gesellschaftspolitisch viel engagierter als bei uns sind. Als einer, der im Jahr 1968 nicht einmal noch im Kindergarten war, habe ich in Österreich nie »richtige« studentische Demonstrationen erlebt. Weder der Regierungswechsel des Jahres 2000 noch die Einführung von Studienbeiträgen hat die österreichischen Studierenden in Massen hinter dem Ofen hervor- oder von ihren Büchern weglocken können. An der New York University habe ich hingegen erlebt, dass Studierende, die einen jährlichen Studienbeitrag von knapp 40.000 US-Dollar zahlen, während eines Vortrags eines polarisierenden US-Supreme Court Judges mit Sprechchören und Transparenten gegen ihn protestiert haben.

2. Der Stellenwert der Lehre

Im amerikanischen Universitätsalltag hat die Lehre einen hohen Stellenwert. US-Universitätslehrer haben zwar eine im Durchschnitt viel geringere Lehrverpflichtung als österreichische Universitätslehrer, und vor allem an den führenden US-Universitäten werden Spitzenwissenschaftler auch damit »geködert«, dass sie nur einen oder zwei Kurse pro Semester halten müssen und ihnen in sehr kurzen Abständen ein lehrfreies *sabbatical* zugestanden wird. Dennoch oder gerade deshalb wird die Lehre in den USA aber meiner Wahrnehmung nach viel ernster als bei uns genommen. Es ist an den Universitäten sozial verpönt, wenn sich Universitätslehrer in Lehrveranstaltungen vertreten oder Lehrveranstaltungen ausfallen lassen. Die Vorbereitung eines US-Wissenschaftlers für seine Lehrveranstaltung ist meist äußerst umfassend. Wenn ich ausländische Kollegen zu Gastvorlesungen nach Wien einlade, dann senden mir die Kollegen aus den anderen europäischen Ländern ihre Unterlagen oft erst wenige Tage vor der Veranstaltung, während mich die Kollegen aus den USA oft schon ein Jahr vorher kontaktieren, um zu erfahren, welches Vorwissen die Studierenden haben, was Studierende und unsere Universität erwarten und welche didaktischen Anforderungen gestellt werden. Darin zeigt sich für mich auch immer sehr deutlich, wie sehr die universitäre Kultur der USA meine Kollegen dort prägt.

Der Kontakt zwischen Lehrenden und Studierenden ist in den USA oft auch sehr intensiv. Professoren sind meist sehr stolz darauf, dass sie viel – auch Privates – über ihre Studierenden wissen, und tauschen sich oft auch mit anderen Lehrenden über die Leistung eines Studierenden in den verschiedenen Kursen aus. Derartige Gespräche habe ich an meiner Universität – meist schon wegen der großen Zahl an Studierenden – bisher kaum erlebt. Amerikanische Universitäten fördern diesen persönlichen Kontakt auch. Ich erinnere mich, dass ich – obwohl nur Gastprofessor – von der New York University ein Budget zur Verfügung gestellt bekommen habe, um alle Studierenden meines Kurses entweder zu mir nach Hause oder aber zu einem Abendessen in ein Restaurant einzuladen.

Wiederholt habe ich es in den USA erlebt, dass gute Leistungen von Studierenden auch hervorgehoben werden. Seminararbeiten und Präsentationen werden mit verschiedensten »Awards« ausgezeichnet, bei denen oft gar nicht die finanzielle Prämie im Vordergrund steht, sondern alleine die Tatsache der Auszeichnung. Ebenso werden auch gute Lehrende ausgezeichnet und entsprechend im Kollegenkreis hervorgehoben.

3. Vorbild für Österreichs Universitäten?

Auch an den österreichischen Universitäten hat die Lehre einen großen Stellenwert. Die große Bedeutung der Lehre geht aber oft zulasten der Forschung. Ein Professor hat häufig eine Lehrverpflichtung von acht Semesterwochenstunden. Mitunter leiden darunter die Vorbereitung und die Qualität. Langsam, aber doch wird das bisher recht starre System flexibler: An immer mehr österreichischen Universitäten sind Vereinbarungen möglich, nach denen zumindest besonders qualifizierten oder erfolgreichen Forschern die Möglichkeit gegeben wird, ihr Lehrdeputat zu verringern. Die einzelne von diesem Professor gehaltene Lehrveranstaltung wird dadurch sowohl für ihn als auch für seine Studierenden bedeutender.

Universitäten sehen sich auch in Österreich zunehmend im Wettbewerb miteinander. Dieser Wettbewerb dreht sich auch und vor allem um die besten Studierenden. Österreichische Universitäten haben aber jedenfalls insoweit andere Ausgangsbedingungen, als sie sich die Studierenden weitgehend nicht aussuchen können. Die gesetzgeberische Entscheidung, jedem Maturanten eine akademische Grundausbildung zu ermöglichen, ist von den Universitäten zu akzeptieren und hat durchaus auch etwas für sich. Das derzeitige System ermöglicht den österreichischen Universitäten aber kaum, den Einsatz ihrer Ressourcen entsprechend zu planen. Die Zahl der Studienanfänger, die sich an einer Universität zu Semesterbeginn bewerben, ist nicht voraussehbar und schwankt beachtlich. Die Folge ist meist eine längere und damit auch für den Staat und die Universitäten teure Studieneingangsphase. Ein System, das den Studierenden erst nach einem Jahr zeigt, ob sie Chancen haben, die bereits begonnene Ausbildung abzuschließen, ist auch für den Studierenden selbst nicht »billig«, da dies wertvolle Lebenszeit kosten kann. Nicht einzusehen ist dabei, dass Fachhochschulen durchaus die Möglichkeit haben, die Zahl der Studierenden zu begrenzen und sich die qualifiziertesten Studierenden für die jeweilige Ausbildung auszusuchen. Hält man an einem System fest, wonach die öffentliche Hand den Löwenanteil der Studienfinanzierung tragen soll, wird mittel- und langfristig kein Weg daran vorbeiführen, dass sich Staat und Universitäten darüber einigen, wie viele Studienplätze von den Universitäten bereitgestellt werden. Dies würde dann allerdings zur Folge haben, dass sich die Universitäten entweder ihre Studierenden aussuchen können oder ihnen diese nach einem System einer zentralen Studienplatzbewirtschaftung auf Grundlage von Bewerbungen der Studierenden zugeteilt werden.

Nicht übersehen werden darf allerdings, dass die österreichischen Universitäten im postgradualen Bereich durchaus marktgängige Studiengebühren verlangen können und sich auch oft – je nach Qualität dieser Ausbildungsgänge – die qualifiziertesten Studierenden aussuchen können. In manchen Fächern spielt dabei auch tatsächlich schon der internationale Wettbewerb um die besten Studierenden eine Rolle. Wiederholt wurde auch bereits die Forderung erhoben, zumindest den Zugang zu den Masterstudien zu begrenzen und den Universitäten die Möglichkeit zu eröffnen, die Studierenden dafür auszuwählen. Dies ließe sich in einer Studienstruktur, die nach dem Bologna-Modell gestaltet ist, durchaus mit der Forderung vereinen, die akademische Grundausbildung im Bachelorstudium für alle Maturanten offenzuhalten, während der Zugang zu einer vertieften Ausbildung im Masterstudium einer besonderen Qualifikation bedarf. Parallel dazu wird sich die Frage nach der Studiengebühr beim Masterstudium auch schon deshalb stellen, da sich Universitäten immer schwerer tun, ihre Angebote auf dem Master-Level von den postgradualen Weiterbildungsangeboten inhaltlich abzugrenzen.

Gebührenfinanziertes Studium und Qualität der Ausbildung korrelieren oft. Dazu bedarf es nicht einmal des Blicks in die USA, wo Studierende, die viel Geld für ihre Ausbildung zahlen, auch entsprechende Spitzenleistungen von den Lehrenden erwarten. An meiner eigenen Universität bin ich in meinem Fach sowohl für die Ausbildung im Regelstudium als auch für die postgraduale Ausbildung verantwortlich. Wenn es irgendwelche Schwierigkeiten in der Ausbildung im postgradualen Bereich gibt, erhalte ich von den Studierenden, die einen Studienbeitrag von rund 10.000 Euro leisten, gleich eine E-Mail mit der Bitte um Lösung des Problems, während Studierende im kostenlosen Regelstudium oft dazu neigen, einen Missstand einfach hinzunehmen. Dabei hat sich aber auch gezeigt, dass die Einführung der – verhältnismäßig – geringfügigen Studienbeiträge schon zu einem Umdenken und einem kleinen Kulturwandel geführt hat: Studierenden, die selbst einen Studienbeitrag leisten, ist deutlicher bewusst, dass sie berechtigt sind, Leistungen der Universität auch einzufordern. Die mit der Einführung der Studienbeiträge verbundene höhere Erwartungshaltung der Studierenden hat daher schon in vielen Fächern einen deutlichen Qualitätsschub in der Ausbildung bewirkt.

Dies alles zeigt, dass die Unterschiede zwischen dem US-amerikanischen Universitätssystem und den österreichischen Universitäten nicht mehr so grundlegend sind, wie sie einmal waren. Die nach wie vor bestehenden Systemunterschiede sollten uns aber nicht dazu verleiten, jede Orientierung an amerikanischen Vorbildern völlig abzulehnen. Wir können auch im Kleinen von US-amerikanischen Universitäten lernen, ganz ohne Systemumstellung: Der persönliche Kontakt mit den Studierenden, die ihn wollen, ist auch an einer großen Universität möglich. An etlichen Instituten, Abteilungen oder – über die verschiedensten Universitätsreformen hinweggeretteten – »Lehrstühlen« werden Kaminabende, Exkursionen und andere zusätzliche Gesprächsrunden für interessierte und engagierte Studierende angeboten. Der entstehende Wettbewerb zwischen den Universitäten um die besten Studierenden trägt durchaus zur Erweiterung dieses Angebots bei: An meiner Universität – der Wirtschaftsuniversität – haben wir juristische Professoren, die wir uns mit Unterstützung unserer Universitätsleitung dazu entschlossen haben, ein zweites rechtswissenschaftliches Studienangebot in Wien auf die Beine zu stellen, uns auch dafür entschieden, den Studierenden nicht nur möglichst hochwertige Lehrveranstaltungen anzubieten, sondern auch ein Begleitprogramm, das vielfältige Kontakte mit den Lehrenden und Exkursionen zur juristischen Praxis beinhaltet. Der Wettbewerb der Universitäten um die besten Köpfe trägt Früchte.

Ebenso ist auch »Exzellenzförderung« an einer großen Universität in Österreich möglich. Viel hängt von der Initiative der jeweils für ein Fach zuständigen Professoren ab. Im juristischen Bereich wird den guten Studierenden, die sich auch eigens dafür bewerben müssen, immer öfter die Gelegenheit geboten, an einem *moot court* oder an einem internationalen Workshop, bei dem Studierende aus den verschiedensten europäischen Ländern ein gemeinsames Thema diskutieren können, teilzunehmen. Dieses Angebot steht und fällt mit der Bereitschaft der Professoren, dann auch eine zahlenmäßig kleine Gruppe von Studierenden intensiv zu betreuen. Dabei kann durchaus eine strategische Entscheidung einer Universität darin liegen, ihren Professoren zu ermöglichen, nicht nur große Vorlesungen zu halten, sondern sich auch in kleinen Veranstaltungen mit wenigen – dafür umso qualifizierteren – Studierenden auseinanderzusetzen.

III. Der Wettbewerb um Wissenschaftler

1. Die Heranbildung des wissenschaftlichen Nachwuchses

Die Ausbildung des wissenschaftlichen Nachwuchses verläuft in den USA durchaus anders als in Österreich: Während in Österreich – ähnlich wie in Deutschland – zumindest in meinem Fach an der Habilitation als Eintrittsschwelle für eine wissenschaftliche Karriere festgehalten wird, existieren derartige Karrieremuster in den USA nicht. Im juristischen Bereich habe ich es dort vielmehr erlebt, dass Universitäten und jene Universitätsabgänger, die sich für eine akademische Karriere interessieren, an einschlägigen Berufsmessen teilnehmen und die besten Universitäten dort versuchen, mit den besten potenziellen Nachwuchswissenschaftlern in Kontakt zu kommen, von denen dann wenige zu ausführlicheren Gesprächen eingeladen werden. Die Recruiting-Verfahren sind jenen anderer »Branchen« durchaus ähnlich. Die Universitäten entscheiden sich dann dafür, ob und wem sie eine befristete Stelle oder eine Stelle mit langfristiger Perspektive offerieren (*tenure track*). Bereits ausgewiesenen Wissenschaftlern wird dann auch eine Lebensstellung angeboten (*tenure position*).

Die Kultur der Ausbildung des wissenschaftlichen Nachwuchses unterscheidet sich grundlegend: Während an den österreichischen Universitäten der wissenschaftliche Nachwuchs meist direkt vom jeweiligen Professor ausgewählt wird, diesem auch dienstrechtlich zugeordnet ist und in seiner wissenschaftlichen Karriere vielfach von dessen Förderung abhängt, ist der erfolgreiche US-Wissenschaftler – zumindest in dem mir vertrauten juristischen Bereich – viel mehr »Einzelkämpfer«. Universitäten bemühen sich zwar verstärkt, ein Mentoring-Programm auf die Beine zu stellen. Letztlich ist aber der einzelne Wissenschaftler doch sehr auf sich allein gestellt. Die Karriere hängt weitgehend davon ab, dass man selbst geeignete Forschungsthemen findet, sich das methodische Instrumentarium erarbeitet und sich durch Mitwirkung in Seminaren und Workshops auch die entsprechenden

Netzwerke erschließt. Ein institutionalisiertes System der Ausbildung des wissenschaftlichen Nachwuchses besteht an den meisten amerikanischen Universitäten – zumindest in dem von mir überblickten Bereich – nicht.

2. Das Berufsbild des Wissenschaftlers

Wenngleich die Lehre für den US-amerikanischen Wissenschaftler und auch den wissenschaftlichen Nachwuchs große Bedeutung hat, so bleibt diesem aber doch auch viel Zeit für die Forschung. Über die Karriere entscheiden dann die in einer bestimmten Zeitspanne fertiggestellten wissenschaftlichen Publikationen. Deren Zahl und Qualität ist Maßstab der Beurteilung. Selbst im juristischen Bereich, wo Journal-Ratings im Vergleich zu den Naturwissenschaften eine unbedeutende Rolle spielen oder gar nicht existieren, ist es von Bedeutung, einen Aufsatz auch »gut« untergebracht zu haben. Davon hängt nicht nur die Karriere des wissenschaftlichen Nachwuchses, sondern auch die Reputation des bereits etablierten Wissenschaftlers ab.

Dem bereits geschilderten »Einzelgängertum« stehen die Bemühungen der guten Universitäten gegenüber, Interaktion unter den Wissenschaftlern zu fördern. An der Law School der New York University habe ich miterlebt, dass einmal pro Woche ein *faculty lunch* stattfindet, für den entweder ein Wissenschaftler der Universität oder aber ein Experte von außerhalb ein *paper* vorbereitet und zur Diskussion stellt. Das meist 60 bis 80 Seiten umfassende *paper* wird dabei gar nicht präsentiert, sondern die eingehende Lektüre wird vorausgesetzt. Im Rahmen des *faculty lunch* wird dann nur noch über Einzelfragen auf sehr hohem Niveau diskutiert. Eine Teilnahme ohne vorherige Auseinandersetzung mit dem *paper* ist sinnlos. Obwohl also die Vorbereitung für alle Teilnehmer viel Zeit und Mühe bedeutet, insbesondere wenn es um ein Thema eines anderen juristischen Faches geht, wird diese Möglichkeit des Fachdialogs von den Wissenschaftlern der NYU dankbar angenommen.

Einen weiteren »Raum« – diesmal im buchstäblichen Sinn – für Interaktion bilden Einrichtungen wie die *faculty library*. Ähnliches habe ich an mehreren US-Universitäten gesehen. Dort stehen den Wissenschaftlern nicht nur die aktuellen Tageszeitungen und die letzten Ausgaben der Fachzeitschriften zur Verfügung, sondern es gibt auch permanent Kaffee, Obstsalate, Snacks etc. Dies begünstigt ebenfalls den fachlichen Austausch: Nach ein paar Stunden hinter meinen Büchern in meinem Zimmer hatte ich oft das Bedürfnis, ein paar Räume weiter zu gehen und Kaffee zu trinken. Zahlreiche der noch heute bestehenden Kontakte zu den Kollegen der New York University habe ich bei dieser Gelegenheit geknüpft. Die Beispiele des *faculty lunch* und der *faculty library* mögen banal erscheinen. Sie zeigen aber exemplarisch, wie sehr sich amerikanische Universitäten bemühen, ein Umfeld zu schaffen, um ihren Wissenschaftlern auch den fachlichen Austausch und Kontakt zu erleichtern.

Entscheidend ist aber auch, dass sich amerikanische Wissenschaftler auf die Forschung und Lehre konzentrieren können, selbst kaum Verwaltungsaufgaben innehaben und optimal durch die Universitätsverwaltung betreut werden. Die führenden US-Universitäten setzen oft erhebliche finanzielle Ressourcen ein, um diese Verwaltungsunterstützung sicherzustellen. Hand in Hand geht damit allerdings oft auch erhebliche Bürokratie, mit allen auch uns durchaus bekannten Nachteilen.

Natürlich spielt sich der Wettbewerb um die besten Wissenschaftler in den USA auch über Gehälter ab: An mehreren US-Universitäten habe ich gesehen, dass gezielt »Stars« eingekauft wurden. Gerade das Beispiel der New York University zeigt, dass durch diese Maßnahmen eine Law School, die vor dreißig Jahren noch keineswegs eine Spitzenreputation hatte, nunmehr als die viert- oder fünftbeste juristische Ausbildungsstätte des gesamten Landes gilt und im Bereich meines Fachs überhaupt den Spitzenplatz innehat.

Vom US-Wissenschaftler werden somit hervorragende Leistungen in der Lehre und in der Forschung erwartet. Darüber hinausgehende Tätigkeiten werden von ihm allerdings im Regelfall, wenn er sich nicht etwa für die Position des Deans interessiert, nicht gefordert. Ihm werden weder Managementfähigkeiten abverlangt, da ihm – wiederum jedenfalls in dem mir vertrauten juristischen Bereich – nicht die Leitung einer eigenen Organisationseinheit übertragen ist, noch ist er für die Heranziehung des wissenschaftlichen Nachwuchses verantwortlich.

3. Vorbild für Österreichs Universitäten?

Das Berufsbild des österreichischen Wissenschaftlers sieht in vielerlei Hinsicht anders aus. Einen derart intensiven fachlichen Austausch zwischen Professoren eines Teilgebietes der Rechtswissenschaft oder der Rechtswissenschaften insgesamt habe ich in Österreich noch nie in dem Ausmaß erlebt, wie ich es an der New York University oder auch an der Georgetown University oder an der University of Michigan erfahren durfte. In Österreich beschränken sich die fachlichen Diskussionen bestenfalls auf den Bereich des eigenen Instituts. Dort, wo sie darüber hinausgehen, sind sie auf Privatinitiativen zurückzuführen. Viele Universitäten außerhalb der USA stehen mit ihren Bemühungen, die Infrastruktur für den fachlichen Austausch zur Verfügung zu stellen und fachliche Kontakte zwischen den Kollegen zu fördern, erst am Anfang. Von meinen Gastprofessuren in China, Japan oder Brasilien weiß ich, dass dort die Situation nicht viel anders als in Österreich ist. In diesem Bereich können wir sicherlich viel von den amerikanischen Universitäten lernen, wenngleich nicht übersehen werden darf, dass US-Wissenschaftler auch deshalb viel Zeit für den fachlichen Austausch untereinander aufbringen können, da sie sich eben vor allem auf Lehre und Forschung konzentrieren.

Was das Berufsbild des Wissenschaftlers betrifft, möchte ich aber keineswegs dafür plädieren, dass wir uns ausschließlich am US-Vorbild orientieren. Das uns vertraute System der wissenschaftlichen Karrierebildung hat natürlich Nachteile: Vielfach erfolgt eine Habilitation zu spät, und gerade im juristischen Bereich passiert es nicht selten, dass ein Wissenschaftler seine besten Jahre damit verbringt, ein mehr als tausendseitiges Werk zu verfassen, das selbst wiederum nur in geringem Ausmaß von anderen Wissenschaftlern rezipiert wird. Dennoch sollte man das Kind nicht mit dem Bade ausschütten. Die Habilitation als akademische »Meisterprüfung« hat sich durchaus bewährt. Wenn Wissenschaftler ihre »Schüler« nicht erst im 35. oder 40. Lebensjahr zur Habilitation führen und ihnen nicht tausendseitige Opera abverlangen, kann dieses System zumindest im juristischen Bereich durchaus Zukunft haben. In manchen Wissenschaftsdisziplinen haben sich Sammelhabilitationen durchgesetzt. Im juristischen Bereich hat es durchaus einen eigenständigen Wert, nicht nur in Form von Aufsätzen, sondern auch mit einer über die Dissertation hinausgehenden Monografie gezeigt zu haben, wissenschaftlich arbeiten zu können. Dies lässt sich aber auch auf zweihundert oder dreihundert Seiten unter Beweis stellen.

Das in unseren Landen nach wie vor übliche und bewährte System der akademischen Ausbildung ist stark vom »Meister-Schüler-Verhältnis« bestimmt. Mit diesen Schlagworten geht die Vorstellung von der Verantwortung eines erfahrenen Wissenschaftlers für den wissenschaftlichen Nachwuchs einher. Dieses System hat durchaus seine Vorzüge, indem es sich den Wettbewerb zunutze macht: Den qualifizierten wissenschaftlichen Nachwuchs zieht es zum qualifizierten erfahrenen Wissenschaftler, von dem man einerseits lernen, andererseits aber auch in die Scientific Community eingeführt werden kann. Die Reputation von bereits etablierten Wissenschaftlern steht und fällt oft mit der Qualität des von ihnen herangezogenen wissenschaftlichen Nachwuchses. Viele Professoren sind daher durchaus auch motiviert, sich um die Heranbildung des ihnen anvertrauten wissenschaftlichen Nachwuchses zu kümmern. Zumindest im Bereich meines Faches, aber auch etlicher anderer juristischer Fächer sehe ich auf diesem Gebiet eine Überlegenheit unseres Systems gegenüber dem US-amerikanischen »Einzelkämpfertum«.

Das »Lehrstuhl-System« bringt – richtig eingesetzt – auch von vornherein eine gewisse Schlagkraft mit sich: Eine Gruppe von Wissenschaftlern, die sich unter der Koordination ihres wissenschaftlichen Lehrers einem gemeinsamen Forschungsprojekt zuwendet oder ein Forschungsfeld systematisch »aufrollt«, kann zur Profilierung der jeweiligen Universität in einem Fach viel stärker beitragen, als dies auch bei führenden US-Universitäten möglich ist. Bei einer Gruppe von »Einzelkämpfern« ist es oft viel schwieriger, eine größere Zahl von Kollegen für ein gemeinsames Forschungsprojekt zu gewinnen. Hier zeigt sich auch der Nachteil, der darin besteht, dass die Reputation des US-Wissenschaftlers vor allem auch davon abhängt, wie sehr er eigene Forschungsleistungen erbringt, und nicht so sehr daran gemessen wird, wie erfolgreich er eine Forschergruppe zusammenbringt.

Der Umstand, dass an den österreichischen Universitäten die Verwaltung vielfach noch dezentralisierter ist und – zumindest zum Teil – unter der Verantwortung des jeweiligen Professors steht, hat ebenfalls Vorzüge. Zwar bedeuten derartige Zuständigkeiten natürlich auch eine arbeitsmäßige Belastung für den verantwortlichen Wissenschaftler, doch hängt die Qualität der Ausbildung des mit dem Namen des Professors assoziierten Instituts oft auch davon ab, wie gut die Studierenden-Betreuung in seinem engsten Umfeld organisiert ist. Der Professor hat dann in seinem unmittelbaren Zuständigkeitsbereich eine hohe Motivation, einen guten »Betrieb« auf die Beine zu stellen, während bei einer zentral agierenden Verwaltung die Verantwortlichkeiten oft nicht so klar sind.

Der »Aktionsradius« eines Professors einer österreichischen Universität ist nach wie vor erheblich größer als derjenige eines Wissenschaftlers einer US-Universität: Während der US-Professor im Regelfall ausschließlich daran gemessen wird, wie gut seine Leistungen in der Lehre und Forschung sind, kann der österreichische Professor die ihm – rechtlich oder faktisch übertragene – Einheit so gestalten, wie er dies für sinnvoll erachtet. Sein Erfolg und sein »standing« bei Studierenden, bei Fachkollegen und in der Praxis wird vielfach auch davon abhängen, wie gut sein Bereich »organisiert« ist und welche Initiativen er im Interesse der Studierenden oder der Praxis setzt. Wenngleich manche Rektoren die ihnen nach dem UG 2002 zukommende Machtfülle dazu nutzten, die bestehenden kleinen Einheiten zu zerschlagen, haben an einigen Universitäten Institute oder »Lehrstühle« zumindest faktisch überlebt und stellen dort eine Stärke ihrer Universität dar.

Der beschriebene mögliche »Aktionsradius« eines österreichischen Professors setzt voraus, dass der Professor auch viele Freiheiten hat. Nicht verschwiegen werden soll, dass manche Wissenschaftler diesen Freiheiten nicht gewachsen sind oder sie sogar missbrauchen. Andererseits motiviert sich eine nicht unbeträchtliche Zahl von Wissenschaftlern gerade durch diese Freiheiten und erbringt auf diese Weise Höchstleistungen, wie sie mitunter auch ein hoch bezahlter, in einem »goldenen Käfig« sitzender US-Wissenschaftler nicht erbringen würde. Die Frage, ob der österreichische Weg auch künftig beibehalten werden soll, ist letztlich eine Abwägungsentscheidung: Solange die Höchstleistungen der Wissenschaftler, die sich durch die ihnen eingeräumte Freiheit motivieren, die geringeren Leistungen jener Kollegen übersteigen, die dieser Freiheit nicht gewachsen sind oder sie gar missbrauchen, hat dieses System beachtliche Vorzüge. All dies sollten wir bedenken, bevor wir in dieser Hinsicht vorschnell das US-amerikanische Beispiel kopieren.

IV. Der Wettbewerb um Förderer

1. Sponsorenbetreuung

Die durchschnittliche österreichische Universität unterscheidet sich von einer US-Universität jedenfalls auch im Zugang zu Sponsoren. Der »Verkauf« von Lehrstuhlbezeichnungen, Bezeichnungen von Räumen oder Namen von Bibliotheken treibt aus dem Blickwinkel eines europäischen Beobachters manchmal durchaus seltsame Blüten. Natürlich steht dabei im Vordergrund, dass es auf diese Weise gelingt, namhafte Unternehmen oder Privatpersonen zur Finanzierung der Universität zu bewegen. Das gängige Vorurteil, dass durch derartiges Sponsoring die Freiheit der Forschung beeinträchtigt wird, fand ich allerdings in dem Bereich, den ich kennenlernen durfte, nicht bestätigt. Einerseits sind die Universitäten – durchaus auch im Eigeninteresse – darauf bedacht, Äquidistanz zu ihren Förderern zu halten und gerade Unternehmen, die miteinander im Wettbewerb stehen, zu gleichen Bedingungen die Möglichkeit zu bieten, Sponsoren zu werden. Andererseits stehen gerade Bereiche der Universität, die in hohem Ausmaß von außen gesponsert werden, besonders unter »Beobachtung«, sodass sich diese Wissenschaftler oft noch sorgfältiger als andere um Unabhängigkeit bemühen.

Die Benennung eines Lehrstuhls nach einem bestimmten Unternehmen oder einem privaten Förderer kann dabei durchaus als universitätsinternes Statussymbol gelten. Ein Wissenschaftler, dessen Professur auf diese Weise »geadelt« wurde, fühlt sich von der Universitätsleitung ausgezeichnet. Wissenschaftler einer Fakultät stehen mitunter im Wettbewerb darum, wer seine Professur mit dem Namen eines privaten Gönners der Universität »schmücken« darf.

Vorbildhaft ist bei den amerikanischen Spitzenuniversitäten die Professionalität der Abwicklung des »Sponsoring«. Ich erinnere mich an einen meiner ersten Abende in New York, als die Law School der New York University im Hotel Waldorff Astoria mit dem damaligen UN-Generalsekretär und anderen Würdenträgern feierte, dass eine vermögende Familie zusätzlich zu den schon früher gegebenen rund 10 Millionen US-Dollar noch drei weitere Millionen Dollar gespendet hat. An diesem Abend wurde der Familie, die sich derart gönnerhaft erwiesen hat, von der gesamten Universitätsleitung und den anwesenden Professoren glaubhaft das Gefühl vermittelt, dass diese Beziehung mit der sponsernden Familie für die Universität von ganz besonderer Bedeutung ist. Einige Abende später wurde dies bei einem anderen Abendessen ebenso glaubhaft einem anderen Ehepaar vermittelt, deren Namen nun eine der Professuren trägt. Das Maß an Professionalität, das dabei an den Tag gelegt wurde und nicht als Heuchelei missverstanden werden sollte, war für mich beeindruckend.

2. Absolventenbetreuung

Für die US-Universitäten sind die Absolventen die wichtigste Gruppe der Sponsoren. Dementsprechend werden sie auch vom Studienabschluss an intensiv betreut. Die Universitäten ermöglichen den Absolventen den Kontakt untereinander und zu ihrer Universität, erwarten sich aber auch, dass diese nach Maßgabe ihrer Möglichkeiten finanziell die Universität unterstützen.

Faszinierend war für mich zu sehen, dass sich die Absolventen zu diesem finanziellen Engagement bekennen, obwohl sie selbst sehr hohe Studiengebühren zahlen mussten und oft noch lange nach ihrem Studienabschluss dadurch finanziell belastet sind. Nicht nur Milliardäre leisten ihren Beitrag. Auch Studierende, die erst vor wenigen Jahren graduiert haben, sind stolz darauf, jährlich ihren Scheck der Universität zu senden.

In den USA herrschen in mehrfacher Hinsicht andere Voraussetzungen als in vielen europäischen Ländern: Entscheidend ist sicherlich, dass Bildung in den USA nicht bloß als Staatsaufgabe gesehen wird. Vielmehr ist der Einzelne auch verantwortlich, in seine eigene Zukunft zu investieren, und es wird auch in weiten Kreisen als eine gesellschaftliche Verpflichtung des Einzelnen gesehen, den Nachwuchs zu fördern und auch der eigenen Ausbildungsinstitution, die den gesellschaftlichen und beruflichen Erfolg ermöglicht hat, dankbar zu sein. Dazu kommt aber auch, dass Absolventen, die ihrer Universität maßgebende Spenden leisten, letztlich auch in sich selbst investieren: Absolventen sind daran interessiert, dass die eigene Universität nicht bloß zum Zeitpunkt des eigenen Studiums und Studienabschlusses eine hervorragende Reputation hat. Oft ist es ihnen sogar wichtiger, dass dies auch noch zehn, zwanzig oder dreißig Jahre danach der Fall ist oder sogar noch besser geworden ist. Schließlich steht und fällt der »Marktwert« eines Absolventen auch damit, an welcher Universität er graduiert hat. Der Wettbewerb der Universitäten wirkt sich daher durchaus auch dahingehend aus, dass Absolventen für ihre Universität finanzielle Beiträge leisten.

3. Vorbild für Österreichs Universitäten?

Vieles von dem, was in den USA im Großen schon seit Jahren oder Jahrzehnten zu beobachten ist, beginnt nun in Österreich auch im Kleinen: Zahlreiche Universitäten haben bereits begonnen, ihren Sponsoren anzubieten, Räume oder auch einzelne Lehrveranstaltungen nach ihnen zu benennen. Dies ist für uns einerseits ungewohnt. Andererseits gibt es keine überzeugenden Gründe, *generell* Berührungsängste zu haben. Die geschilderten US-Erfahrungen zeigen, dass mit derartigem Sponsoring nicht unbedingt ein Verlust an universitärer Unabhängigkeit Hand in Hand gehen muss. Meist ist der Sponsor – zumindest im juristischen Bereich – nicht daran interessiert, auf bestimmte Forschungsergebnisse Einfluss zu nehmen, sondern die »Gegenleistung« besteht darin, dass es einem bei den Studierenden »präsenten« Sponsor leichter gelingt, die Studienabgänger später als Mitarbeiter zu »akquirieren«. Darüber hinaus steht eine Universität, die von einem bestimmten Unternehmen maßgebend gesponsert wird, gleichzeitig ohnehin besonders »unter Beobachtung«, sodass die produzierten Forschungsergebnisse von der Praxis und der Scientific Community besonders in Relation zu den möglichen Interessen des Sponsors gesehen werden. Schließlich darf aber auch nicht übersehen werden, dass eine ausschließlich oder überwiegende staatliche Finanzierung bewirkt, dass die Universität dann auch primär vom Staat abhängig ist. Innerhalb der Universität bedeutet dies, dass ein Institut oder die jeweiligen Fachvertreter von der – mitunter recht willkürlich getroffenen – »Profilbildungsentscheidung« der Universitätsleitung abhängen. So gesehen werden durch Sponsoring nicht zusätzliche Abhängigkeiten geschaffen, sondern die ohnehin bestehenden Abhängigkeiten breiter verteilt und damit das Risiko, in »Ungnade« zu fallen, größer gestreut.

Die intensivere Betreuung von Absolventen hat in Österreich nun auch begonnen. Fast alle Universitäten unterhalten bereits Alumni-Clubs. Vielfach kümmern sich auch die einzelnen Institute bereits um die Betreuung ihrer Absolventen. Dies ist allerdings nach wie vor ein »mühsames Geschäft«. Die finanziellen Beiträge, die Absolventen im Rahmen derartiger Alumni-Clubs für ihre Universitäten leisten, halten sich nach wie vor in engen Grenzen. Für die meisten Universitäten ist die Gründung eines Alumni-Clubs und die finanziell aufwendige Betreuung auch eher eine Investition, die sich erst langfristig »rechnen« kann.

Realistisch ist nicht zu erwarten, dass der Anteil der Alumnis an der Finanzierung einer Universität die Ausmaße erreichen wird, die wir aus den USA kennen. Hier ist in den meisten europäischen Ländern – und auch in Österreich – die Vermögensverteilung anders. Die Zahl an Personen, die es sich leisten kann, auch riesige Beträge ihrer Universität zu spenden, ist deutlich geringer.

Vor allem aber ist in Österreich – und den meisten europäischen Ländern – nach wie vor die Einstellung verbreitet, dass Bildung ausschließlich Staatsaufgabe ist. Die Idee, dass der Einzelne, der von seiner Ausbildung profitieren wird, auch etwas dazu beitragen muss und vielleicht auch aus gesellschaftlicher Solidarität sich verpflichtet fühlen sollte, zur Ausbildung nachkommender Generationen beizutragen, ist in den Köpfen noch nicht fest verankert. Die Einführung von Studienbeiträgen kann hier aber durchaus eine langfristige Trendumkehr bewirken. Dem Einzelnen wird nicht zuletzt auch dadurch bewusst, dass Bildung etwas kostet.

Langfristig wird die Bindung von Absolventen an ihre Universitäten auch in Österreich dadurch steigen, dass sich Universitäten stärker im Wettbewerb miteinander sehen. Schon seit einiger Zeit ist es nicht mehr ausschließlich relevant, was man studiert hat, sondern an welcher österreichischen Universität man dieses Studium absolviert hat. Die finanzielle und rechtliche Autonomie, die den Universitäten mit dem UG 2002 zugestanden wurde, hat diesen Trend bestärkt. Universitäten haben begonnen, sich um die besten Wissenschaftler und um die besten Studierenden zu bemühen und den Wettbewerb untereinander nicht zu scheuen. Wenn daher auch in unseren Breiten der »Marktwert« eines Absolventen nicht zuletzt von der Reputation »seiner« Universität abhängt, wird der Absolvent durchaus ein Eigeninteresse daran haben, dass seine eigene Universität auch noch Jahre nach dem eigenen Studienabschluss gut dasteht.

V. Zusammenfassung

Meine sehr persönlich gehaltenen und ausschließlich aus der Froschperspektive meines eigenen Faches angestellten Betrachtungen sollten zeigen, dass ein genereller Vergleich zwischen den europäischen Universitäten und den US-Universitäten weder sinnvoll noch möglich ist. *Die* US-Universität gibt es nicht. Jede Universität entwickelt ihre eigene Kultur, die dann oft auch noch nach Fachdisziplinen verschieden ist. Gerade die von mir ausschließlich in den Blick genommenen »Law Schools« haben oft eine Sonderrolle. Umgekehrt gibt es aber auch *die* europäische Universität nicht. Das System der vor allem in Österreich und Deutschland üblichen »Lehrstühle« unterscheidet sich grundlegend von Universitäten in anderen europäischen Ländern. Bologna bringt auf der einen Seite – in Hinblick auf die Ausbildung – formale Harmonisierung, andererseits aber auch weitere Differenzierungen, da die Universitäten nun noch stärker im Wettbewerb stehen. Von Erfahrungen aus den USA können wir durchaus lernen, allerdings gilt dies keineswegs generell: Amerikanische Spitzenuniversitäten haben eine ganz andere Finanzkraft, sodass sie sich schon aus diesem Grund in mancherlei Hinsicht einem Vergleich entziehen.

Dies sollte uns aber nicht davon abhalten, gerade im Kleinen von der »best practice« in den USA zu lernen. Zur Verbesserung des Kontaktes mit den Studierenden oder der Wissenschaftler untereinander bedarf es keines grundlegenden Systemwechsels, sondern vieler kleiner Maßnahmen, die durch jede Universität und mitunter auch vom einzelnen Professor gesetzt werden können.

Der Blick auf die Erfahrungen in den USA zeigt aber, dass das österreichische Universitätssystem in mancherlei Hinsicht sogar US-Spitzenuniversitäten überlegen ist. Das mit der Lehrstuhlbildung und der Habilitation verbundene System der konsequenten wissenschaftlichen Ausbildung des Nachwuchses hat beachtliche Vorzüge gegenüber dem bloßen Mentoring in den USA, das vielfach auf ein »Einzelkämpfertum« hinausläuft. Die Schlagkraft von »Lehrstühlen« sollte genauso wenig unterschätzt werden, da dadurch erreicht werden kann, dass sich Wissenschaftlergruppen viel leichter auf ein gemeinsames Forschungsprojekt oder ein gemeinsames Forschungsfeld verständigen, als dies an manchen amerikanischen Universitäten der Fall ist. Schließlich hat der etablierte Wissenschaftler des österreichischen Systems als Professor im Regelfall einen höheren Aktionsradius als sein amerikanischer Kollege. Die durch diese »Selbstbestimmtheit« bewirkte Motivation, den eigenen Bereich professionell, gut und schlank zu organisieren, sollte nicht unterschätzt werden.

Aus all diesen Gründen sollten wir uns zwar intensiv mit dem US-amerikanischen Universitätssystem beschäftigen – wir können viel vom Vorbild US-amerikanischer Spitzenuniversitäten lernen und auch Einiges übernehmen. Keineswegs ist es aber ratsam, das Kind mit dem Bade auszuschütten, unsere gewachsene Kultur völlig über Bord zu werfen und alle US-Errungenschaften »blind« zu übernehmen. In manchen Bereichen schärft der genaue Blick auf das US-System auch die Wahrnehmung der – zweifellos vorhandenen – Stärken der österreichischen Universitäten.

Christian Sonnweber

Vernetzung und Kompetenz

Vernetzung und Kompetenz sind Synonyme für zwei der Anforderungen, die eine akademische Verbindung 2008 an ihre Mitglieder stellen muss. Die sie ja von jeher gestellt hat. Ergänzt um zwei weitere, macht dies den Wesenskern katholischer Studentenverbindungen aus.

Also. Seit 1883. Oder schon seit 1864, in Österreich. Seit 1851, in Deutschland.

Immer das gleiche. Immer die Gleichen. Oder immer wieder neu zu erfinden, neu zu erschaffen im Diskurs mit Freunden.

Vernetzung durch Vertrauen:

Wege in eine akademische Verbindung gibt es viele. Die Werbung durch den gleichaltrigen Freund in der Jugend, aus der eigenen Familie heraus oder durch die Hartnäckigkeit eines Freundes der Familie, der bei jedem Treffen fragt: Wann kommst Du? Der auch später während des Studiums und im weiteren Leben berufliche und private Ratschläge und Entscheidungshilfen gibt.

Vernetzung über Generationen und Jahrzehnte:

Am Beispiel der Witwe eines 1944 Gefallenen, die bis in die 80er-Jahre des 20. Jahrhunderts einmal im Monat kommt, beisammensitzt mit Alterskollegen ihres Mannes und Freunden, die 20, 30, 40 und 50 Jahre jünger sind.

Am Beispiel des 87-jährigen ehemaligen Managers, für den die nahe Verbindung Fixpunkt ist, solange er noch bei Kräften ist und gehen kann. Der hellwach sich austauscht mit Freunden.

Vernetzung als Risiko:

Verbindungen oder auch ihr Gesamtverband (CV) nehmen junge Menschen mit 18 Jahren auf, auf das Risiko oder die Chance hin, dass jemand Generaldirektor, Gerichtspräsident, erfolgreicher Manager, Politiker, Freiberufler, Spitzenbeamter wird oder eben nicht so erfolgreich ist.

Dieser Vertrauensvorschuss ist typisch, einzigartig und in Wahrheit grenzenlos.

Vielleicht resultiert dies daraus, dass die Freundschaft in einer Verbindung unter dem Leitstern einer transzendenten Bestimmung des Menschen steht, die in die Lebenspraxis dieser Verbindung, des Verbandes seiner Mitglieder hineinwirkt.

Vernetzung als Unterstützung und Hilfe:

Vernetzung als Betreuung von kranken und pflegebedürftigen Freunden durch 30 Jahre bis hin zu Lebensmitteleinkauf, Körperpflege und Abholung zu Veranstaltungen. Organisiert über Verbindungen.

Vernetzung in Familienmessen, welche den freundschaftlichen Austausch zwischen Mitgliedern in ähnlichen Familiensituationen ermöglichen, ähnlich auch Skiurlaube, Sommertreffen und Freundschaftsreisen.

Auch wenn es nichts bringt und nur Zeit und Nerven kostet. Jeder von uns hat seine besonderen Freunde. Und ist selber einer. In dieser Vernetzung wächst Vertrauen, welches die Frage nach oder in einer persönlichen Lebenssituation erlaubt. Also ein Ohr haben, wenn es schlecht geht, wenn Dich jemand braucht, auch wenn es nichts bringt.

Vernetzung als persönliche Herausforderung:

Vernetzung als Recht oder Pflicht, den Freund eingehend zu befragen, über den *small talk* hinaus. Die Frage, wie geht es dir persönlich, im Privaten, im Studium, im Beruf, kann in einer akademischen Verbindung gestellt werden. Eigentlich ist man dem Freund schuldig, sie zu stellen.

Vernetzung lässt auch zu, diese Fragen offen zu beantworten. Wenn ein Freund so fragt, kann der Freund antworten, ohne auf den äußeren Schein, den gesellschaftlichen Status, die berufliche Position Rücksicht zu nehmen.

Vernetzung 1952/1958:

Robert Krasser, langjähriger Philistersenior der Norica, schrieb 1952: »Diese idealen Absichten der Begründer des katholischen Farbstudententums lassen sich nur in einer familienhaften Lebensgemeinschaft gleichstrebender Freunde verwirklichen, die sich gegenseitig stützen und fördern, aneinander emporwachsen und die der Wille einigt, in allen Lagen und Fährnissen des Lebens stets Freund und Bruder zu sein.«

»Die edelste und schönste Frucht der Freundschaft ist aber wirkliche Caritas im Dienste der Bundesbrüder. Wer kennt die still und verschämt getragene Not vieler CVer, Studierender und Alter Herren? Die Freundschaft fällt uns nicht als reife Frucht in den Schoß!«

Hans Egon Gros in der Festausgabe zum 75. Stiftungsfest der Norica 1958: »Es darf nicht sein, dass sich die ältesten Bundesbrüder im Kreise der Jüngeren fremd oder nicht ganz verstanden fühlen und umgekehrt. Seid mir nicht böse, … wenn ich Euch bitte, aus dem beschworenen Prinzip der Lebensfreundschaft heraus, den jungen Bundesbrüdern entgegenzukommen und mit ihnen den Weg der Weiterentwicklung in unserer Norica zu gehen.«

Vernetzung als Wesensdimension:

Vernetzung ist eine Wesensdimension von Gemeinschaft, die auch aus *patria, religio, scientia* gespeist wird und erwächst.

Der Sinngehalt all dieser Prinzipien hat sich mehrfach geändert und musste seit 1883 neu ausgefüllt werden. Am Beispiel *patria* seien nur die Schicksalsjahre und Schlagworte Monarchie, Zwischenkriegszeit, 1934, 1938, Zweiter Weltkrieg, Erste und Zweite Republik, Parteiengeschichte der letzten 140 Jahre, Aufbau und Staatsvertrag, 1968, Wirtschaftswunder, Zäsur 1970, Europäische Union, Neue gesellschaftliche Fragen: Ökologisierung, Globalisierung angesprochen.

Das Alte ist wertvoll, aber nicht genug. Daher: Weniger erinnern und rückbesinnen. Weniger 50, 75, 100 Jahre. Mehr vorwärts denken und Freiheit lassen. Jede neue Generation definiert Inhalte und Formen für sich. Und gibt den Kern dabei nicht auf.

Schön ist es, zu erzählen, wie wir das damals gemacht haben. Beim Wahlblock, in der ÖSU, im Forum, in der JES, in der AG oder der KHG, im Senat, in der Österreichischen Hochschülerschaft. In Erinnerung bleiben typische Geschichten und Anekdoten. Aus unserer Zeit. Vielleicht können wir ein bisschen helfen, dass auch heute aus Vernetzung Erfolg entsteht. Bei der Bewältigung auch anderer Lebenssituationen, als sie vor 125, 100 und auch vor 30 oder 15 Jahren zu bewältigen waren.

Aufpassen, dass nicht bei allen Programmdiskussionen der kleinste gemeinsame Nenner herauskommt, dann ist man nicht mehr aufregend und auch nicht attraktiv. Dann fehlt es an der Zukunftsfähigkeit. An der Spitze der Entwicklung schauen die Semesterprogramme anders aus.

In vielen Dingen gibt es eben keine Gewissheit und keine programmatische Geschlossenheit. Wahrscheinlich war es früher nicht anders, nur hat man sich nicht getraut, es auszusprechen. Aufpassen, dass man nicht immer enger in der heiligen Runde rückt, bis nur mehr einer übrig ist. Weil den Einen braucht dann auch keiner mehr.

Die wohlgeordnete Schlachtreihe, die sich in der Verbandsliteratur vereinzelt findet, hat es wahrscheinlich nicht gegeben. Das Familienbild der 50er-, 60er-Jahre entspricht nicht mehr den Realitäten. Wer Kinder und Enkelkinder hat, weiß das.

Kompetenz als Voraussetzung:

Alfred Strommer in der Festausgabe zum 75. Stiftungsfest der Norica im Herbst 1958: »Wer Ohren hat, der hört, dass wieder und allmählich das Gespräch lebt, dass wieder eine offene und klare Sprache geführt werden kann, dass hinter den Worten Erkennen sich seine Bahn bricht. Wer Augen hat, der sieht, dass da und dort konsequente Taten gesetzt werden, als Akzente, als solche nur, aber mit dem Vertrauen, mit dem Elan der Überzeugung im zeitentsprechenden Fort- und Neugestalten.«

»Die Atmosphäre muss akademisch sein! Modernes, dem Jahr 1958 adäquates Gedankengut muss in unseren Verbindungen Eingang finden, sie müssen erfüllt sein vom Geist. Das intellektuelle Gesicht des Menschen wird bestimmt durch die Art und Weise, wie er sich zu den Fragen der Zeit stellt. Dazu ist Wissen erforderlich, aber mit dem Wissen das Streben nach Erkenntnis. Und Bildung ist schließlich das, was übrig bleibt, wenn wir alles vergessen, was wir gelernt haben.«

Ein Senior der Norica über das Studienjahr 1925/1926: »Wenn wir auch durchaus keinen engherzigen Standpunkt in der Frage einnehmen wollen, so müssen wir doch allen Ernstes die sittliche Verpflichtung zur Erfüllung der Studienpflicht betonen, und dass die Korporation nicht nur den Einzelnen nicht abhalten, sondern im Gegenteil zum Studium anhalten müsse. So fasse ich hier auch das in den Satzungen niedergelegte Wissenschaftsprinzip auf, erst in zweiter Linie darin, dass die Korporation den Bundesbruder außerhalb der hohen Schule sich fortbilden helfen solle.«

Tempora mutantur et nos mutamur in illis. Heute ist das zu wenig.

Kompetenz der Persönlichkeit:
In der kompetitiven Berufswelt geht es darum, weit über das Fachliche hinaus Kompetenz zu zeigen. Fächerübergreifend. Der Dialog mit anderen Studienrichtungen kann dazu helfen. International.

Leider läuft es oft und gerade zurzeit anders. Viele Junge haben keine Zeit, andere Prioritäten, die mehr fürs Leben versprechen. Auslandsaufenthalte, Zusatzausbildungen, Sport, gesellschaftlicher Umgang, Freizeitgestaltung. Das Phänomen nimmt zu, Austritte von Fuchsen aus diesem Grund werden berichtet.

Exemplarische Lebensläufe von bekannten Mitgliedern aus Verbindungen des CV zeigen immer, dass es 1883 oder auch nach 1900 selbstverständlich war, in Wien, Prag, Köln zu studieren und dann in Wien, Linz, Salzburg, Innsbruck, Feldkirch berufstätig zu werden. Vielleicht sogar häufiger als heute. Unter härteren materiellen Bedingungen.

Die das damals gemacht haben, sind Persönlichkeiten geworden. Die Biografien beweisen es. Jeder von ihnen war originell. Originell sein, unverwechselbar sein, gewandt und beweglich.

Es hat auch zwischenzeitig fast jedes Bundesland seine Hochschule, auch wenn es sich oft nur mehr um Fachhochschulen handelt, welche ein studentisches Leben wie früher schwieriger machen. Dem ist gleichzuhalten, was es 2008 bedeutet, mit 17 in Australien, Südafrika oder Japan gewesen zu sein und nachher in Wien zu studieren, in Brüssel ein Praktikum zu machen und sich danach in Harvard fortzubilden.

Kompetenz im Sozialen:

Schließlich geht es um soziale Kompetenz, um das generationenübergreifende Gespräch und das Zuhörenkönnen. *Softskills* oder Fähigkeiten, wie man sie in einer studentischen Organisation als junger, für ein Semester gewählter Verantwortlicher lernen kann. Sei es in der Verantwortung als Chef, für den Nachwuchs, als Intellektueller.

Im Organisatorisch-Politischen, wie man Ziele umsetzt. Wie man Verantwortung für die Mitglieder in einer Gemeinschaft, für ein Programm, für ein Budget ausübt. Gestaltungswillen, das heißt, die Durchsetzung von Zielen anstreben, Kurs halten, Unterstützer gewinnen, Vorbehalte ausräumen, Verbündete finden, Gegengeschäfte machen und bei aller gebotenen Flexibilität ein Ziel nicht aus den Augen verlieren. Sitzungsleitung und Sitzungsdisziplin mit *commitment* herstellen und Entscheidungen umsetzen. Oder auch das banale Wissen, ob vorher über den Haupt- oder über den Gegenantrag abgestimmt wird. Das Wort erteilen oder entziehen. Informieren, entscheiden, nur besprechen. Das lernt man. Das kennt man.

Verkraften von Rückschlägen, Niederlagen und Scheitern und Schwung finden für einen neuen Anlauf. Vertrauen geben, Vertrauen annehmen und redlicher Makler in einer Gemeinschaft sein.

Freunde haben als Gesprächspartner bei wichtigen Weichenstellungen im Beruf, bei Entscheidungen im persönlichen Bereich, bei der Bewältigung von Krisen.

Kompetenz 1961:

Beschluss aus dem Sommersemester 1961 betreffend das Bildungswesen in der KÖHV Leopoldina Innsbruck: »Als Dauereinrichtung in das Verbindungsprogramm aufgenommen:

a) Die monatliche Verbindungsmesse.

b) Die jährlichen Leopoldentage, wobei ein Tag der Besinnung gewidmet sein soll.

c) Dreitägige Exerzitien einmal in der Aktivenzeit, eventuell mit anderen Gemeinschaften zusammen.

d) Bei den Burschenprüfungen sollen Fragen aus dem jeweiligen Bildungsprogramm gestellt und dieselben streng beurteilt werden.«

Soso.

Vernetzung als Fähigkeit:

Vernetzung verlangt Netzwerkfähigkeit. Netzwerkfähigkeit ist nicht erreichbar durch Hardcore-Networking, durch Seminare, durch Einträge im Internet, durch Veranstaltungsbesuche, die nur um des Networkens willen stattfinden. Netzwerkfähigkeit ist eine Eigenschaft, ein Persönlichkeitsmerkmal, das sich aus der Jugend herausbildet und das jedes Mitglied einer studentischen Gemeinschaft individuell erarbeiten kann und muss, über Jahre und Jahrzehnte. Eben ein Teil der Kompetenz.

Vernetzung bedeutet auch, sich einbringen in eine Gemeinschaft, die anderen Mitglieder der Gemeinschaft fordern. Besonderes Engagement fordern. Es den Freunden nicht leicht machen.

Der Autor wagt die These, dass viele nicht mit Blick auf die vier Prinzipien einer katholischen Verbindung beitreten. Sondern oft durch Zufall. Verbindung muss aber dafür sorgen, dass niemand zufällig oder aus Versehen dabei bleibt.

Vernetzung als »Vorwurf«:

Robert Krasser, 1952, noch einmal zur Personalpolitik: »Gute Gesinnung allein kann nicht genügen, wenn nicht gleichzeitig die erforderliche sachliche Befähigung und berufliche Tüchtigkeit hinzukommt. Die bloße CV-Zugehörigkeit kann für den CV niemals das allein ausschlaggebende Kriterium für die Förderungswürdigkeit eines Bewerbers sein. Bei der gleichen sittlichen und beruflichen Qualifikation wird der CV natürlich dem CVer den Vorzug geben.

Nur der CVer hat ein Recht auf Förderung durch den CV, der seinen Pflichten gegenüber seiner Verbindung und dem CV vollauf entspricht und nicht erst in dem Augenblick, als er vom CV etwas will, sich seiner CV-Zugehörigkeit erinnern würde.«

»Charakteristisch für die katholischen Verbindungen war die große Gruppenkohäsion mit bemerkenswert hohem Demokratisierungsgrad. Darüber hinaus forderte das Prinzip ›Wissenschaftliche Betätigung‹ im Idealfall eine umfassende Allgemeinbildung zur Ergänzung des Universitätsstudiums.« So Gerhard Popp in »CV in Österreich 1864–1938« über die Vernetzung und Kompetenz in den 30er-Jahren.

Vernetzung 1938:

Nicht, dass man sich wünscht, dass solche Zeiten wiederkommen.
Pater Franz Reinisch (enthauptet am 11. August 1942, Brandenburg) am 4. März 1938 beim Antrittskommers der Leopoldina Innsbruck: Er sagte, dass wir uns heute für lange Zeit – manche vielleicht das letzte Mal – im Leopoldenssaal versammelt hätten. Er sprach von den schweren Zeiten, die uns in unserem Österreich unmittelbar bevorstünden, er sprach davon, dass sich jetzt erst zeigen werde, was es heiße, Leopolde zu sein, er sprach von der Treue zu Christus und zur Heimat, die in den kommenden Tagen und Jahren die Feuerprobe bestehen müssen.

Vernetzung damals. Vernetzung heute:

Wohl mag es einmal eine Zeit gegeben haben, in der die Verbandsführung des Österreichischen Cartellverbandes nahezu identisch mit der hohen Beamtenschaft der

Republik und auch mit politischen Entscheidungsträgern äußerst eng verwoben war. Die Mitgliedschaft in einer Verbindung war damals sicher förderlich, jedoch: Schon damals hat Student und katholisch sein allein wohl nicht genügt.

In den letzten Jahren hat sich im Cartellverband und auch in der Norica ein dramatischer Wandel der Mitgliederstruktur ergeben. Nicht Beamte bilden den Großteil der Mitglieder, sondern Angestellte, Freiberufler, Unternehmer werden aus den jungen Mitgliedern. Damit hat sich die Möglichkeit zur Patronage stark eingeschränkt. Nicht selten gab es Beispiele, wo der Aufbau eines Nachfolgers unterlassen wurde. Dazu kommt der Verlust von Einfluss in vielen Firmen, und niemand kann es sich mehr leisten, Personen zu fördern, die nicht halten, was sie versprechen.

Kompetenz:

Kompetenz bedeutet auch das unter Freunden erworbene Wissen, dass die persönliche Karriere nicht das einzige Lebensziel sein kann. Es muss mehr geben, als nur Geld zu verdienen, egal womit. Einen positiven Beitrag zu leisten zur Entwicklung der Welt, Österreichs, der Gesellschaft und der Kirche ist wesentlicher Motor im Leben, und letztlich die Frage, was zählt im Leben? Ausgewogenheit in der diesseitigen Welt zwischen Beruf und Privat, eine transzendente Anbindung des Menschen versus eine einseitige Ausrichtung.

Vernetzung/Kompetenz:

Das Thema ist brandaktuell, vermischt wird in der Betrachtung häufig, was in Wahrheit nicht vergleichbar ist. So schreibt »Die Presse« vom 10. Dezember 2007 unter dem Titel »Wo bitte geht es hier zur Karriereleiter?« über Netzwerke und »Die Zeiten, in denen ein akademischer Titel Garantie für einen guten Posten war, sind vorbei«. Im Studentennetzwerk wird man geschult, bekommt Praktika – und es gibt zu allem Kontakte.

Von den im Artikel aufgezählten Netzwerken – Österreichischer Cartellverband (ÖCV) für Katholiken und Traditionalisten, AIESEC (Assoc. Internat. des Étudiants en Sciences Économiques) für künftige Führungspersönlichkeiten, Uni Management Club (UNIMC) für Wirtschafter, IAESTE, Board of European Students of Technology (BEST) für Techniker, Austrian Medical Students Association (AMSA) für Mediziner und European Law Students' Association (ELSA) für Juristen – fällt auf, dass nur der Cartellverband nicht mit einem Zweckattribut wie »Für künftige Führungspersönlichkeiten«, »Für Wirtschafter«, »Für Techniker«, »Für Mediziner« und »Für Juristen« belehnt wird.

Dem Cartellverband wird das Attribut »Für Katholiken und Traditionalisten« zugeschrieben, wobei Ersteres treffend erkannt und Zweiteres nach 164 Jahren CV-

Verbindungen in Österreich, 125 Jahren Norica und 75 Jahren Österreichischer Cartellverband verständlich, aber trotzdem nicht richtig ist.

Im genannten Presseartikel angesprochen wird die Bildungsakademie des ÖCV, welche Möglichkeiten zur Verbesserung der Qualifikationen geben soll. Diese Gründung Anfang der 70er-Jahre war die letzte große Tat des Verbandes für den intellektuellen Wettbewerb. Konkret werden dort angebotene Fachseminare wie NLP oder Rhetorik angesprochen. Das greift wohl zu kurz. Der wesentliche Anteil der Bildungsarbeit im Österreichischen Cartellverband wird wohl doch die wertorientierte Bildungsarbeit sein, sein sollen, sein müssen. Oder anders formuliert: Wenn jemand als Student ein- oder zweimal sich mit Wertfragen religiöser, ethischer, politischer Natur auseinandersetzt, bevor er noch voraussichtlich 50 oder 60 Jahre dem Cartellverband als Mitglied angehört und ihn auch repräsentiert, wird klar, warum der CV eben anders ist als die angesprochenen, auch sehr ehrenwerten und geschätzten »Netzwerke«.

Aus eigener Beobachtung: Angehörige des Cartellverbandes, insbesondere auch der Norica, sind besonders motiviert, über das Berufliche hinaus Verantwortung im politischen und kirchlichen Leben zu übernehmen.

Wer in der Politik eine Aufgabe hat, als Gewählter oder als Mitarbeiter, dem hilft es, wenn nach fünf, zehn, 20 Jahren Kreise sich schließen, Erinnerungen geteilt werden und so Vertrauen da ist und wächst.

Zu den Gründen siehe oben.

Auch hier gilt: Wer nicht gut ist, wird nichts.

Übrigens: Die seit Jahrzehnten von Journalisten immer wieder gern gebrauchte Geschichte von der Rivalität zwischen Katholischer Hochschulgemeinde (KHG) und CV in der ÖVP mag historisch betrachtet richtig sein. Nur spielt sie seit Jahrzehnten keine Rolle, und das schon vor Erhard Busek. Oder anders gesprochen, schon auf legendären Parteitagen der Österreichischen Volkspartei wie in Klagenfurt 1963, als zwei Angehörige des CV zur Wahl standen, oder in Wien 1991, bei der Entscheidung Parteiobmann Busek oder Görg, hat für keinen einzigen Delegierten die Frage eine Rolle gespielt, ob der Obmannkandidat Angehöriger des CV, der KHG oder einer sonstigen Organisation ist. Politisch tätige Menschen, Abgeordnete zu Landtagen oder Parlamenten oder Bürgermeister, welche auf Parteitagen vertreten sind, müssten ja unheimlich schwache Persönlichkeiten sein, wenn sie bei einer so wichtigen Frage auf die Wahlempfehlung des Cartellverbandes angewiesen wären. Daher sollte der Cartellverband solche Wahlempfehlungen auch besser unterlassen.

Kompetenz und Offenheit:

Da sich die Prinzipien von ihrem Inhalt her immer wieder ändern, wird der nicht wirklich religiöse Wesenskern in einer Verbindung restriktiv zu definieren sein.

Dann braucht man auch nicht so viel aufpassen, wer gerade noch dazu passt.

Wer kompetent vernetzt ist, ist stark. Jedenfalls so stark, dass er sich nicht zukunftsskeptisch zurückziehen muss. Wer kompetent vernetzt ist, kann offen sein.

Wer in einer immer weniger religiös geprägten Welt – wie war das noch vor 125 Jahren an Universitäten? – heute wirken will, muss hineingehen und arbeiten in der heutigen politischen Struktur.

Wer ausschließlich seine persönliche religiöse Position zum Maßstab des politischen Handelns und seiner persönlichen politischen Entscheidung macht, sollte nicht politisch tätig sein. Er kann nämlich nicht Erfolg haben. Es bringt nichts, immer die Prozessionsfahnen vor sich herzutragen. Dies ist auch der Grund, wieso Splittergruppen wie CHRISTEN bei Wahlen nichts bewirken, aber allenfalls die politische Gruppierung, welche auf Grund der Vernetzung und ihres Programms einer akademischen Verbindung noch immer am nächsten steht, 0,06 % verlieren lässt. Davon hat niemand etwas. Außer der Gegner, der sich vielleicht über ein versäumtes Mandat freut.

Kompetenz. Macht. Vernetzung:

Frage, ob der Österreichische Cartellverband Macht hat oder hatte.

Dazu Gerhard Hartmann, 1994: »Die ›Macht‹ des CV, wenn man das Wort überhaupt anwenden kann, beruht lediglich auf dem persönlichen Beziehungsgeflecht, das durch das Lebensprinzip der Verbindungen, durch ein hohes gegenseitiges Vertrauen und einen Vertrauensvorschuss getragen wird. Dieses Beziehungsgeflecht funktioniert wie durch einen Selbstregelungsmechanismus und bedarf keiner expliziten Führung. Es bildet sich gleichsam von selber auf Grund der Erziehungsarbeit der Verbindungen, die sehr stark auf den vorgegebenen Inhalten, insbesondere dem katholischen Glauben und dem Bekenntnis zu Österreich, beruht.«

Vernetzung und Kompetenz:

Im Gegensatz zur oberflächlichen medialen Berichterstattung in Polit-Magazinen hat eine Verbindung nichts oder nur sehr wenig mit dem (durchaus hinterfragbaren) Modebegriff des »Networking« zu tun. Qualifikationen werden nicht durch ein möglichst dichtes Netz an Kontakten und Bekanntschaften, sondern durch den Erwerb sozialer und interdisziplinärer Kompetenzen angeeignet. Es geht um weltanschauliche Kenntnisse, aber auch um ein gewisses Maß an intellektueller »Herzensbildung« im Sinne der Bereitschaft, unsere vier Prinzipien in Familie, Kirche und Gesellschaft zu leben.

Aber möglicherweise sind es diejenigen Qualifikationen, die man sich in einem Zeitalter der Individualisierung in einer Gemeinschaft, die gesellschaftspolitisch interessiert, sozial engagiert und demokratisch strukturiert ist, erwerben kann, die vielen Noricern auch später von Nutzen sind.

Anregungen zu diesen screenshots verdankt der Autor Ernst Bruckmüller, Engelbert Schragl, Gerald Freihofner, Helmut Wohnout, Herwig van Staa, Erwin Rotter, Wolfgang Türtscher und weiteren namentlich nicht genannten Bundes- und Cartellbrüdern. Auch denjenigen, die anstrengend waren.

Ernst Bruckmüller

Hochschulen, Frauen und Studenten-(Studierenden-?)Verbindungen

Universität der Männer

»(…) Die Universität ist heute noch und wohl für lange hinaus wesentlich eine Vorschule für die verschiedenen Berufszweige des männlichen Geschlechts, und solange die Gesellschaft, was ein gütiges Geschick verhüten möge, die Frauen nicht als Priester, Richter, Advokaten, Lehrer, Feldherren, Krieger aufzunehmen das Bedürfnis hat, das heißt, solange der Schwerpunkt der Leitung der sozialen Ordnung noch in dem männlichen Geschlecht ruht, liegt auch keine Nötigung vor, den Frauen an der Universität ein Terrain einzuräumen, welches in den weiteren Folgen unmöglich zu begrenzen wäre.«[1]

Als die ersten CV-Verbindungen gegründet wurden, herrschte also, wie der Senat der Wiener Universität dies in strenger Objektivität und wissenschaftlicher Klarheit ausdrückte, noch jenes »gütige Geschick«, das die »Leitung der sozialen Ordnung« dem männlichen Geschlecht vorbehielt. Erst am 2. April 1897 wurde als erste Frau Gabriele Possanner von Ehrenthal in Wien zum Dr. med. promoviert; sie hatte allerdings schon ein Medizinstudium in Zürich abgeschlossen. Es war übrigens insbesondere der Bedarf an Ärztinnen für Bosnien, der zu dieser Entscheidung beitrug – eine fromme Muslimin würde niemals einem fremden Mann gestatten, ihren Körper zu untersuchen. Im selben Jahr 1897 öffnete sich die philosophische Fakultät für Frauen, 1900 die medizinische. Wieder im selben Schicksalsjahr 1897 hatte der damalige Dekan der philosophischen Fakultät der Wiener Universität bereits auf die »komplizierten Lebensbedingungen der Gegenwart« hingewiesen, welche die weibliche Jugend der »gebildeten Stände, welche der materiellen Glücksgüter entbehrt«, vor die Alternative stellte, entweder »physisch, geistig oder moralisch zu verkümmern, oder durch willenstätige Anspannung und Ausbildung ihrer geistigen Kräfte sich eine nützliche und geachtete Stellung in der Gesellschaft zu erringen.«[2] Was der De-

---

1 Gutachten des Akademischen Senats der Universität Wien, 1873, Waltraud Heindl, Zur Entwicklung des Frauenstudiums in Österreich, in: W. Heindl, M. Tichy (Hg.), »Durch Erkenntnis zu Freiheit und Glück …«. Frauen an der Universität Wien (ab 1897), Schriftenreihe des Universitätsarchivs, Universität Wien Bd. 5, Wien 1990, 17–26, hier 19 f.

2 Heindl, Entwicklung, 21.

kan da beschrieb, war jenes Dilemma, das Marianne Hainisch, die Mutter des späteren Bundespräsidenten, schon in den 60er-Jahren des 19. Jahrhunderts durch eine Freundin erfahren hatte, deren Mann als Folge einer Krankheit nicht mehr arbeiten konnte. Nun suchte die junge, hochgebildete Dame eine Berufstätigkeit, durch die sie die Familie ernähren konnte. Es gab derlei nicht. Und nun, schrieb Marianne Hainisch, »wurde mir plötzlich klar, daß bürgerliche Mädchen für den Erwerb vorbereitet werden müßten.«[3] Das Problem lag schon in der Konzeption des humanistischen Gymnasiums, wie es nach 1848 neu entwickelt worden war. Frauen waren bei der Planung des achtklassigen Gymnasiums ab 1849 nicht wirklich mitgedacht gewesen. Für sie waren »Mädchenlyzeen« vorgesehen, sechsklassige Bildungsanstalten mit einem für die weibliche Psyche, wie man meinte, besser geeigneten Bildungskanon – weniger Naturwissenschaften, weniger Mathematik, dafür mehr Sprachen und Literatur (allerdings konnte man dabei auch durchaus revolutionäres Gedankengut kennenlernen). Neben den Lyzeen waren Lehrerinnenbildungsanstalten die einzigen Institutionen für eine überdurchschnittliche Schulbildung, die der weiblichen Jugend offenstanden. Beide schlossen nicht mit einer Matura ab. Erst seit 1896 konnten Österreicherinnen eine Matura ablegen. Jetzt stieg die Zahl der Mädchengymnasien sprunghaft an. Dafür brauchte man auch mehr Lehrkräfte, was wiederum einen Zug zum (Mittelschul-)Lehramtsstudium bei weiblichen Studierenden auslöste. Ein solches Lehramt konnten auch jene jungen Damen erwerben, die nur mit Lyzealabschluss, also an den Universitäten als außerordentliche Hörerinnen studiert hatten.

Mediziner und Philosophen spielten also eine Vorreiterrolle, im Jahr 1900 folgten auch die Pharmazeuten. Die Juristen zogen erst 1919 nach, 1923 folgten die evangelischen Theologen, die katholischen Theologen 1946. Erst in der Republik wurden auch die Technische Hochschule, die Hochschule für Bodenkultur, die Montanistik und die Tierärztliche Hochschule für Frauen geöffnet.

Bald erfolgten die ersten Habilitationen. Die erste Dozentin an einer österreichischen Universität war Elise Richter. Die 1865 in Wien geborene Unternehmertochter maturierte 1897, studierte anschließend Romanistik und habilitierte sich für dieses Fach 1905; die »venia legendi« wurde ihr freilich erst 1907 verliehen. Sie starb (vielleicht im Juni) 1943 in Theresienstadt, als Opfer des Nazi-Terrors.[4]

---

3   Heindl, Entwicklung, 23.

4   Thierry Elsen, Elise Richter – Ein kleiner biografischer Essay zu Ehren einer großen Wissenschafterin, in: www.dieUniversität-online.at. Online-Zeitung der Universität Wien von 2. 3. 2005 (http://www.dieuniversitaet-online.at/pdf/2005/Elise_Richter_Kurzbiografie.pdf, Zugriff am 5. 6. 2008).

Universität der Frauen

Das Bedürfnis der Gesellschaft hat sich also offenkundig verändert. Frauen sind heute in allen jenen Berufen vertreten (mit Ausnahme des Priestertums in der katholischen Kirche und des Feldherrenruhmes – aber Soldatinnen dürfen sie auch schon sein), die ihnen 1873 glatterdings abgesprochen wurden. Geändert haben sich auch die Bildungsvoraussetzungen, die Matura wird heute von mehr jungen Damen absolviert als von jungen Herren. Noch 1960 wurden von allen in Österreich abgelegten (etwa) 16.000 Reifeprüfungen etwa 5.400, also nur etwas mehr als ein Drittel, von jungen Frauen bestanden. 1995 waren es hingegen fast 18.000 von insgesamt 32.400 – deutlich mehr als die Hälfte. Überhaupt stellen sich bestimmte Muster als recht dauerhaft heraus: Mehr Burschen als Mädchen (nur knappe 37 %) absolvieren eine handwerkliche oder gewerbliche Lehre, ebenso männlich sind (daher) auch der Polytechnische Lehrgang und die Sonderschule (!). Dagegen dominieren die Mädchen in den Allgemeinen und Berufsbildenden Höheren und Mittleren Schulen, insbesondere in den kaufmännischen, wirtschaftsberuflichen und lehrerbildenden Sparten und in der Kindergärtnerinnenausbildung. Die Maturantinnen drängten und drängen verstärkt auf die Universitäten. Die Zahl der Studierenden stieg von 1955 (im Wintersemester des Staatsvertragsjahres) etwa 19.000 auf 222.000 vierzig Jahre später, sie erhöhte sich also auf das Elffache. Die Zahl der weiblichen Studierenden stieg von 3.800 1955 auf 103.000 1995, also um den Faktor 27! Nicht ganz analog entwickelten sich die Studienabschlüsse. Im Studienjahr 1955/56 schlossen insgesamt 2.970 Studierende ihr Studium ab, davon waren 2.380 männlich und knapp 600 weiblich. 1995/96 waren es insgesamt etwa 14.000, davon 7.800 Männer und etwas mehr als 6.000 Frauen. Die Zahl der männlichen Absolventen hat sich also in diesen 40 Jahren nur verdreifacht, die der weiblichen verzehnfacht.[5] Es bleibt – offensichtlich – eine zu geringe Steigerung der Absolventenzahlen gegenüber der Zahl der Inskribenten zu konstatieren, doch ist dies nicht unser Thema.

Der CV und das »Verhältnis zur Frau«

In seiner grundsoliden und überaus materialreichen Geschichte des CV in Österreich verwies Gerhard Hartmann auf einige frühe Gründungen von farbentragenden Studentinnenvereinen.[6] Schon 1913 habe ein »Kartell der katholischen Studentinnenver-

---

5   Statistisches Jahrbuch für die Republik Österreich, NF XLVII, 1996, Wien 1996, 72–75.
6   Gerhard Hartmann, Für Gott und Vaterland. Geschichte und Wirken des CV in Österreich, Kevelaer 2006, 711–715, hier 711.

eine Deutschlands« existiert. 1919 sei die Vereinigung Katholischer Deutscher Hochschülerinnen Ostara zu Innsbruck gegründet worden, die man 1947 zu reaktivieren
versucht habe. Sie soll sich aber 1951 wieder freiwillig aufgelöst haben.

Für den Cartellverband und seine Verbindungen waren die oben knapp skizzierten Veränderungen durch lange Zeit kein Thema. Der weibliche Teil der Menschheit
bestand offensichtlich aus Müttern, Schwestern, allenfalls Freundinnen und Couleurdamen. Den Letzteren trat man – als unbeholfenes Mannsbild – bei der Tanzkiste
und den diversen Bällen, Soirees oder Kränzchen auf die Füße, was jedenfalls die
manchmal etwas holprige Konversation belebte. Herkunft aus einer klösterlichen Bu-
benschule und gar aus der Provinz führte ja nicht selten zu gewissen Schwierigkeiten
diesbezüglich. Couleurdamen waren häufig Töchter von Alten Herren, sie waren um-
schwärmt (oder das Gegenteil davon), sie gehörten dazu und doch wieder auch nicht.
Mulier taceat in ecclesia – wobei eine CV-Verbindung sich zwar als Teil der Kirche
versteht, aber nicht nur als das. Die klassischen Formulierungen zum »Damenverkehr« (so nannte man zusammenfassend jene Veranstaltungen, an denen Weiblich-
keit zugelassen war) formulierte Robert Krasser, knapp zusammengefasst, so:

Die Verbindung als »Schule des Lebens« dürfe ihre Mitglieder in der Frage des
»Verhältnisses zur Frau«, die ja die lebensentscheidende Schicksalsfrage sei, nicht
ohne jede Führung und Hilfe lassen. Sie habe den Studierenden einen »angemessenen, anständigen« Verkehr mit »kongenialen Damen und Familien zu ermöglichen«, um ihre Mitglieder »in ihrer inneren und äußeren Kultur zu fördern, sie
zu einer unbeirrbaren ritterlichen Haltung gegenüber der Frau zu disziplinieren
und ihnen so in unmittelbarem Erleben Sinn und Wert einer auf religiös-sittlichen
Grundsätzen aufgebauten Familienkultur nahezubringen.« Die dabei auftretenden
Schwierigkeiten dürfe man jedoch nicht übersehen. Die Verbindung müsse daher
allen Versuchen, »laxere Auffassungen zur Geltung zu bringen«, energisch ent-
gegentreten. Der CVer dürfe den Standpunkt des Gentlemans niemals verlassen.
Gewisse »herabziehende Tendenzen« gingen jedoch nicht nur von Mitgliedern,
sondern auch »sehr häufig« von den Damen aus. Die Führung der Verbindung
müsse jedenfalls »ihre Hausherrenrechte in vollem Umfang wahren und jede
›weibliche Nebenregierung‹ von vornherein unmöglich machen«. Zur Lösung der
zuweilen »höchst delikaten« Fragen und Probleme solle sich die Aktivitas daher
des Rates eines erfahrenen Alten Herren bedienen und die Frau eines Alten Herren bitten, als »Damenpatronesse« die Rolle der Hausfrau zu übernehmen. Auf
den Punkt gebracht: »Es darf keine Dame aufgenommen werden, die man nicht
ganz bedenkenlos als Braut eines Bundesbruders sehen möchte.«[7] So sah das –
idealerweise – aus. Die Damen in der Verbindung waren die künftigen Bräute der

---

7   Robert Krasser, Katholische Farbstudenten. CV – Idee und Wirklichkeit. Wien 1952, 94–96.

Bundesbrüder. Mehr nicht. Krasser dachte nicht im Entferntesten an studierende junge Frauen mit anderen, etwa auch: intellektuellen Interessen (solche wurden, hinsichtlich des weiblichen Geschlechts, nur sogenannten »Blaustrümpfen« zugemutet).

Ob das Krasser'sche Bild der Wirklichkeit entsprach? Sicher sind aus dem »Damenverkehr« nicht wenige CV-Ehen entstanden, und nicht wenige davon hielten und halten bis heute. Aber ansonsten hat sich so gut wie alles geändert. Das Bild der Krasser'schen Couleurdame war schon damals ein Ideal, heutzutage ist es vollends unrealistisch.

Eine Karikatur im Check Point, der Nc-Zeitschrift vom April 1971, zeigt vielleicht am besten den Unterschied zwischen dem Ideal und den – gar nicht so geheimen – Wünschen der Bundesbrüder: Da stellt eine nicht besonders attraktive Dame (mit Brille) einer anderen, deren ausdrucksvolle Rundungen und das etwas grelle Äußere sie wohl einer ganz anderen Branche zuordnen lassen, die – naiv sein sollende – Frage: »Sind Sie auch Couleurdame?«[8]

Die Veränderungen der Gesellschaft und insbesondere auf den Hochschulen, die heutzutage durchwegs »Universitäten« heißen, wurden im CV im Allgemeinen und in der Norica im Besonderen durch lange Zeit nicht recht wahrgenommen. Eine Ausnahme bildet diesbezüglich eine Initiative des langjährigen Vorsitzenden der Verbandsführung des ÖCV, Eduard Chaloupka, der 1957 die Gründung einer »Vereinigung katholischer Jungakademikerinnen« anregte. Das CV-Sekretariat arbeitete dazu Statuten aus, mehr scheint aber nicht draus geworden zu sein.

In der »Academia« der späten 1960er-Jahre finden sich zahlreiche Themen, die der Redaktion damals spannend und unkonventionell vorkamen, das Thema möglicher weiblicher Mitglieder wurde sehr selten angesprochen. Es war halt doch eine männerbündische Redaktion, die sich um Heribert Steinbauer, Werner A. Perger und Wolfgang Aigner versammelt hatte, auch wenn sie voller Stolz ihre eigene Fortschrittlichkeit vor sich her trug. Der Autor dieser Zeilen war, unter anderem gemeinsam mit Georg Schmitz, selbst (auch stolzes!) Mitglied jener Redaktion, kann das also wohl mit einiger Berechtigung sagen.

Fortschrittliche Schweizer

Ausgerechnet der Schweizerische Studentenverein (StV), die Vereinigung katholischer farbentragender Verbindungen der Schweiz, erwies sich dagegen als reform-

---

8   CheckPoint Nr. 2, April 1971, 45.

freudig, flexibel und – verhältnismäßig – flott in der Bearbeitung des Themas.[9] Bereits 1955 wurde der Lepontia Friburgensis (einer Verbindung Tessiner Studenten in Freiburg/Ue) die Aufnahme von Studentinnen vom Zentralpräsidenten bewilligt.[10] Es waren daher nicht zufällig die »Leponti« (die Tessiner), die 1961 gemeinsam mit den »Romands« den Antrag auf Aufnahme von Studentinnen stellten. Der Antrag scheiterte verhältnismäßig knapp. 1962 wurde das Hospitanten-Statut eingeführt, das auch weiblichen Studierenden die Teilnahme am Verbindungsleben ermöglichte, freilich mit der Einschränkung, dass sie weder Senior (Vorsitzender) noch Fuchsmajor (die für die Nachwuchsbetreuung zuständige Charge, vergleichbar dem Novizenmeister eines Klosters) werden konnten.[11] Insbesondere in der Romandie wurde das Hospitantenstatut gut angenommen, zahlreiche Studentinnen strömten in die Verbindungen.[12] Im Bericht des Zentralpräsidenten für das Jahr 1967/68 wurde betont, bei der Verbindung („section«) Sarinia-Fribourg habe eine Studentin (als Hospitantin) während einer temporären Abwesenheit des Präsidenten sehr erfolgreich dessen Funktion wahrgenommen.[13]

Die Struktur des Schweizerischen Studentenvereins ist eine ganz andere als die des CV oder des ÖCV. In den beiden letzten Organisationen sind nur Verbindungen Mitglieder des Dachverbandes. Im StV sind alle Mitglieder solche des Gesamtvereins, der in »Sektionen« (= Verbindungen) gegliedert erscheint. Trotz dieser durchgehenden Mitgliederstruktur ist der StV immer schon bunter gewesen als CV und ÖCV, er umfasste immer auch Gymnasialsektionen (vergleichbar den österreichischen MKV-Verbindungen), hinsichtlich Farbentragen und Komment herrschte hingegen eine verhältnismäßig breite Vielfalt: Die romanischen Verbindungen waren in der Regel etwas weniger trinkfreudig und entwickelten etwas andere Kommentsitten als die an den (reichs)deutschen Verhältnissen orientierten Alemannen. Jedenfalls kennt der StV daher auch ein gewähltes Präsidium (Zentralkomitee mit einem Zentralpräsidenten, CP), eine Delegiertenversammlung (der Sektionen) und eine Generalversammlung, auf der alle Mitglieder abstimmen können.

Auf einen Antrag der »Fédération Romande« – der Verbindungen französischer

---

9   Urs Altermatt, Historischer Aufriss 1814–1991: »Für Gott und Vaterland«, in: Urs Altermatt (Hg.), »Den Riesenkampf mit dieser Zeit zu wagen …« Schweizerischer Studentenverein – Société des Étudiants Suisses – Società degli Studenti Svizzeri – Societad da Students Svizzer 1841–1991, Luzern 1993, 7–26, insbes. 21.

10 Peter Arnold, Zwischen Stagnation, Dynamik und Erosion 1920–1970, in: Altermatt (Hg.), »Riesenkampf«, S. 117–240, die Debatte über die Aufnahme von Studentinnen 172–174.

11 Arnold, ebd.; Marie-Antoinette Stolz, Les Étudiantes, in: Altermatt, »Riesenkampf«, S. 287–293.

12 Studentinnen im StV. Des étudiants dans la SES, in: Civitas. Vereins-Chronik, Jg. 23, Heft 8 (April 1968), 207–231, hier 207 f.

13 Civitas. Monatsschrift des Schweizerischen Studentenvereins 24 (1968/69), Vereinschronik, Rapport annuel du Président Central pour l'année 1967/68; 1 f.

Sprache – auf der Delegiertenversammlung des StV 1967, der ohne Gegenstimmen angenommen worden war, wurde das Zentralkomitee beauftragt, einen Entwurf für eine Statutenrevision auszuarbeiten. Es solle den Sektionen (also den Verbindungen) die Möglichkeit gegeben werden, Studentinnen als Mitglieder aufzunehmen. Das Zentralkomitee setzte eine Juristenkommission ein, die bis Mitte Jänner 1968 ein Gutachten erstellte. Diese Kommission stellte sich zuerst die Frage, ob die Aufnahme weiblicher Studierender dem Zweck des Vereins widerspreche, weil das Zivilgesetzbuch den Vereinszweck in besonderer Weise schützt. Gründlich, wie die Schweizer nun einmal sind, unterschieden sie zwischen formellem und materiellem Widerspruch. Formell war sofort klar, dass ein solcher nicht bestand. Materiell waren die Schweizer Verbindungen damals praktisch ausschließlich Männerverbindungen, doch war dieser Tatbestand, nach Meinung der Kommission, nicht »das Ergebnis einer Entscheidung, welche die Studentinnen ausschließen wollte« – es gab einfach keine Studentinnen, als der StV (1841) gegründet wurde. Speziell diskutiert wurde in diesem Rahmen die Frage des Farbentragens (kein grundsätzliches Problem) und die Frage der »Freundschaft« in Verein und Sektion, wobei die Kommission interessanterweise zwischen der »Freundschaft, wie sie im Schosse einer Verbindung gepflegt wird, und der ›amicitia‹, wie sie im Gesamtverein in Erscheinung tritt«, unterschied. Im Übrigen bleibe es den einzelnen Sektionen überlassen, ob sie Studentinnen aufnehmen wollen oder nicht. Die Kommission schlug keine grundlegende Revision der Statuten vor, sondern nur einzelne verändernde Zusätze, wie einen neuen Absatz 2 zum § 1: »Dem Verein können auch katholische Studentinnen beitreten (…)«. Dass keiner Sektion eine Verpflichtung zur Aufnahme von Studentinnen auferlegt wurde, hat man ebenfalls in einem eigenen Abschnitt klargestellt. Damit wollte man jenen Mitgliedern der konservativeren Verbindungen, die sich zwar selber nicht ändern wollten, aber anderen diese Möglichkeit zu eröffnen bereit waren, entgegenkommen.[14] Gleichzeitig wurde auch die Möglichkeit für die Gründung von Sektionen eröffnet, die ausschließlich aus Studentinnen bestanden. Das Zentralkomitee versuchte nach Vorliegen des Juristenberichtes eine möglichst rasche Entscheidung herbeizuführen: einerseits, weil man sowieso schon seit 1961 die Frage diskutiert habe, andererseits, weil es vor allem darum ging, eine sich abzeichnende Spaltung zwischen der »Fédération Romande« und den deutschschweizerischen Verbindungen, die der Aufnahme eher skeptisch gegenüberstanden, zu verhindern.[15] Der Präsident des StV, Urs Altermatt (er wurde später ein bekannter Historiker), betonte geradezu beschwörend: »Diese Frage wird das Zu-

---

14 Stolz, Étudiantes, ebd.

15 Studentinnen im StV. Des étudiants dans la SES. Rechtliche Meinungsäußerung betreffend Vollmitgliedschaft von Studentinnen im Schweizerischen Studentenverein. Kommissionsbericht, in: Civitas. Vereinschronik, Jg. 23, Heft 7 (März 1968), 177–183.

sammengehörigkeitsgefühl und die Zusammenarbeit zwischen alemannischen und romanischen StVern beeinträchtigen und in Frage stellen, wenn es nicht gelingt, die helvetische Vielfalt verfassungsmässig zu sichern.« Alle »Welschen« waren sich in der Förderung nach Zulassung von Studentinnen einig. Diese Einstimmigkeit der beiden romanischen Minderheiten sei gefährlich: »Wenn die Deutschschweizer grossmehrheitlich eine andere Stellungnahme beziehen, droht im StV ein spaltender Graben zwischen Deutsch und Welsch aufzubrechen. Eine Spaltung des Vereins muss aber unter allen Umständen verhindert werden. Positiv ausgedrückt … *Der StV muss auf der Basis der allen gemeinsamen und von allen anerkannten Vereinsziele eine möglichst föderalistische Lösung finden – einen helvetischen Kompromiss, der den Sprachgruppen die Artikulierung ihrer Andersartigkeit ermöglicht und dem Schweizerischen Studentenverein die Einheit sichert*«.[16] Er betone nochmals, die Vollmitgliedschaft von Studentinnen widerspreche weder formal noch inhaltlich dem Vereinsziel des StV. Rechtliche Gründe ließen sich also nicht dagegen ins Feld führen. Religiöse Gründe gebe es ebenfalls nicht. Politische und soziologische vielleicht, aber: »Sollte … nicht gerade die (staats)politische Sorge um die Mehrsprachigkeit des StV bewirken, dass die deutschschweizerische Mehrheit den romanischen Minderheiten das zugesteht, was diese aus den Verhältnissen ihrer Sektionen heraus legitim und keineswegs im Gegensatz zu den Vereinszielen fordern?«[17] Noch einmal betonte Altermatt die Autonomie der einzelnen Verbindungen in dieser Frage, keine Sektion sei verpflichtet, ihrerseits Studentinnen aufzunehmen. Es seien die Verschiedenheiten, die die Schweiz ausmachten, »man müsse sie gelten lassen, oder besser: begrüssen«, zitierte Altermatt abschließend eine Stimme aus der Frankophonie.

Das war im Februar 1968. Im Frühjahr 1968 meldeten sich auch weibliche Stimmen zu Wort. Sie kamen zumeist von Mitgliedern (Hospitantinnen) einzelner Verbindungen. Eine von ihnen berichtete, sie sei in ihrer Verbindung sehr gut aufgenommen worden, sie stehe aber auf Grund ihres Status in einem »ungerechten, ja falschen Verhältnis zum Verein« (gemeint ist der StV). Sie forderte, dass alle Sektionen das Recht haben sollten, Studentinnen aufzunehmen, wenn sie es wollten. »Aber wenn die Studentin aufgenommen wird, dann wirklich und nicht nur als Hospitantin, also in einem unbefriedigenden Status!«[18] Aus der italienischen Schweiz kam ebenfalls eine sehr positive Stimme, die davon berichtete, es seien in allen Sektionen die Hälfte aller Mitglieder Studentinnen, viele von ihnen hätten Chargen innegehabt, niemand denke daran, deren Integration rückgängig zu ma-

16 Billet présidentiel, in: Civitas. Vereins-Chronik, Jg. 23, Heft 7 (März 1968), 166.

17 Ebd.

18 Madeleine Terraz, in: Studentinnen im StV. Des étudiantes dans la SES. Studentinnen melden sich zu Wort, in: Civitas. Vereins-Chronik, Jg. 23, Heft 9 (Juni 1968), 259.

chen.[19] In Zürich wurde im Winter 1963/64 die »Orion« als gemischte Verbindung neu gegründet. Die Erfahrungen aus dem Leben der jungen Verbindung lauteten in etwa so: Man dürfe nicht einfach das Beispiel der welschen Kommilitonen übernehmen, es scheine jenen »die natürliche Kameradschaft mit dem andern Geschlecht viel leichter und selbstverständlicher«; mancher StVer wolle sich in der Verbindung in »feuchtfröhlicher Ausgelassenheit« vom Studium erholen, dagegen verlangten Studentinnen in der Verbindung ein großes Maß an Rücksicht und Takt. »Die Aufnahme von Studentinnen fordert ein ganz anderes Mass an Reife und Verantwortung der einzelnen Mitglieder. Es braucht schon ein gewisses Niveau, um die Verbindung nicht zum blossen Heiratsinstitut und Tanzkränzchen zu degradieren.« Andererseits biete die Aufnahme von Studentinnen die Möglichkeit zu einer echten Lebensschule, überhaupt zu einer neuen Konzeption von Verbindung.«[20] Bei all den positiven Stimmen fehlte auch eine Gegenstimme nicht. Ein besorgter »Alter Herr« stellte da etwa die Frage: »Besitzt eine Vereinigung von Studenten männlichen Geschlechts keinen Wert mehr als Hort froher Geselligkeit, als Kreis gleichgesinnter Freunde, wo man über ernsthafte Berufsprobleme, gewichtige Standesfragen, über Gott und die Welt diskutieren kann? Hat der junge StVer wirklich keinen Sinn mehr für die stolze und burschikose Runde am Stammtisch, wo die Scherzworte hin- und herfliegen (…)« usw. Der Schreiber erwies sich übrigens durchaus nicht als Befürworter des (damals in der Schweiz noch nicht allgemein üblichen) Frauenstimmrechtes.[21]

Die Delegiertenversammlung des StV am 25. Mai 1968 stimmte dem Kommissionsbericht nach einer recht intensiven Debatte zu. Dagegen stellte sich ein deutschschweizerischer Block aus sechs Korporationen, der »Bund akademischer Kommentverbindungen«, der aber in der Abstimmung deutlich unterlag.[22] Der Generalversammlung des StV im Rahmen des »Zentralfestes« in Freiburg am 7. September 1968 wurde diese Zustimmung der Delegiertenversammlung zur endgültigen Beschlussfassung vorgelegt. Sie fand wieder eine überwältigende Mehrheit: Von 575 abgegebenen Stimmen waren 443 dafür (die erforderliche Zweidrittelmehrheit wäre bei 384 gelegen).[23] Analog verhielt sich der Altherrenverband. Das

---

19   Carlo Lepori, Präsident der Lepontia Cantonale, in: Studentinnen im StV. Des étudiantes dans la SES. Studentinnen melden sich zu Wort, in: Civitas. Vereins-Chronik, Jg. 23, Heft 9 (Juni 1968), 262.

20   Urs Imobersdorf, in: Studentinnen im StV. Des étudiantes dans la SES. Studentinnen melden sich zu Wort. In: Civitas. Vereins-Chronik, Jg. 23, Heft 9 (Juni 1968), 263.

21   Hannibal, AH Welfen, in: Studentinnen im StV. Des étudiantes dans la SES. Studentinnen melden sich zu Wort, in: Civitas. Vereins-Chronik, Jg. 23, Heft 9 (Juni 1968), 267 f.

22   Die Delegiertenversammlung für die Vollmitgliedschaft der Studentin. Protokoll der 2. ausserordentlichen Delegiertenversammlung des Schw.StV vom 25. Mai 1968 in Olten, in: Civitas. Vereins-Chronik, Jg. 23, Heft 10/11 (Juli 1968), 293–298.

23   Stolz, Etudiantes, 287 f.

Abstimmungsverhalten scheint darauf hinzudeuten, dass sich auch Mitglieder der »Blockverbindungen« durchaus individuell entschieden haben.

Das Presseecho war geradezu überwältigend, praktisch alle Schweizer Zeitungen befassten sich mit der revolutionären Entscheidung des doch als eher behäbig geltenden konservativ-katholischen Verbandes. Die »liberalen« (nichtkatholischen, antiklerikalen) Verbindungen erschienen den katholischen gegenüber plötzlich als alt: »(…) stockkonservative Gesinnung im liberalen Kreise und revolutionäre Taten im konservativen Zirkel. Die Herren vom StV haben einen lateinischen Lehrbuchvers beherzigt: Tempora mutantur et nos mutamur in illis (…).«[24] Der konservative Katholikenverein schritt der Schweiz im Hinblick auf die Gleichstellung von Frauen voraus.

Tatsächlich ergriffen wurden die neuen Möglichkeiten (wieder) primär bei den »Welschen«, vor allem in der Romandie (die Leponti traten damals, für etwa 20 Jahre, aus dem StV aus, weil er ihnen dennoch zu konservativ erschien!). Noch 1991 hieß es in den Statuten einer deutschsprachigen StV-Sektion, dass der Bestand an weiblichen Mitgliedern ein Drittel der Gesamtmitgliedschaft nicht übersteigen dürfe.[25] Gerade in der Deutschschweiz konzentrierte sich auch der Block der »Kommentverbindungen« ohne Studentinnen. Die »Berchtoldia« zu Bern war 1975 die erste »alte« Verbindung, die Studentinnen aufnahm. 1971/72 wurde die erste Studentin ins Zentralkomitee gewählt. 1991 zählte der StV unter 1.507 aktiven Mitgliedern 13 % Studentinnen.[26] Im Vereinsjahr 2007/2008 hatte der Schweizerische Studentenverein eine Präsidentin.[27]

Das »Frauen-Thema« ab 1968 im ÖCV und in der Norica

Der Vorortspräsident des Studienjahres 1967/68, Roderich Regler, thematisierte die »Frauenfrage« aufgrund der Erfahrungen im StV, insbesondere der Abstimmung von Freiburg.[28] Peter Diem berichtete wenig später in der Academia über die Entscheidungen der Schweizer und schloss die Frage an, ob die Aufnahme von Studentinnen in den ÖCV eigentlich den Zielen des Verbandes widerspräche. Diem kommt hier, wenig überraschend, zum Schluss, dass eine katholische Akademikerin wohl ebenso die Prinzipien mitvollziehen könne wie die männlichen Mitglieder. »Ernste Argumente« sah Diem »nur in Bezug auf das Prinzip ›Lebensfreundschaft‹

---

24 So »Die Woche«, nach: Vereins-Chronik, in: Civitas 24 (1968/69), 100.
25 Arnold, Stagnation, 174.
26 Altermatt, Aufriss, 21.
27 Freundliche Mitteilung von Susanne Hallamayr, Mitglied der Norica Nova.
28 Hartmann, Für Gott, 711. Peter Diem, Weibliche Mitglieder, in: Academia 19, Heft 8 (Mai 1968), 27 f.

(…)«, ohne das freilich näher auszuführen. Eines der realistischsten Argumente gegen die Integration von Studentinnen in den ÖCV sah der Autor in der Gefahr von »Eifersucht und Zwietracht« unter den Bundesbrüdern. »Dieses Problem«, so Diem weiter, »wird sich nur unter dem Aspekt der Selbsterziehungsgemeinschaft lösen lassen, die bisher ja nie als koedukative Gemeinschaft gesehen wurde.« Dann bringt Diem die Inskribenten- und Absolventenzahlen weiblicher Studierender zur Kenntnis, die damals, 1968, zwischen 0,6 % auf der Leobener Montanistik und ca. 50 % auf der Philosophischen Fakultät Wien lagen. Die Rechtswissenschaften (17 % Frauenanteil) waren damals noch fast ebenso eine Männerdomäne wie die katholische Theologie (12 %). Abschließend deutet der Autor einige Übergangslösungen für eine spätere Vollmitgliedschaft an – die Gründung von eigenen Studentinnenverbindungen, von Studentinnensektionen (»Bursen«, »Freundeskreise«) im Zusammenhang mit bestehenden Verbindungen, die Neugründung gemischter Verbindungen. Auch eine Teilmitgliedschaft erschien denkbar, nach (bisherigem) Schweizer (Hospitanten-)Muster, mit Sitz und Stimme der weiblichen Mitglieder am BC, aber beschränktem passiven Wahlrecht. »Wie immer«, schloss Diem, »dürfte es auch in dieser Angelegenheit ratsam sein, nach dem Grundsatz ›in dubiis libertas‹ den einzelnen Korporationen größtmöglichen Spielraum bei der Behandlung des nicht unkomplizierten Problems zu lassen.«

Im Juni 1968 meldete sich Wolfgang Mantl in einem breit angelegten Beitrag zur Situation des CV[29] auch zur Frage der Integration von Mädchen zu Wort. Seine Analyse damals: »Es liegt ein primitiver Demokratismus in der Forderung, der CV müsse jede Strukturänderung der Studentenschaft mitvollziehen, und daher auch Studentinnen aufnehmen. Dies wäre nur unter Opferung seiner bisherigen Struktur möglich. Die Organisationsunwilligkeit der Mädchen, der fast vollständige Kontaktabbruch nach der Eheschließung, die zu erwartenden Spannungen zwischen Studentinnen als Vollmitgliedern und jenen nichtstudierenden Mädchen, die ja auch bei uns zu Gast sind und wohl auch sein werden, und schließlich der sonst drohende Wegfall der großartigen burschikosen Herzlichkeit machen eine Vollmitgliedschaft von Mädchen untragbar, schließen aber einen qualifizierten Gästestatus nicht aus.« Und, nach dem entwaffnenden Geständnis, er verstehe zu wenig von Mädchen, die Aufforderung, andere sollten »Modi einer praktikablen Assoziierung entwerfen«.[30]

Insgesamt fanden diese recht vereinzelten Diskussionsbeiträge wenig Echo. Es ist auch, in der persönlichen Erinnerung, das Thema weiblicher Mitgliedschaft in den 1960er-Jahren kaum diskutiert worden. Viel breiteren Raum nahm die sogenannte »Protestantenfrage« ein – sollte eine katholische Verbindung auch Protestanten auf-

---

29 Wolfgang Mantl, Gerät der CV in Brand?, in: Norica, Juni 1968, 15–20.
30 Mantl, ebd., 20.

nehmen können? Immerhin stößt man auf eine Resolution des Aktiventages der XV. Cartellversammlung »zum Problem des studentischen Wohnens«, dessen Punkt 6 die Geschlechtertrennung in Studentenheimen aufgrund der »gesellschaftlichen Mündigkeit« der Betroffenen ausschloss.[31] Dem ging eine lebhafte Debatte in der Norica-Verbindungszeitschrift voraus, die sich ihrerseits wieder auf den sogenannten »Mädchensturm« 1969 im Pfeilheim (Studentenheim der Akademikerhilfe in Wien VIII, Pfeilgasse 3A und 4–6) bezog. Damals also hatte die Forderung nach einer Liberalisierung der Besuchsordnung in den Studentenheimen der von CVern geleiteten »Akademikerhilfe« begonnen.[32] Mit weiblicher Mitgliedschaft hatte das – direkt – wohl nur wenig zu tun, viel eher mit der – ja ebenfalls mit den späteren 1960er-Jahren verbundenen – »sexuellen Revolution«.

1976 thematisierte Tino Teller, wieder in der Academia, die Benachteiligung von Akademikerinnen im Hinblick auf die Möglichkeit zur Erlangung von Spitzenpositionen in Verwaltung oder Privatwirtschaft.[33] Die dort gebotene Analyse gilt zu einem erheblichen Teil auch noch für das erste Jahrzehnt des 21. Jahrhunderts. Der Herausforderung, die aus den Forderungen der Frauen nach gleichen Bildungs- und Berufsmöglichkeiten entspränge, würden sich, so die zurückhaltende Schlussfolgerung, »(…) auch männerbündisch strukturierte Gruppierungen stellen müssen«.

Auf einem Symposion der CV-Bildungsakademie (damals unter der Leitung von Wolfgang Mantl) vom 26. bis 28. November 1976 wurde das »Frauenproblem« vom damaligen WCV-Präsidenten Schultes thematisiert. Er »(…) hat die Lacher auf seiner Seite, als er, auf das ›Frauenproblem‹ im CV lossteuernd ein persönliches Credo wagt: ›Ich persönlich wäre durchaus in der Lage, ein Mädchen als Bundesschwester zu akzeptieren und könnte dafür jederzeit den Beweis antreten‹.«[34] Der langjährige Rechtspfleger des ÖCV, Karl Kohlegger (Austria-Innsbruck) schrieb damals: »Und noch etwas, in aller Freundschaft: Mittlerweile sind an die 50 % der Hörer der Universitäten Studentinnen. Ist es angebracht, diese wesentliche Veränderung seit der Gründerzeit des Cartellverbandes zu ignorieren und die Studentinnen weiterhin von der Mitgliedschaft zum ÖCV auszuschließen? Der ÖCV der 80er-Jahre sollte im Gegenteil auch ein ÖCV der Studentinnen sein.«[35]

Solche Aussagen stießen auf heftigen Widerstand im CV selbst, aber auch bei Frauen, die sich zum Thema zu Wort meldeten. So schrieb Senta Ziegler, damals beim »Profil«, in der CV-Zeitschrift Academia 1977, sie sei vor Jahren in einer Ver-

---

31 Check Point II, 1972, Nr. 3, Mai 1972, 15.
32 Check Point II, 1972, Nr. 2, März 1972, mit Beiträgen von Franz Ritschl, Hubert Pototschnig und Gerald Freihofner.
33 Tino Teller, Nur Außenseiterchancen? In: Academia 27, Heft Juli/August 1976, 30–33.
34 Academia 28 (1977), Jänner/Februar 1977, III (Beitrag von Peter Hofbauer).
35 Academia 28 (1977), Jänner/Februar 1977, V (Beitrag von Karl Kohlegger).

bindungszeitschrift unter dem Titel »Dornröschen schläft nicht mehr« dafür eingetreten, dass Mädchen, »weil es die Gleichberechtigung eben so erfordert, in die akademische Gemeinschaft des CV aufgenommen werden sollten«. Jetzt, 1977, hat sie es härter formuliert: »Der CV mag die Mädchen nicht, die Mädchen können umgekehrt den CV nicht wollen.« Frauen fungierten in den Verbindungen »als Tanzturngeräte und Brötchenzureicherinnen«.[36] Und Gertraud W. Hartmann ergänzt: »Finden sich die Herren zu Diskussionen zusammen, meistens die Politik und den Verband betreffend, hat man den Mund zu halten und möglichst schön zu sein. (…) Die Herren sind unter sich und sprechen CV-Esperanto. Die Damen finden sich dann zu haushaltlichem Tratsch zusammen (…)« Frau Hartmann ergänzt diesen Befund um die gar nicht positiv gemeinten Fragen: »Und jetzt soll noch gefragt werden, in welcher Form Frauen in den CV aufgenommen werden können, außer als stille Teilhaber? Warum kommt das gerade jetzt in Diskussion, wo doch die erste CV-Verbindung 1844 gegründet worden ist? Braucht der CV die Frauen eigentlich bzw. brauchen ihn die Frauen?« Und, noch deutlicher: »Wie soll der CV wissen, was wir wollen?« Das führt zum Schluss: »Die lächerlichen Diskussionen um Aufnahmen von Mädchen in den CV sollten endlich beendet werden. Wir lassen uns nicht in einen Diskussionstopf mit den Protestanten und den Sozialisten werfen. Unsere Wünsche sind eher bescheiden. Wir wollen als gleichberechtigte Partner in Familie und Beruf anerkannt werden. Aber das ist noch ferne Zukunftsmusik.«[37]

Erste Organisationsversuche

Im selben Jahr 1977 gründete die Austria-Innsbruck einen »Verein der Freunde der Austria Innsbruck«, der auch für Studentinnen offenstand. Die Verbandsführung verurteilte diese Vorgangsweise. 1983 wurde das Experiment durch den Austritt der Studentinnen beendet.[38]

Im Jänner 1978 fasste der Philistersenior der in eben diesem Jahr in den ÖCV aufgenommenen Verbindung Vindemia-Feldkirch seine Ideen zur Integration von Mädchen in den CV zusammen. Er schlug vor, weiblichen Studierenden als »aktiven Couleurdamen« einen gesicherten Status zu geben, verankert in einem Anhang zur Geschäftsordnung, wenn eine Verbindung das wünschen sollte. Die studierenden Mädchen sollten eigene Damenconvente (DC) abhalten, Funktionärinnen

---

36 Senta Ziegler, Restauration im ¾ Takt, in: Academia 28, Heft März/April 1977, 25.
37 Gertraud W. Hartmann, CV-Esperanto contra Tratsch, in: Academia 28, Heft März/April 1977, 25 f.
38 Hartmann, Mit Gott, 712.

wählen und eigene Beschlüsse fassen können. Gemeinsam mit der Burschenverbindung sollte der größte Teil des Programms geplant und abgewickelt werden, Planung und Durchführung sollten gemeinsamen Chargenkonventen obliegen. Die »Verantwortung für das Erreichen der gemeinsam gesteckten Ziele« sollte aber den Entscheidungsgremien der geburschten Mitglieder vorbehalten bleiben. Die studierenden CV-Mädchen sollten ihre Bereitschaft zur Mitarbeit durch ein Versprechen gegenüber der Korporation bekunden und ihre Zugehörigkeit in geeigneter Form (z. B. Weinband) auch nach außen dokumentieren können.[39]

Im selben Jahr schuf die Vindelicia zu Innsbruck ein eigenes Damenstatut, durch welches die Mitarbeit von Studentinnen in der Verbindung zu regeln versucht wurde. Dieses Statut wurde 1979 auch für den ÖCV empfohlen.[40]

Auch eigene Studentinnenverbindungen wurden gegründet, von denen sich einige im VCS zusammengeschlossen haben.

Alle diese Entwicklungen fanden, wie schon angedeutet, in der Norica nur ein verhältnismäßig schwaches Echo. Die Verbindungszeitschrift diskutiert während der 1970er-Jahre das Problem des Engagements in der Hochschulpolitik, damals waren ja Noricer sehr stark in der ÖH vertreten. Intensiv wurde auch die Lage der Kirche debattiert und, nicht zuletzt, die immer aktuelle Frage nach dem öffentlichen Engagement des CV, der Norica und ihrer Mitglieder. In dieser Zeit waren nicht wenige aktive Mitglieder stark in der Österreichischen Hochschülerschaft engagiert. Die Vollmitgliedschaft von Studentinnen gehörte nicht zu diesen Themen. Das änderte sich rasch und gründlich, als sich eine Gruppe von Studentinnen, durchwegs Töchter von Alten Herren der Norica, in der Verbindung fanden und hier nicht nur irgendwie mittätig, sondern auch Mitglieder werden wollten.

Versuch einer Zusammenfassung

1. In der klassischen CV-Tradition, am besten verkörpert in Krassers Handbuch über das katholische Couleurstudententum, hat der »Damenverkehr« mit sorgfältig ausgewählten Couleurdamen eine erzieherische Aufgabe. Dabei steht zwar der Wunsch nach einer guten CV-Ehe im Hintergrund, aber es geht auch darum, den Burschen einen feineren Umgang mit dem weiblichen Geschlecht beizubringen. Eine zivilisierende Funktion wird ersichtlich.

2. Die beschleunigte Zunahme weiblicher Studierender und Absolventen wird im CV eigentlich relativ spät thematisiert, ein aus den 1950er-Jahren stammen-

---

39   Ivo Fischer, Mädchen in den ÖCV – wie? In: Academia 29, Nov./Dez. 1978, III.
40   Hartmann, Mit Gott, 713.

der Vorschlag des langjährigen Vorsitzenden der Verbandsführung, Eduard Chaloupka, blieb unausgeführt.

3. Die Schweizer haben schon 1967/68, nach einer 1961 einsetzenden Diskussion, die Frage im Sinne der Verbindungsautonomie gelöst – jede »Sektion«, die das wollte, konnte weibliche Mitglieder aufnehmen oder auch nicht..

4. 1968 beginnen erste Diskussionen im ÖCV wie in der Norica. Peter Diem stellte eine ganze Palette von möglichen »Übergangslösungen« zusammen. Gewisse Probleme sah er allenfalls im Prinzip der »Lebensfreundschaft«, ohne das allerdings genauer auszuführen. Ähnliche, wenn auch stärkere Bedenken, äußerte damals Wolfgang Mantl im Hinblick auf die geringe Organisationsfreude von Mädchen, aber insbesondere im Hinblick auf das Phänomen des Rückzugs aus den bisherigen Freundeskreisen nach Eheschließung und Kindern. Freilich ist dieses letztere Problem auch bei den Burschen zu beobachten – wer einen Hausstand gründet und auf der Karriereleiter nach oben zu klettern beginnt, hat nicht mehr viel Zeit zur Vereinsmeierei.

5. In der zweiten Hälfte der 1970er-Jahre beginnen erste organisatorische Versuche der Einbindung von Mädchen in das Leben von ÖCV-Verbindungen. Die Norica war bei dieser ersten Welle nicht dabei.

Elmar Puck

23 Jahre Studentinnenverbindung Norica Nova in Wien: Willkommensgruß und Abwehrprozess

Bemerkungen zu einer Strukturfrage des katholischen Korporationswesens

Inhalt

I. Einleitung

Vor 23 Jahren, im Herbst 1985, wurde unter der Patronanz der Katholischen akademischen Verbindung Norica in Wien[1] die Katholische akademische Verbindung Norica Nova[2] als farbentragende Studentinnenverbindung gegründet. Vor dem Hintergrund eines breiten Zustromes von Frauen auf die Universitäten und in die akademischen Berufe (Unterricht, Medizin, Rechtsprechung, staatliche Verwaltung) – worüber in diesem Band *Ernst Bruckmüller* berichtet – war es zuvor in der Aktivitas der Norica zu einer intensiven Diskussion darüber gekommen, ob sich die Verbindung für weibliche Studierende öffnen und ihnen Mitgliedschaftsrechte einräumen sollte. Ein erarbeitetes Modell für eine solche *Eingliederung* fand auf dem Cumulativconvent (CC) der K.a.V. Norica vom 22. 6. 1985 zwar die einfache, nicht aber die erforderliche qualifizierte Mehrheit. Der folgende Schritt – hier sei auf den Beitrag von *Michaela Steinacker* verwiesen – beruhte auf der Initiative der Studentinnen. Der Tatkraft der fünf Gründerinnen ist es zuzuschreiben, dass im Herbst 1985 die K.a.V. Norica Nova als Vereinigung mit eigener Rechtspersönlichkeit (Verein) entstanden ist. Die *Angliederung* an die Norica erfolgte (und erfolgt) durch ein Unterstützungs- und Kooperationsübereinkommen.

Im vorliegenden Beitrag soll das Auf und Ab in der Debatte über Integration und Integrationsausmaß von Studentinnen in eine ÖCV-Verbindung sowie das Vor und Zurück in der tatsächlichen Verwirklichung dieser Idee anhand der konkreten Entwicklung in der Norica nachgezeichnet werden. Norica und Norica Nova haben bereits einen festen Platz in der Geschichte dieser wichtigen Strukturfrage des katholischen Korporationswesens.

---

1   Im Folgenden auch (K.a.V.) Norica oder Nc.
2   Im Folgenden auch (K.a.V.) Norica Nova oder NcN.

Der Rückblick soll die Kernpunkte der Diskussion erkennen lassen und dazu beitragen, Befürworter und Gegner der Integration von Frauen in eine Verbindung besser zu verstehen. Dabei genügt es, auf die geäußerten Argumente und Gegenargumente abzustellen. Es bedarf daher keiner Amateurpsychologie und erst recht keiner tiefenpsychologischen Deutungsversuche von Äußerungen und Verhaltensweisen (zu denen die Autoren der drei zum Thema vorgelegten Beiträge dieses Bandes nicht befähigt wären und sich aus Respekt vor der Person der Freunde, die für oder gegen die Frauenintegration Stellung bezogen haben, auch nicht ermächtigt fühlen). Tatsächlich hat der Autor des vorliegenden Berichtes Grenzüberschreitungen dieser Art in den Gremien der Verbindung in all den Jahren nicht erlebt. Unter »Verstehen« soll das intellektuelle Erfassen und Beurteilen der Vorstellungen der beteiligten Gruppen über Struktur und Ziele einer katholischen Verbindung ebenso verstanden werden wie das Begreifen von erkennbar gewordenen Emotionen. Beides, kollektive Vorstellungen (Ideen) und Gefühle (Emotionen), sind wie Sachen und äußere Ereignisse[3] zu beschreiben und sodann auf ihre Wirkungskraft hin zu beurteilen.[4]

Den Studentinnen wurde von den Befürwortern einer Frauenintegration ein überschwängliches *Willkommen*, von der übrigen Norica ein fairer Empfang bereitet. Zugleich begann die Abwehr des Neuen, Ungewohnten, Irritierenden. Ein iterativer Prozess ist während all der Jahre die schrittweise Annäherung an das angestrebte Ziel einer vollen Integration, jeweils werden Abwehrschritte als Teil eines ebenso langen *Abwehrprozesses* gesetzt – auch in der rechtlichen Bedeutung dieses Begriffes in Form von Verfahren vor dem obersten Verbandsschiedsgericht.

Es sollen auch die *kollektiven Vorstellungen* aufgespürt werden, die in dieser Frage wirksam werden: etwa jene von einer fundamentalen Gleich-»Berechtigung«, mit der – ungeachtet des privatrechtlichen Charakters der Mitgliedschaftsrechte in einer Verbindung – die Forderung nach Aufhebung der Beschränkung der Mitgliedschaft auf Männer und nach gleichberechtigter Teilhabe und Mitgestaltungsmöglichkeit von Studentinnen gestützt wird; oder die Vorstellung vom Männerbund als verschworener Gemeinschaft für Kampf und Mitgestaltung der Gesellschaft, brüderlichen Beistand und studentischen Frohsinn, der, in der Sprache der Juristen, die stillschweigende Geschäftsgrundlage für Verbindung und Verband bilde; oder jene von der gebotenen Einheit und Kohäsion der Verbindung und gar des Verbandes.

3　Traiter des faits sociaux comme des choses (Emil Durkheim, Règles de la méthode sociologique).
4　Methodisch kann im Umfang dieser Dokumentation nur eine am Ablauf der Ereignisse orientierte Schilderung der Diskussion und ihres allfälligen Beitrages zur Ideengeschichte geliefert werden (keine Textanalysen, Interviews etc.). Die dargestellten Ergebnisse von Abstimmungen und Meinungsbefragungen können einen gewissen Einblick in die quantitativen Verhältnisse geben.

II. Drei Fragenkreise

Als die K.a.V. Norica ab dem WS 1984/85 von einer äußerst intensiven Diskussion über die Integration von Frauen in die Verbindung erfasst wurde, war dieses Thema für die ganz überwiegende Zahl ihrer Mitglieder neu. Es ist das Verdienst von *Heribert Franz Köck* (Nc)[5], in einer Stellungnahme vom 21. 5. 1985[6] drei Themenkreise klar unterschieden zu haben: die Wertungsfrage (ob die Frauenintegration wünschenswert ist), organisatorisch-technische Fragen und Rechtsfragen.

1. Die Wertungsfrage: Ist die Integration weiblicher Studierender in die Korporationen und ihren Verband wünschenswert? Unvereinbarkeit oder Vereinbarkeit mit der männerbündischen Korporationsidee?

Heribert F. Köck beantwortet die Frage, »ob eine über das traditionelle Maß der Teilnahme von Damen am Verbindungsleben hinausgehende Integration von Studentinnen überhaupt wünschenswert« sei, mit einem Nein. Selbst wenn eine solche Integration rechtlich zulässig wäre, würde daraus nicht folgen, dass sie auch wünschenswert erschiene. Zwar sei eine *Organisierung* von *Studentinnen* in katholischen Gemeinschaften aus pastoralen, kirchen- und gesellschaftspolitischen Gründen unbestritten *wünschenswert*. Hingegen sei »die *Integration* von Studentinnen in (den ÖCV im Allgemeinen und) die *K.a.V. Norica* (im Besonderen) *nicht notwendig,* weil die *alternative Möglichkeit* besteht, dass sich Studentinnen (allein oder mit Studenten, in couleurstudentischer Organisationsform oder in anderen Organisationsformen) zusammenschließen, *ohne* dass deshalb der *Charakter* (des ÖCV im Allgemeinen oder) der *K.a.V. Norica* (im Besonderen) *verändert* werden« müsse. Der spezifische Charakter bestehe in ihrer Eigenschaft als Männerbund. Zum *Wesen der K.a.V. Norica* gehörten »bisher *nicht nur die vier Prinzipien* (…), sondern *auch ihre couleurstudentische Art* und ihr Charakter *als Männerbund*«.[7]

Was nun aber das Wesen einer katholischen Verbindung ausmacht und ob das männerbündische Strukturmerkmal nicht bloß eine Ausprägung eines noch allgemeineren Strukturelements des Korporationswesens (als einer zur Pflege der vier Prinzipien spezifisch geeigneten Organisationsform) ist, wird von *Köck* nicht weiter vertieft. Wäre dies unternommen worden, hätte sich eine differenziertere Bewertung des Vorhabens einer Studentinnenintegration ergeben. Es hätte sich gezeigt, dass das ungeschriebene Strukturprinzip »Männerbund« nicht ein Essentiale,

---

5   Er ist o. Univ.-Prof. für Völkerrecht und Europarecht an der Universität Linz.
6   Versendet an alle Mitglieder der Nc als Beilage zu Nc-Info 149 vom 9. 6. 1985.
7   Hervorhebungen im Original.

sondern ein Akzidens einer Verbindung ist. Der Sitz des Problems liegt hier nicht bei den Prinzipien religio, scientia oder patria, sondern bei jenem der *amicitia*. Die Grundlage für diese Lebensfreundschaft soll die Verbindung als Erziehungsgemeinschaft schaffen; ihr kommt eine wichtige Erziehungsaufgabe zu (gegenseitige Fürsorge und Treue zu gewähren sowie einen Beitrag zur Gestaltung der Gesellschaft zu leisten). *Robert Krasser* fasste diese Gedanken nach dem Wiedererstehen des ÖCV in seiner Festrede auf der V. ÖCV-Versammlung vom 30. 11. 1946[8] in folgende Worte: »Bei allem ehrlichen Streben nach geistiger und sittlicher Erneuerung unseres Gemeinschaftslebens halten wir aber mit voller Überzeugung an der geschichtlich gewordenen Korporationsform fest, die alle Mitglieder – die jungen und die alten – seelisch so stark aneinander bindet, daß dieses durch ein ganzes langes Leben geübte Mit- und Füreinander zu einem seelischen Bedürfnis und zu beglückender Freude, ja schließlich zu entscheidender Lebensmacht [wird]. Ein so einmaliges Treueverhältnis setzt (…) eine gemeinschaftsbildende Kraft voraus, wie sie eben nur aus einer auf einer wahrhaft sittlichen Lebensauffassung beruhenden, *familienhaften Lebensgemeinschaft* erwachsen kann.«

Natürlich wäre es nun völlig unhistorisch zu leugnen, dass *Krasser* die Verwirklichung seiner Ideale in der damals allein existenten männerbündischen Korporation beschrieben und beschworen hat. Natürlich ist auch das Pathos der Zeit wegzudenken. Wenn wir es hier aber mit einer unterscheidungskräftigen Charakterisierung der Korporation zu tun haben, was hindert uns dann daran, einer Studentinnenverbindung oder einer gemischtgeschlechtlichen Verbindung denselben Idealismus und dieselbe Hingabe bei der Erfüllung ihrer Ziele zuzubilligen? Wäre nicht das Bild der »familienhaften Lebensgemeinschaft«, das *Robert Krasser* gebraucht[9], in besonderem Maße für die zuletzt genannte gemischte Verbindungsform aussagekräftig? Sollten Mut und Durchhaltekraft in Frage gestellt werden und wird dabei der mutige Beitrag ungezählter Frauen von Cartell- und Bundesbrüdern in den Jahren 1938 bis 1945 zur Aufrechterhaltung jener Ideale, die auch die Verbindungsideale sind, vergessen? Angemerkt sei in diesem Zusammenhang noch, dass die zu Recht starke Betonung des Charakters der Verbindung als (Selbst-)Erziehungsgemeinschaft und als generationenübergreifende Lebensform das gemischtgeschlechtliche Verbindungsmodell wohl noch geeigneter für die Weitergabe »der

---

8   Robert Krasser, Katholisches Farbstudententum. Grundsätzliches zum Wiedererstehen des ÖCV, Verlag Albrecht Dürer, Wien 1947, 6.

9   So auch in Robert Krasser, Katholische Farbstudenten. CV – Idee und Wirklichkeit, Herold, Wien 1952, 8, wo er ausführt: Die »idealen Absichten der Begründer des katholischen Farbstudententums lassen sich nur in einer familienhaften Lebensgemeinschaft gleichstrebender Freunde verwirklichen, die sich gegenseitig stützen und fördern, aneinander emporwachsen und die der Wille einigt, in allen Lagen und Fährnissen des Lebens stets Freund und Bruder zu sein«.

wertvollen Gemeinschaftserfahrung vieler Verbindungsgenerationen«[10] erscheinen lässt als das Modell der reinen Studentinnenverbindungen.[11]

Immerhin werden wohl alle, die in den letzten 23 Jahren Verantwortung in der K.a.V. Norica getragen haben, darin übereinstimmen, dass sie bei den Studentinnen der Norica Nova nicht weniger Gemeinschaftsgeist, Zuverlässigkeit und Loyalität gefunden haben als bei den Studenten der Norica, nicht selten sogar mehr.

Das Miteinander von Studenten und Studentinnen im Hörsaal, im Institut, im Labor ist ebenso selbstverständliche Normalität wie die Koedukation bereits in Kindergarten, Volks- und Mittelschule. Am Arbeitsplatz, in kollegialen Beratungs- und Entscheidungsorganen, wie Kommissionen, Senaten, Projektgruppen, Beiräten usw. – überall gibt es ein gleichberechtigtes und gleichverpflichtetes Miteinander von Männern und Frauen. Es ist also für die Mitglieder einer gemischten Verbindung nichts grundstürzend Neues, was sie hier erwartet. Eine Gemeinschaft dieser Art erscheint heute vielmehr als die zweckmäßige Form zur Erwerbung sozialer Kenntnisse, Techniken und Erfahrungen, und dies in einer Gruppe, wie man sie im »wirklichen Leben« so unverblümt und direkt nicht erleben kann. Dabei wird dies alles auch noch ohne das im »Leben draußen« herrschende Risiko geboten!

Wenn *Heribert F. Köck* meint, durch die Integration von Studentinnen in eine ÖCV-Verbindung werde eine Verarmung an alten und bewährten Formen eintreten, so scheint diese Befürchtung auf einem Missverständnis zu beruhen: Die Form der gemischten Verbindung soll, wie die reine Studentinnenverbindung, neben die nach wie vor mögliche Form der reinen Männerverbindung treten. Es ist in keiner Phase der langjährigen Diskussion an eine Zwangsbeglückung bestehender Verbindungen gedacht worden; es sollte nur das Cartellrecht den Weg für eine autonome Entscheidung der Verbindungen, die ihre Mitgliedschaft öffnen wollen, freimachen.

2. Modelle für die Integration weiblicher Studierender

Eine Integration von Studentinnen in eine ÖCV-Verbindung und in den ÖCV kann in unterschiedlicher Dichte erfolgen. Verschiedene Modelle wurden hiefür erdacht. Es bestehen Modelle der Angliederung und solche der Eingliederung weiblicher Studierender.

Modelle der *Angliederung* haben gemeinsam, dass sich die Studentinnen in rechtlich selbständigen Vereinigungen (Verbindungen) organisieren. Eine solche Studen-

---

10   Robert Krasser, Katholisches Farbstudententum (FN 8), 7; derselbe, Katholische Farbstudenten, 80 ff.

11   Vor allem dann, wenn keine konkrete Angliederung an eine ÖCV-Verbindung besteht.

tinnenverbindung oder ein Verband von derartigen Verbindungen tritt sodann in ein rechtliches Naheverhältnis zum Verband (ÖCV) durch ein besonderes Abkommen (z. B. ein sogenanntes Verbändeabkommen[12] oder sonstiges Freundschaftsabkommen) oder durch die antragsbedürftige Zuerkennung bestimmter Rechte bei Erfüllung von in der CO festgelegten Voraussetzungen.[13] Ein anderes Modell der Angliederung ist die Kooperation zwischen einer Patronanzverbindung[14] und einer Studentinnenverbindung, z. B. zwischen K.a.V. Norica und K.a.V. Norica Nova (mit der keine Rechte der Mitglieder der Norica Nova im ÖCV verbunden sind). Die Aufnahme selbständiger Studentinnenverbindungen oder selbständiger gemischtgeschlechtlicher Verbindungen in den ÖCV würde eine Eingliederung in den Verband, nicht aber in eine konkrete ÖCV-Verbindung bewirken. Zur Lösung der damit zusammenhängenden Fragen im Verhältnis der Verbindungen untereinander (Cartellverhältnis) wurde ein Drei- bzw. Zwei-Säulenmodell für den Verband in teilweiser Anlehnung an das Sektionenmodell des Schweizerischen StV erarbeitet, der es den Sektionen (das sind die Verbindungen) anheimstellt, nur Studenten, nur Studentinnen oder beide aufzunehmen.[15]

Modelle der *Eingliederung* sehen die Aufnahme weiblicher Studierender in eine ÖCV-Verbindung mit geminderten Rechten[16] oder vollen Mitgliedschaftsrechten (im letzteren Fall: die Vollintegration) vor, wobei für den Verkehr mit anderen Cartellverbindungen besondere Regeln (z. T. geminderte Rechte) vorgeschlagen werden.

---

12 Vgl. die §§ 26 Abs 2 und 39 Abs 2 CO sowie die Zusammenstellung der Verbändeabkommen im ÖCV-Rechtsbuch.

13 Z. B. das Modell des (nicht aufrechterhaltenen) Antrages 7 der Verbandsführung betreffend befreundete Vereinigungen an die XXXI. CVV 1988 in St. Pölten.

14 Die Möglichkeit eines solchen Modells erwähnt schon Roderich M. Regler, Öffnung nach innen? Protestanten und Mädchen, Academia 19 (Dez. 1967), H. 3, 28. In diesem sehr frühen Beitrag zum Thema berichtet der Autor über die Lösung des Schweizerischen StV und behandelt als Erster Modelle, denen er die Arbeitsbezeichnungen Burse, Hospitanten, selbständige Verbindungen und neue Gemeinschaftsformen gibt. Vgl. ferner Peter Diem, Academia 19 (Mai 1968), H. 8, 27; derselbe, Durchleuchtung Rudolfina (Bericht über eine Meinungsumfrage, u. a. zur Studentinnenfrage), Academia (Sept. 1968), H. 12, 22.

15 Unten Punkt VIII.2. und 3.

16 „Hospitantenstatus« – Spannungsverhältnis zu Art 11 zweiter Satz der Satzungen des ÖCV, wonach die Mitglieder des Verbandes (das sind die Verbindungen) und seiner Verbindungen gleichberechtigt sind.

3. Die Rechtsfragen: Vereinbarkeit des jeweiligen Integrationsmodells mit dem Verbindungs- und Verbandsrecht

3.1. Allgemeines

Bevor Fragen des Rechts der Vereins- und Verbandssatzungen behandelt werden, soll kurz darauf eingegangen werden, ob sich aus dem Grundrecht auf Gleichheit und dem Diskriminierungsverbot, wie sie in der Bundesverfassung, in der Europäischen Menschenrechtskonvention (EMRK) und im Europäischen Gemeinschaftsrecht gewährleistet sind, eine rechtliche Vorgabe für die Gestaltung der Vereinssatzungen ableiten lässt. Mitunter kam in Norica und Norica Nova die kollektive Vorstellung zum Ausdruck, dass (nur) mit der Teilhabe, im Besonderen mit der vollen Mitwirkung weiblicher Studierender am Verbindungsleben einem grundsätzlichen »Anspruch« auf Gleichberechtigung entsprochen werde. In der *juristischen* Debatte wurde auf die Frage eines Rechtsanspruches auf gleichberechtigte Aufnahme und Mitgliedschaft – zu Recht – nicht Bezug genommen. Denn weder die österreichische Rechtsordnung noch Europäisches Recht sehen Schranken für die privatautonome Gestaltung der Satzungen von Vereinen, wie es die ÖCV-Verbindungen sind, in der Richtung vor, dass in der Beschränkung der Mitgliedschaft auf Männer eine unzulässige Diskriminierung von Frauen zu erblicken wäre. Den Verbindungen kommt weder eine öffentliche Aufgabe (etwa für den Zugang zur Berufsbildung, zur Beschäftigung oder zum beruflichen Aufstieg) noch eine faktische Monopolstellung auf diesen oder anderen Gebieten des öffentlichen Interesses zu, was zu einer anderen Beurteilung der geschlechterspezifischen Aufnahmeschranken führen könnte. Nach dem Europäischen Gemeinschaftsrecht wirkt die Gemeinschaft bei allen in Art 3 Abs 1 des EG-Vertrages (im Folgenden: EG) genannten Tätigkeiten darauf hin, Ungleichheiten zu beseitigen und die Gleichstellung von Männern und Frauen zu fördern. Die Vereinstätigkeiten, wie sie von ÖCV-Verbindungen entfaltet werden, fallen weder unmittelbar noch mittelbar in den Bereich einer dieser taxativ aufgezählten Gemeinschaftsaufgaben. Insbesondere auch Art 141 EG, der sich auf die Gewährleistung der Anwendung des Grundsatzes der Chancengleichheit und der Gleichbehandlung von Männern und Frauen in Arbeits- und Beschäftigungsfragen, einschließlich des Grundsatzes des gleichen Entgelts bei gleicher oder gleichwertiger Arbeit, bezieht, ist für unsere Verbindungen nicht einschlägig. Die hier beschäftigende Frage ist somit eine Frage der *Privatautonomie*.[17] Sie ist im Rahmen des internen

---

17 Dass die Aufnahme des ÖCV in den Bundesjugendring u. a. deswegen nicht zustande kam, weil staatliche Förderungen nur Vereinen gewährt werden, die beiden Geschlechtern offenstehen, hat

Vereinsrechts, des Rechts von Verbindung und Verband zu lösen. Es gehört zum Urbestand des Korporationsgedankens,[18] dass Entscheidungen demokratisch durch Abstimmung unter den gleichberechtigten Verbindungsmitgliedern getroffen werden. Das gibt der Verbindungsgemeinschaft die Möglichkeit, den Inhalt ihrer Tätigkeiten und nach Maßgabe der Statuten auch ihre Organisation geänderten Umständen anzupassen. Die Minderheit hat die Mehrheitsentscheidung zu respektieren; es ist ihr aber mangels Rechtskraft (außer bei verbindungsgerichtlichen Entscheidungen) unbenommen, die Sachfrage neuerlich auf die Tagesordnung zu bringen. In der Minderheit gebliebene Mitglieder werden auch die gegen ihren Willen getroffene Entscheidung akzeptieren und als Willenskundgebung der Korporation mittragen. Das ist Verbindungsalltag. Schwieriger, wenn auch im Grunde nicht anders ist es, wenn eine Gruppe in einer grundsätzlichen Frage, z. B. einer Strukturänderung der Verbindung, in der Minderheit geblieben ist. Das Verbindungsrecht trägt hier dem Bedürfnis nach Kontinuität und Stabilität durch eine erschwerte Abänderbarkeit des Rechts Rechnung. Qualifizierte Anwesenheits- und Zustimmungserfordernisse tragen dem Minderheitenschutz Rechnung. Der Mehrheit werden Schranken gesetzt. Fortschreiten und Beharren, Dynamik und Verbleiben beim Althergebrachten sind durch ein engmaschiges Regelungssystem gegeneinander abgegrenzt.

Noch mehr als das Verbindungsrecht der K.a.V. Norica ist das Verbandsrecht des ÖCV, das im Wege der Bedingungen für Beitritt und Verbleib einer ÖCV-Verbindung im Verband tiefgreifende rechtliche Vorgaben für die Verbindung (etwa für die Aufnahme von Mitgliedern: Männer – Frauen, Katholiken – Protestanten, Universitäts- und gleichgestellte Studien) enthält, keine bewegliche (leicht änderbare), sondern eine starre Verfassung.

Für die Verwirklichungschancen jedes der vorhin unter Punkt 2 angeführten Modelle für eine Integration von Studentinnen ist es daher entscheidend, ob es einer ÖCV-Satzungsänderung (5/6-Mehrheit; manche Satzungsbestimmungen können nur einstimmig geändert werden), einer Cartell-Ordnungs- (CO-)Änderung (2/3-Mehrheit) oder keiner Änderung ÖCV-rechtlicher Normen bedarf. Vergleichbare Fragen stellen sich für das Verbindungsrecht.

Wie weit die Rechtsauffassungen darüber auseinander liegen, macht die nachstehende Gegenüberstellung augenfällig.

---

nichts mit der Frage der Rechtmäßigkeit der Aufnahmebeschränkung zu tun.

18   Zum »Conventsprinzip« vgl. Alfons Brandl, Wurzeln. Ein Beitrag zur Ideengeschichte der katholischen Korporationen, in: CV – ÖCV (Hrsg.), 150 Jahre CV, Regensburg – Wien 2006, 27, 30.

3.2. Die Rechtsauffassung Dris. Mazal

Die auszulegenden Bestimmungen des II. Abschnittes der CO betreffen die »Verbindungsmitglieder«. Der 1. Unterabschnitt mit der Überschrift »Einteilung« teilt in § 22 CO die ordentlichen Mitglieder der Verbindungen des ÖCV in Studierende und »Alte Herren« (»Philister«) ein, die Studierenden wiederum in »Mitglieder auf Probe (Füchse)« und »vollberechtigte Mitglieder (Burschen)«; ferner gibt es Ehrenmitglieder. Sonstige Arten der Mitgliedschaft sind nicht gestattet. Der 2. Unterabschnitt betrifft die »Studierenden« und regelt in den §§ 25 ff. deren Aufnahme und Ausschluss.

Dr. *Mazal* (NbW)[19] geht in seinem Gutachten vom November 1991[20] davon aus, dass der *Wortlaut* der zuletzt erwähnten Bestimmungen der §§ 25 ff CO[21] über die *Aufnahme* in eine Verbindung hinsichtlich der Aufnahme weiblicher Studierender neutral sei. Hingegen ergebe sich unter dem Blickwinkel *grammatikalischer und systematischer Interpretation* eine Prävalenz der Unzulässigkeit der Aufnahme weiblicher Studierender, weil die im Cartellrecht spezifisch für die Mitglieder verwendeten Begriffe »Fuchs«, »Bursch«, »Alter Herr«, »Cartellbruder« nur auf Personen männlichen Geschlechts sinnvoll angewendet werden könnten. Sowohl die natürliche Sprachbedeutung als auch der nachweisliche Gebrauch durch Jahrhunderte fixierten den Begriff »Bursch« im normativen Umfeld auf eine Person männlichen Geschlechts. Dieser Befund könne durch *subjektiv historische Auslegung und eine Auslegung nach den subjektiven Zielen des historischen Normgebers* gestützt werden. Beide Methoden führten »wohl ohne Zweifel zum Ergebnis, dass sich die Cartellordnung nur auf männliche Studierende bezieht«.

Dr. *Mazal* weist allerdings darauf hin, dass für die Nichtberücksichtigung weiblicher Mitglieder lediglich die couleurstudentische Praxis und die faktischen Verhältnisse an den Universitäten maßgeblich gewesen seien, weil der Umstand, dass Frauen *rechtlich* vom Studium ausgeschlossen gewesen wären, zum Zeitpunkt der Erlassung der heutigen Cartellrechtsvorschriften nicht mehr relevant gewesen sei.

Allerdings ergeben sich für Dr. *Mazal* auf der anderen Seite »in *objektiv teleologischer* Hinsicht ohne Zweifel gewichtige Anhaltspunkte dafür, dass der neutrale Wortlaut der Bestimmungen über die Aufnahme von Mitgliedern zulässig ist,

---

19   Der Gutachter war zum Zeitpunkt der Gutachtenserstellung Universitätsdozent und Rechtspfleger des ÖCV; er ist mittlerweile o. Univ.-Prof. für Arbeits- und Sozialrecht an der Rechtswissenschaftlichen Fakultät der Universität Wien.

20   Dieses Rechtsgutachten »Zur Zulässigkeit der Aufnahme weiblicher Studierender in eine Verbindung des ÖCV« erging über Ersuchen der Aktivitas der K.a.V. Norica vom 2. Juli 1991.

21   Wonach als »ordentliches Mitglied« nur aufgenommen werden kann, wer (…) einem ordentlichen Studium nachgeht.

wenn man davon ausgeht, dass das tragende Kriterium für die Aufnahme in eine ÖCV-Verbindung das Bekenntnis zu den vier Prinzipien ist«. Letztere seien in der (gegenüber der CO höherrangigen) *Satzung* des ÖCV normiert und ebenfalls ihrem Wortlaut nach geschlechtsneutral formuliert. Aus ihrem Inhalt ergebe sich aber eine Prävalenz der Aufnahme von weiblichen Studierenden, weil die Prinzipien patria, scientia und amicitia im Grunde genommen gegenüber dem Geschlecht des Mitgliedes neutral seien, aus religio aber eine grundsätzliche Gleichheit der Geschlechter im Hinblick auf die mit einer ÖCV-Mitgliedschaft verbundenen Voraussetzungen und Konsequenzen abgeleitet werden könne. Es erscheine vertretbar, die solcherart aus den Satzungen erkennbare objektive Teleologie der Mitgliedschaft zur Auslegung der (geschlechtsneutralen) Aufnahmebestimmungen der CO heranzuziehen und diese nicht darauf zu reduzieren, dass bloß die Mitgliedschaft von Männern zulässig wäre.

Dr. *Mazal* muss sodann seinerseits die Begriffsinhalte des § 21 CO über die Einteilung der Verbindungsmitglieder wie folgt reduzieren: Die Begriffe »Cartellbruder«, »Alter Herr«, »Bursch«, »Fuchs« wären »dementsprechend aus teleologischen Erwägungen nur für männliche Mitglieder zu verwenden, würden nach dieser Auffassung aber nicht als Grundlage für die Ablehnung weiblicher Studierender tragfähig sein«.

Nach Dr. *Mazal* lasse sich aus den Satzungen des ÖCV noch ein zweiter argumentativer Ansatz gewinnen. Nach Art 10 der Satzungen bestehe eine Kompetenz zur Beschränkung der Verbindungsautonomie – und als eine solche wäre eine in der CO geregelte Einschränkung der Mitgliedschaft auf Männer zweifellos zu qualifizieren – nur so weit, »als es die gemeinsamen Interessen der Verbindungen erfordern. Im Zweifel ist das Fehlen einer solchen Beschränkung anzunehmen«. Stehe man nun auf dem Standpunkt, dass ein verbindungsübergreifendes Regelungsinteresse bei dieser Frage nicht bestehe, sei die Auffassung legitim, dass das Cartellrecht für die Normierung einer Beschränkung nur auf männliche Mitglieder nicht kompetent wäre und dass daher wiederum – im Sinne einer satzungskonformen Auslegung – die ihrem Wortlaut nach offenen Aufnahmebestimmungen der CO nicht als Beschränkung auf männliche Studierende zu verstehen seien.

Es gebe sohin nach Auffassung Dris. *Mazal* für beide Interpretationen gute Gründe. Die österreichische Rechtsordnung normiere keine Rangordnung der Auslegungsmethoden. Deren Wahl sei letztlich immer ein Wertungsakt des Rechtsanwenders. Im Falle des Beschlusses einer Verbindung auf Aufnahme von Studentinnen könne die Rechtsfrage durch das Oberste CV-Gericht als Verbandsschiedsgericht im Wege eines Verfahrens zur Nichtigerklärung des betreffenden Conventsbeschlusses oder eines Ausschlussverfahrens einer Lösung zugeführt werden.

Persönlich stehe Dr. *Mazal* auf dem Standpunkt, dass die objektiv-teleologischen

Argumente und der aus der Satzung ableitbare Vorrang der Verbindungsautonomie den Ausschlag gäben. Er gelange zur Auffassung, »dass eine Aufnahme von weiblichen Studierenden in eine ÖCV-Verbindung de lege lata zulässig« sei.

Zum Gutachten Dris. *Mazal* ist noch festzuhalten, dass es den Beschluss der XXIV. Cartellversammlung (CVV) 1981 in Feldkirch zur Studentinnenfrage[22] nicht erwähnt.

3.3. Die Rechtsauffassung Dris. Kohlegger

Während der Rechtspfleger des Jahres 1991, der damalige Univ.-Doz. Dr. *Mazal*, im Verbandsrecht keine Schranke für die Aufnahme von Studentinnen in eine ÖCV-Verbindung erblickte, kam Präs. Dr. *Kohlegger*,[23] ÖCV-Rechtspfleger der Jahre 1952–1976, in seiner gutächtlichen Stellungnahme[24] zum diametral entgegengesetzten Ergebnis, dass eine solche nicht nur eine Änderung der CO (2/3-Mehrheit), sondern sogar eine Änderung der ÖCV-Satzungen (5/6-Mehrheit) voraussetze.

Dr. *Kohlegger* stellt zunächst außer Streit, dass eine Reihe hochschul- und gesellschaftspolitischer Gründe dafür spreche, den ÖCV und seine Verbindungen auch für Studentinnen zu öffnen. Er selbst habe lange Zeit in der Richtung argumentiert, dass das Studentinnenproblem im Bereich der Verbindungsautonomie gelöst werden könne.[25] Mittlerweile sei er aber alt genug geworden, um einzusehen, dass das Studentinnenproblem auf dieser Grundlage keiner gedeihlichen Lösung zugeführt

---

22 Darin wurde festgestellt, »dass für die dem ÖCV angehörigen Verbindungen die Frage der Aufnahme von Studentinnen nur auf der Basis der Gründung rechtlich selbständiger Studentinnenvereine gelöst werden kann. Diesen gegründeten Vereinen steht es frei, unter der Patronanz einer vollberechtigten ÖCV-Verbindung an die CVV einen Antrag auf Abschluss eines Freundschaftsabkommens mit dem ÖCV zu stellen, wenn sie ein effektives Vereinsleben haben.« Zur Bedeutung dieses CVV-Beschlusses für den Beschluss des Obersten CV-Gerichtes (OCVG) vom 11. 11. 1996 siehe unten Punkt VI.1.

23 Hon.-Prof. Dr. Kohlegger war Präsident des OLG Innbruck und Präsident des OGH des Fürstentums Liechtenstein.

24 Ohne Datum [wohl 1993] mit dem Titel »Zehn Gedanken zur Lösung der sogenannten ›Studentinnenfrage‹ im ÖCV und seinen Verbindungen«, nunmehr veröffentlicht in: Der Pulverturm. Meinungsforum der K.a.V. Saxo-Bavaria Prag in Wien, Nr. 1/März 2008, 11 ff. Der Kern dieser Gedanken findet sich bereits in einer Stellungnahme Dris. Kohlegger (AIn) an Dr. Hans Egon Gros (Nc), einen erklärten Integrationsgegner, im Herbst 1992 (vgl. Pkt. VII im Schreiben des letzteren an die Mitglieder der Norica vom Dez. 1992).

25 Das verwundert nicht, war es doch die Urverbindung Dris. Kohlegger, Austria-Innsbruck, von der schon 1977 bekannt wurde, dass sie durch einen Verein der Freunde der Austria-Innsbruck Studentinnen in die Verbindung integrieren wollte, wie Gerhard Hartmann, Für Gott und Vaterland. Geschichte und Wirken des CV in Österreich, Lahn-Verlag, Kevelaer 2006, 712, berichtet; treibende Kraft für die »Vereinslösung« sei Karl Kohlegger gewesen (ebd., Anm. 45).

werden könne. Denn verbindungsinterne Lösungen würden nicht nur innerhalb der Verbindungen deren Mitglieder entzweien, sondern cartellintern auch die Verbindungen untereinander. Es bestehe die Gefahr eines Zerbrechens des Verbandes, wenn es nicht gelinge, eine gemeinsame Lösung der Studentinnenfrage zu erarbeiten. Diese gemeinsame Lösung bedürfe vor allem der Erkenntnis, dass es wichtiger sei, »den ÖCV als Ganzes zu erhalten, als den ganzen und ungeteilten ÖCV gewissen Zeitströmungen, so wichtig sie auch erscheinen mögen, zu opfern«.

Mittelbare Lösungen (oben als Angliederung weiblicher oder gemischtgeschlechtlicher Vereinigungen bezeichnet) seien aus näher ausgeführten Gründen nicht zielführend. Es bedürfe der unmittelbaren Aufnahmemöglichkeit. Erst wenn Studentinnen ohne diskriminierende Umwege direkt in Verbindungen des ÖCV unter gleichen Bedingungen wie die Studenten aufgenommen werden könnten, schwinde bei den Betroffenen das Gefühl der Diskriminierung und bei allen anderen das Unbehagen, das redlich denkende Menschen allemal gegenüber juristischen Kunstgriffen empfänden.

Die ersten Verbindungen des alten Cartellverbandes, aus dem im Jahr 1933 der ÖCV hervorgegangen sei, seien um die Mitte des 19. Jahrhunderts entstanden. Damals habe es an den Universitäten des deutschen Sprachraumes noch keine Studentinnen gegeben. Es sei eine selbstverständliche Tatsache gewesen, dass in den CV und seine Verbindungen nur Studenten hätten aufgenommen werden können. Damit aber habe im ursprünglichen Recht des alten CV neben den ausdrücklichen Aufnahmeerfordernissen auch die Beschränkung auf Studenten auf Satzungsstufe (eine CO habe es noch nicht gegeben) Geltung erlangt. Denn das, was alle an einer Vereinbarung beteiligten Parteien bei der autonomen Gestaltung ihrer Beziehungen als selbstverständlich vorausgesetzt hätten, werde auch ohne ausdrückliche Parteienvereinbarung zum Vertragsinhalt (Lehre von der »Geschäftsgrundlage«). Das gemeinsame Bewusstsein aller Beteiligten habe eine ausdrückliche Vereinbarung substituiert. Dies führe zum weiteren zwingenden Schluss, dass diese satzungsmäßige Beschränkung auch heute noch gelte. Denn die Zugehörigkeit einer Verbindung zum ÖCV setze heute wie damals unverändert voraus, dass sie auf dem ursprünglichen Grundkonsens aufgebaut sei. Zu diesem gehörten aber nicht nur die Verpflichtung der Verbindung und ihrer Mitglieder zu den ausdrücklich genannten vier Prinzipien, sondern auch zur selbstverständlichen und daher ungeschrieben gebliebenen Beschränkung auf das männliche Geschlecht.

Für jene Verbindungen, die ihre eigenen Satzungen an die eingetretene Veränderung der gesellschaftlichen Verhältnisse anpassen und in ihrem autonomen Bereich auch Studentinnen aufnehmen wollten, wäre es durchaus legitim, ihre Zugehörigkeit zum ÖCV wegen »Wegfalles der ursprünglichen Geschäftsgrundlage« aufzugeben. Sie stünden dann außerhalb des ÖCV. Eine solche Lösung, die letztlich auf ein Auseinanderbrechen des ÖCV hinausliefe, sollte nach Auffassung Dris. *Kohlegger* im Interesse der gemeinsamen prinzipiellen Werte vermieden werden.

Insbesondere müsse auch der Versuch einer Verbindung versagen, die verbindungsintern getroffene Öffnung als Ausfluss der in Art 10 der ÖCV-Satzungen erwähnten Verbindungsautonomie zu definieren. Denn in diese Autonomie könne nur eine Angelegenheit fallen, die nicht im gemeinsamen Interesse eine Regelung auf Verbandsebene gefunden habe. Eine solche Regelung in Form der Beschränkung auf männliche Studierende liege hier auf Satzungsebene auf dem Boden des bestehenden Grundkonsenses verbindlich (wenn auch nicht ausdrücklich) vor.

Präsident Dr. *Kohlegger*, für den die mittelbare Aufnahme von Studentinnen in die Verbindungen des ÖCV nur »eine halbe Lösung« ist, plädiert daher für eine die *unmittelbare* Aufnahme von Studentinnen ermöglichende Änderung der Satzungen des ÖCV (5/6- Mehrheit in beiden Verbandsteilen auf der CVV).

III. Das Studentinnen-Statut der K.a.V. Norica von 1985. Versuch einer Teilintegration von Studentinnen

1. Vorbereitung und Inhalt

Im WS 1984/85 erörterte die Aktivitas der K.a.V. Norica eingehend die Frage, ob die Verbindung eine gleichberechtigte Teilnahme von Studentinnen am Verbindungsleben wolle und welche Gründe dafür- oder dagegensprächen.[26, 27] Schon seit einigen Jahren hatten nämlich Studentinnen aktiv Anteil am Verbindungsleben genommen.[28, 29] Im März 1985 beschloss sodann der Burschenconvent (BC), eine umfassende Integration von Studentinnen in die K.a.V. Norica anzustreben. Es wurde eine paritätisch von der Aktivitas (iur. *Stefan Köck,* iur. *Lang,* Dr. *Spindelegger*) und der Altherrenschaft (Phil-x Dr. *Bernau,* Univ.-Prof. Dipl.-Ing. Dr. *Oberndorfer,* Generalanwalt Dr. *O. Tschulik*) beschickte Kommission zur Ausarbeitung eines Studentinnen-Statuts eingesetzt. Die Kommission erarbeitete ein »Studentinnen-Statut der K.a.V. Norica« und befürwortete dieses einstimmig. Nach Auffassung des Kom-

---

26 Diskussionsabend vom 6. 11. 1984 und Adresse von Tuchacek/Köck, ohne Datum, an den BC vom 20. 11. 1984, dieser möge sich dem Thema in einem TO-Punkt »Mädchenfrage« zuwenden.

27 Über frühere Versuche anderer Verbindungen zur Lösung der »Studentinnenfrage« berichtet Gerhard Hartmann, Für Gott und Vaterland, 711.

28 Vgl. dazu die Darstellung von Michaela Steinacker in ihrem Beitrag in diesem Band.

29 Nach dem Schreiben des Seniors des SS 1985, Wohnout, vom 15. 5. 1985, Nc-Info 146, beschränke sich diese aktive Teilnahme nicht nur auf gesellschaftliche Veranstaltungen, die Studentinnen brächten vielmehr auch bei Diskussionen, Gesprächskreisen, Fuchsenconventen und Fachzirkeln ihre Ideen und Vorstellungen ein. Diesem Zustand solle eine rechtliche Basis gegeben werden.

missionsmitgliedes Dr. *Otto Tschulik,* des damaligen Rechtspflegers des ÖCV, stand das Statut in vollem Einklang mit dem Cartellrecht.[30]

Das der Diskussion zugeleitete »Studentinnen-Statut der K.a.V. Norica« sah vor, dass Studentinnen, die den Aufnahmevoraussetzungen für Mitglieder der K.a.V. Norica entsprächen (§ 5 der Geschäftsordnung – GO), zur vollen Teilnahme am aktiven Verbindungsleben zugelassen werden könnten, dass durch diese Zulassung eine Mitgliedschaft im Sinne der CO des ÖCV nicht begründet werde und zwischen den Studentinnen und allen Mitgliedern der K.a.V. Norica das freundschaftliche »Du« gelte. Endgültig zugelassene Studentinnen sollten, soweit nicht anderes bestimmt werde, zur Teilnahme am aktiven Verbindungsleben im selben Umfang wie Burschen berechtigt und verpflichtet sein. In allen gemeinsamen Angelegenheiten sollte der Allgemeine Convent (AC) zuständig sein, ebenso sollte ihm der Burschenconvent (BC) mit Dauerbeschluss Aufgaben übertragen können. Davon sollten taxativ aufgezählte Angelegenheiten ausgenommen sein (u. a. Rezeption und Entlassung von Füchsen, Zulassung zur Burschung, Philistrierungen, Wahlen des Vorstandes der aktiven Verbindung [Senior (x), Consenior (xx), Fuchsmajor (FM), Schriftführer, Kassier], Änderung der GO, Verbindungsstrafsachen und ÖCV-Angelegenheiten). Die Studentinnen sollten auf BC und CC nicht zur Teilnahme berechtigt sein. Es sollte zulässig sein, den Studentinnen verbindungsinterne Aufgaben zu übertragen, sie sollten jedoch nicht in den Vorstand der Verbindung gewählt werden können. Das Statut sah eine Befristung seiner Geltung von vier Jahren vor.

2. Der Cumulativconvent vom 22. Juni 1985

Am 31. 5. 1985 erstattete Univ.-Prof. Dr. *Herbert Franz Köck* die bereits oben unter Punkt II.1. erwähnte Stellungnahme, in der er zum Ergebnis kam, dass eine über das traditionelle Maß der Teilnahme von Damen am Verbindungsleben hinausgehende Integration von Studentinnen nicht wünschenswert sei, dass von den Befürwortern der Integration in Wahrheit eine noch weitergehende Integration angestrebt werde und das Statut mit der CO nicht vereinbar sei.

Auf dem Altherrenabend vom 21. 5. 1985 wurde das Studentinnen-Statut eingehend erörtert (43 Wortmeldungen).

In der Sitzung des Cumulativconventes (CC) vom 22. 6. 1985 im Großen Sitzungssaal des niederösterreichischen Landhauses in Wien wurde das zur Abstimmung gestellte Statut neuerlich umfassend und sachlich diskutiert. Diese ersten Diskussionen zum Studentinnenthema, das Norica spät, aber umso heftiger erfasst hatte, zählen

---

30 So die in der vorhergehenden FN zitierte Nc-Info 146 vom 15. 5. 1985.

zusammen mit den Debatten auf den Cumulativconventen der Jahre 1993 und 1996 in ihrer Breite, ihrem Tiefgang und ihrer Ernsthaftigkeit zum Besten, was der Autor bei Norica erlebt hat. Die Debatten waren mitunter heftig, emotionell, aber nie persönlich verletzend. Es fällt auf, dass sich diese frühen Debatten über die Öffnung für Studentinnen mehr um das Ob, die Zweckmäßigkeit, die gesellschaftspolitische Bedeutung, mehr auch um die Eignung der einzelnen Modelle, ja der Verbindungsform überhaupt, für Frauen und um Prognosen, wie sich die einzelnen Modelle der Angliederung oder Eingliederung entwickeln könnten, drehten als um Fragen der rechtlichen Ausgestaltung. Erst in einer späteren Phase der sich über 17 Jahre endlos hinziehenden Debatten,[31] etwa ab 1993, traten die Frage der erforderlichen Mehrheiten (also des Minderheitenschutzes), die Bedeutung des Cartellrechtes und die Art der rechtlichen Konstruktion in den Vordergrund.

Es seien in der Folge – ohne Wertung und Reihung – Argumente festgehalten, die verwendet wurden. Wichtig ist dabei im Dienste einer konstruktiven Debatte mit Personen, mit denen man weiter Freundschaft pflegen will, dass man sich des Hochmutes enthält, ein Argument zu belächeln oder für dumm zu halten. Das gleiche gilt für den Beobachter und Historiografen, denn jedes Argument drückt eine Problemsicht, Erwartungen und Ängste aus und trägt zum besseren Verständnis der kollektiven Ideen einer Gruppe bei. Hier ist eine offene Diskussion, wie sie in der Norica geführt wurde, ein Glück. In einer Diskussion, die sich nur mehr um technische Konstrukte dreht, sind die realen oder eingebildeten Ängste und Hoffnungen nicht minder vorhanden, aber verborgen; ein wirkliches Verstehen des Gesprächspartners wird dann mitunter unmöglich.

Als Pro-Argumente wurden vorgebracht (bei den sieben erstgenannten handelt es sich um solche der Aktivitas aus der Anfangsphase 1985[32]):

- Gewandeltes Frauenbild; hochwertige Ausbildung – hochwertige Tätigkeit in Beruf und Gesellschaft; nicht nur: Stricken sollen sie können.
- Warum sollen Studentinnen von den Vorzügen der Norica ausgeschlossen sein, d. i. von der gleichberechtigten Teilnahme an einer Freundesgruppe, die mehr vorhat, als nur schnell zu studieren, zumal Koedukation und Frauenstudium befürwortet würden.
- Mädchen kommen nur als Freundinnen oder »Anhängsel« einzelner Burschen auf die Bude oder als »Damenflor« zum Kommers, aber nicht aus eigenem Recht als Mitglieder.

---

31 Der Philisterverband der Norica wird in seinem Antrag zur CVV 2001 von einem »iterativen Prozess« sprechen!

32 Vgl. oben Andreas Tuchacek/Stefan Köck, a.a.O. (FN 26).

- Frage des dauerhaften Ausschlusses von Frauen aus politischen Funktionen als Folge des Ausschlusses von der Verbindungsfreundschaft [?]
- Mädchen wollen aus eigenem Antrieb zur Norica; sie sollen nicht wie in der Vergangenheit durch den Charakter der Verbindung als reiner Männerbund abgeschreckt werden.
- Ohne Mädchen würde auf Ideen und Spannung in gemeinsamen Gesprächs-, Gebets- und Arbeitskreisen verzichtet.
- Politische Aktionen wie »Geborene für Ungeborene«, die aus der Verbindung Norica entstanden sind, sind ohne Teilnahme von Mädchen unglaubwürdig.
- Gemeinsamkeit mit Mädchen wird erlebt in der Koedukation und am Studienplatz; »Du«-Anrede unter Studierenden und häufig auch Jungakademikern.
- Gemeinsamkeit mit Mädchen – Töchtern alter Herren – wurde erlebt auf den legendären Norica-Skikursen und anderen Veranstaltungen der Norica.
- Sektband bzw. Chargieren im schwarzen Kleid mit breiter Schärpe (ohne Kopfbedeckung und natürlich ohne Schläger) wirkt elegant.
- Rolle der Laien in der Kirche, kennt keine Differenzierung nach dem Geschlecht, tragende Bedeutung der Frauen bei den ehrenamtlichen Mitarbeitern, aber auch Laienorganisationen.
- Gesellschaftspolitische Aufgabe: Es mangelt an Angeboten für weltanschaulich den ÖCV-Verbindungen nahe stehende Studentinnen.
- Akademikerinnen, sehr hoher Frauenanteil in den klassischen Frauenberufen wie Unterricht, Medizin, Pharmazie.
- Akademikerinnen rücken im Staat massiv in die mittlere Führungsebene vor (mehr Richterinnen als Richter, mehr Assistentinnen als Assistenten), erreichen davon ausgehend auch Spitzenfunktionen (z. B. Präsidentin des OGH, Vizepräsidentin des VfGH, drei weitere VfGH-Richterinnen von 14; zwei Volksanwältinnen von drei); Wirtschaft und freie Berufe werden mit Zeitverzögerung folgen.
- Geistige und gesellschaftliche Heimstätte für Töchter Alter Herren.
- Gemischte Verbindung kann auch für männliche Studierende attraktiv sein.
- Image in der Öffentlichkeit; dass die eine oder andere Verbindung ein solches Angebot für die vollberechtigte Teilnahme von Frauen hat, könnte auch im Interesse des Verbandes ÖCV liegen.
- Diskussions- und Veranstaltungsthemen sind vielfältiger geworden.
- Zusammenarbeit zwischen Studentinnen und Studenten schult für Teamwork in Studium, Hochschulpolitik, Beruf.
- Die Entwicklung in der Verbindung ist unumkehrbar geworden, es gibt kein totales Zurück.
- Tatsächlich sind die Studentinnen der Norica Nova sehr darauf bedacht, sich

couleurstudentisch korrekt zu verhalten, sind manchmal auch in dieser Beziehung ordentlicher als die Herren der Schöpfung.

Als Contra-Argumente wurden gebraucht (bei den fünf erstgenannten handelt es sich um solche der Aktivitas aus der Anfangsphase 1985):
- Norica ist ein Männerbund und soll ein solcher bleiben.
- Norica ist mit der couleurstudentischen Tradition verknüpft und die Teilnahme von Mädchen ist mit dieser Tradition nicht vereinbar.
- Die Teilnahme von Studentinnen wird zu nichts führen, weil diese auch bei Austria-Innsbruck zu nichts geführt hat.
- Wer Mädchen aufnehmen will, soll aus der Norica hinausgehen und einen neuen Verein gründen, der nicht den Ballast von 100 Jahren Geschichte mitschleppt.
- Mädchen sollen eine eigene Verbindung gründen, mit der man ein Freundschaftsabkommen schließen könnte.
- Das Damenstatut oder eine Studentinnenverbindung richtet sich nur an Studentinnen. Es wird daher kaum noch nichtstudierende Couleurdamen geben. Darum sei schade. Zahlreiche Alte Herren sind aber gerade mit solchen ehemaligen Couleurdamen verheiratet.
- Couleurstudentische Formen – verschiedenste Einzelheiten – passen nicht. Sie sind Erinnerung an Kampf (Kampf um Freiheit und Gleichberechtigung auf Hochschulboden).
- Im Alter von 18 bis 20 Jahren sind Mädchen reifer als Burschen.
- Herzhafte Gemütlichkeit unter Männern wird durch Anwesenheit von Mädchen qualitativ verändert, gestört.
- Die Studentinnen würden alles an sich reißen, Burschen fühlten sich gehemmt und würden sich sodann fallenlassen (semper apathi, numquam certi).
- Spaltungsgefahr für Verbindung und Verband, Herausbildung unversöhnlicher Gruppierungen.
- Liebesgeschichten können zu tiefgreifenden Verwerfungen führen.
- Es ging früher auch ohne Studentinnen bei der Planung und Durchführung von Veranstaltungen.
- Und zu guter Letzt: Wie sollten Chargierte neben chargierenden Mädchen auf einem langen Kommers mit ihrer übervollen Blase in traditioneller Form verfahren?

Die Abstimmung über das Damenstatut 1985 erbrachte 87 Pro- und 68 Gegenstimmen, bei sieben Enthaltungen, somit die einfache Mehrheit für die Annahme (54 %). Da jedoch die für eine GO-Änderung damals erforderliche 3/4-Mehrheit nicht erzielt wurde, bedeutete dies die Ablehnung des Antrages und damit des Modells einer Teilintegration von Studentinnen (mit geminderten Rechten) in die aktive Korporation.

IV. Die Gründung der K.a.V. Norica Nova im Oktober 1985

1. Der Verein »Katholische akademische Verbindung Norica Nova«

Am 8. Oktober 1985 fassten *Christine* und *Michaela Bitschnau, Elisabeth Freytag, Christine Michalitsch* und *Michaela Steinacker* den Beschluss, eine katholische farbentragende Studentinnenverbindung mit dem Namen »*Katholische akademische Verbindung Norica Nova*« zu gründen.[33]

Die Proponentin *Christine Michalitsch* (die erste Seniora) zeigte die Vereinsbildung unter Vorlage der Vereinsstatuten bei der Sicherheitsdirektion Wien an. Zweck des Vereins ist es, die Allgemeinheit auf geistigem, kulturellem und sittlichem Gebiet, insbesondere auf den Gebieten der Kunst, der Wissenschaft, der Volksbildung, der Erziehung, der Heimatkunde und der Heimatpflege sowie bei der praktischen Betätigung der katholischen Weltanschauung zu fördern. Er hat seine Ziele gemeinnützig zu verfolgen. Mitglieder des Vereins können alle Studentinnen werden, die als ordentliche Hörer an einer österreichischen Hochschule oder ihr gleichgestellten Anstalt immatrikuliert sind und sich zum Grundsatzprogramm der K.a.V. Norica Nova bekennen.

Die Mitglieder der Norica Nova tragen die im Vereinsstatut genannten Farben weiß-blau-gold in Form eines Sektbandes und keine Kopfbedeckung.

2. Erklärung der K.a.V. Norica Nova über ihre Ziele

Mit einem Brief an die Noricer vom Herbst 1985[34] stellte die Seniora die neue Studentinnenverbindung vor. Die Statuten seien in enger Anlehnung an jene der K.a.V. Norica verfasst worden, auch die Norica Nova betrachte die vier Prinzipien religio, amicitia, scientia und patria als Grundlage ihres Handelns. Sodann heißt es:

> „Da wir weltanschaulich und inhaltlich dem CV und insbesondere der Norica
> sehr nahe stehen, suchen wir Gebiete, wo intensive Zusammenarbeit möglich
> ist, wie z. B. die Hochschulpolitik, Diskussionsveranstaltungen, Vernissagen,

---

33   Gerhard Hartmann, Für Gott und Vaterland, 712.
34   Ohne Datum, NcN-Info 1.

gemeinsame Messgestaltung, Geborene für Ungeborene … Die Zusammenarbeit mit der Norica sollte unserer Vorstellung nach durch gemeinsame Schwerpunktprogramme verwirklicht werden, wobei die guten Ideen dazu von einer gemeinsamen, breiten Basis aufgearbeitet werden sollen. Die personellen Autonomien bleiben dabei unangetastet.«

Die offizielle Vorstellung der K.a.V. Norica Nova erfolgte am – stilvollen und fröhlichen – Gründungsfest vom 20. 3. 1986 im Rittersaal des NÖ Landhauses, in dessen Rahmen die Ehrenpatronessen der jungen Studentinnenverbindung, Frau Dr. *Annemarie Bernau,* Frau Bundesministerin Dr. *Marilies Flemming* und Frau Hofrätin Dr. *Edith Mock* die ihnen verliehenen Bänder als Ehrenmitglieder entgegennahmen.

V. Das (erste) Kooperationsabkommen der K.a.V. Norica mit der K.a.V. Norica Nova und der Zeitraum WS 1985/86 bis WS 1990/91

1. Zeitraum WS 1985/86 bis SS 1987

Mit Beschluss des BC vom 15. 10. 1985 begrüßte die K.a.V. Norica die Gründung der ihr nahe stehenden Studentinnenverbindung Norica Nova. Der Chargenconvent (ChC) der K.a.V. Norica wurde beauftragt, mit dieser Verbindung so weit wie möglich zusammenzuarbeiten und sie zu unterstützen.

Mit Beschluss des Philisterausschusses der K.a.V. Norica vom 18. 11. 1985 wurde der K.a.V. Norica Nova die Mitbenützung der im Eigentum des Philisterverbandes stehenden Verbindungsräumlichkeiten in Wien VIII prekaristisch (§ 974 ABGB) für ein Jahr, d. h. unentgeltlich und (nach Ablauf dieses Jahres) gegen jederzeitigen Widerruf eingeräumt.[35] Gleichzeitig wurde der jungen Studentinnenverbindung eine Unterstützung von 5.000 S gewährt und – falls gewünscht – ein Kredit bis zu 10.000 S zugesagt. Ausdrückliche Regeln über die Führung des Namensteiles »Norica« und der Verbindungsfarben wurden nicht getroffen.[36] Im Hinblick auf die kla-

---

35 Mit Schreiben des Philisterverbandes vom 30. 11. 1988 (von der NcN-x übernommen am 2. 12. 1988) wurde auch schriftlich festgehalten, dass die Mitbenützung der Räumlichkeiten so wie bisher prekaristisch, also gegen jederzeitigen Widerruf und unentgeltlich, erfolgt.

36 Davon, dass die K.a.V. Norica eine Zustimmung erteilt habe, geht das (zweite) Kooperationsabkommen vom 22. 1. 1998 in seinem § 3 – im Hinblick auf ihre seinerzeitigen Erklärungen zur Unterstützung und Zusammenarbeit zu Recht – aus. In diesem Punkt wurde die Vertragslage im Jahr 1998 präzisiert, dabei aber insofern zum Nachteil der Norica Nova verändert, als die Er-

re Unterscheidbarkeit des Namens und der Art des Farbenbandes wurde von einer letztlich wohl aussichtlosen Relevierung der Frage der Ähnlichkeit von Name und Farben[37] abgesehen, zumal zum einen dem Großteil der Altherrenschaft die gefundene Zwei-Verbindungs-Lösung zweifellos lieber war als das Studentinnen-Statut und man angesichts dessen keinen kleinlichen und möglicherweise unnützen Streit wollte und zum anderen die Mehrheit der Aktivitas den Status der Kooperation zweier rechtlich selbständiger Verbindungen als eine Übergangslösung betrachtete,[38] sodass sich diese Frage dereinst von selbst erledigen würde, bis dahin aber der innere Gleichklang der beiden Verbindungen auch nach außen augenfällig gemacht werden sollte.

Basis für die beschriebene Unterstützung der Norica Nova durch die Norica und deren Philisterverband bildet eine gemeinsame Erklärung des Philisterseniors Dr. *Kuno Hörmann* und des Seniors *Michael Schöggl* vom Jänner 1986, die auch im Blauen Teil der Academia[39] abgedruckt ist. Darin wird auf das oben unter Punkt III.2. wiedergegebene Zitat aus der NcN-Info 1 wörtlich Bezug genommen, dann heißt es:

„Aktivitas und Altherrenschaft der Norica stehen der Gründung und der Zusammenarbeit positiv gegenüber. Wir tun dies sehr bewusst, um damit katholische Studentinnen, die ihr Studium ernst nehmen, Österreich bejahen und die Lebensfreundschaft in unserem Sinne, aber in ihrer Eigenart, pflegen wollen, die Chance zu geben, sich zu entfalten. Nicht zuletzt sollen unsere Cartell- und Bundesbrüder ihren Töchtern, wenn sie auf die hohen Schulen gehen, einen Kreis Gleichgesinnter empfehlen können.

Auch ergeben sich bei der gegebenen klaren vereinsrechtlichen Trennung keine rechtlichen Bedenken aus der Sicht der CO bzw. der Geschäftsordnung der Norica.

Die Norica ist sich darüber im klaren, dass es sich um einen Versuch handelt, der einer schwierigen Gratwanderung gleicht und auch ein Misserfolg

---

laubnis erlöschen soll, wenn die Norica Nova ungeachtet einer künftigen verbandsrechtlichen Zulässigkeit einer Vollintegration in die Norica bei ihrer rechtlichen Selbständigkeit und einer bloßen Kooperation bleiben wollte (s. unten Punkt VII.1.).

37   Vor allem aus der Altherrenschaft wurde diese Frage wiederholt an den Philistervorstand herangetragen. Das Beispiel zeigt gut, wie Emotionen, die durch eine befürchtete Veränderung gewohnter Strukturen hervorrufen werden, an formalen und, für sich betrachtet, nicht sehr bedeutenden Regeln und Verhaltensweisen festgemacht werden.

38   Man konnte sich darunter einen Zeitraum von zehn Jahren vorstellen. Nach Michael Lang, Mutig in die neuen Zeiten, in: FS NORICA NOVA, o. J. (wohl 1987), 9, 10, stehe »sowohl in Aktivitas und Altherrenschaft als auch in der Norica Nova außer Streit, dass der eingeschlagene Weg in den nächsten zehn Jahren der einzige mit Zukunftsaussichten ist«.

39   Hörmann/Schöggl, Norica – Norica Nova. Die Studentinnenfrage, Academia intern, Jänner 1986, IV.

durchaus im Bereich des Möglichen liegt. Darum geht unsere Bitte an alle Cartellbrüder, wenn sie schon nicht dafür sein können, wofür wir durchaus Verständnis haben, sich wenigstens neutral zu verhalten.«

Diese Erklärungen und Vereinbarungen bildeten in ihrer Gesamtheit ein erstes Kooperationsabkommen, das von einer strikten Trennung der beteiligten juristischen Personen und ihrer Organe sowie deren Willensbildung und rechtlichen Verantwortlichkeit ausging.

Innerhalb der so markierten Grenzlinien waren Art und Intensität der Zusammenarbeit von Norica und Norica Nova offen. Es erfolgte von Anfang an eine gemeinsame Planung und Durchführung der religiösen, gesellschaftlichen und – bei Norica traditionellerweise stets zahlreichen – bildenden Veranstaltungen durch die beiden Aktivitates. Bei der damals gegebenen Dynamik und Begeisterung verwundert es nicht, dass die Aktiven jeden Anlass nützten, um möglichst viel Gemeinsamkeit, z. B. in der Präsentation der Arbeitsergebnisse und in den Veranstaltungen, zum Ausdruck zu bringen. Es begann ein jahrelanger mühsamer Prozess, in dem die Grenzen zwischen notwendiger Trennung und breiter inhaltlicher Zusammenarbeit ausgelotet wurden. Die Minderheit von etwa einem Drittel in der Aktivitas[40] war kein monolithischer Ablehnungsblock, vielmehr gab es in der Studentinnenfrage selbst durchaus unterschiedliche Strömungen. Daher fiel die Aufgabe einer Grenzziehung – angesichts eines die Aufnahme von Studentinnen oder auch nur die Kooperation mit einer solchen Vereinigung ablehnenden Teiles der Altherrenschaft – dem Philisterausschuss und -vorstand zu. Es musste ein Weg gefunden werden, der es jedem ermöglichen sollte, in der Gemeinschaft zu verbleiben. In organisatorischen Fragen blieb es bei einer klaren Trennung: Eine stufenweise (teilweise) Verschmelzung der Chargenconvente war in der Aktivitas angedacht, wurde aber nicht weiterverfolgt; Burschungen und Filiaturen wurden von den Aktiven beider Verbindungen vorbesprochen, eine Willensbildung in den zuständigen Conventen wurde dadurch aber weder rechtlich noch faktisch vorweggenommen oder unmöglich gemacht.[41] Von Anfang an war die Führung der (gemeinsamen) Fuchsenconvente[42] ein wesentliches Thema der Auseinandersetzung zwischen Alt-

---

40 Aus der Sicht der Minderheit vgl. Peter Tschulik, Senf SS 1989.

41 Die Idee gemischter Burschungskommissionen wäre (sofern mit verbindlichem Votum ausgestattet) mit der Zwei-Firmen-Theorie unvereinbar gewesen und wurde auf Grund des entschiedenen Einspruchs der Altherrenschaft aufgegeben.

42 Bereits in den letzten Jahren hatten Mädchen an den FC teilgenommen. Der Philistervorstand trat für eine teilweise Trennung (z. B. hinsichtlich CV-interner Themen, Norica-Geschichte) ein. Rückblickend erscheint dies nicht zweckmäßig, denn Aufgabe der Patronanz-Verbindung ist es doch, möglichst umfassend in Aufgabe, Struktur und Geschichte von Verbindung und Verband einzuführen und Interesse hiefür zu wecken.

herrenschaft und Aktivitas. Beide Verbindungsteile waren sich der Bedeutung der FC für die Prägung des Selbstverständnisses der jeweils neuen Verbindungsgenerationen bewusst.

2. Zeitraum WS 1987/88 bis SS 1989

In der bisher geschilderten Entwicklung der Studentinnenfrage in der Norica spielten Fragen des Verbandsrechts noch keine Rolle. Dies begann sich mit dem vorliegenden Zeitraum zu ändern, und im folgenden Jahrzehnt sollte Norica im Zentrum einer rechtlichen Kontroverse mit dem Verband stehen. Zur Ebene der Geschehnisse in der Verbindung kam jene des Verbandes hinzu.

Was die Studentinnenfrage *auf der Verbandsebene* anlangte, erstattete der Rechtspfleger des ÖCV, Generalanwalt Dr. *Otto Tschulik* (Nc), über Auftrag der XXX. CVV (1987) einen Vorschlag an die Verbandsführung über den *Status befreundeter Verbindungen und Vereine*. Es war ein Modell der mittelbaren Integration (Angliederung). Es betraf Vereinigungen von Hochschülerinnen und gemischtgeschlechtliche Hochschulverbindungen sowie Verbindungen, die nichtkatholische Hochschüler/Hochschülerinnen christlicher Konfession aufnahmen. Nach dem vorgeschlagenen neuen § 19 CO sollte ein freundschaftliches Verhältnis[43] im Rahmen des Cartellrechtes nur begründet werden dürfen, wenn sich die studentische Gemeinschaft durch Farben nach außen kundgibt, ein eigenes Verbindungs- oder Vereinsleben aufweist und berechtigte Interessen einer Ortsverbindung nicht beeinträchtigt werden. Der Entwurf sah bestimmte Teilhaberechte vor (beratende Stimme in beschlussfassenden Organen des ÖCV; Zugang zur Bildungsakademie; Teilnahme an Bezirks- und Berufszirkeln).

Im Begutachtungsverfahren gab der Philisterverband der Norica am 25. 1. 1988 eine positive Stellungnahme zum Novellierungsvorschlag ab. Maßgebend erschien dabei insbesondere die gesellschaftspolitische Bedeutung einer generellen Regelung, in der der ÖCV nach außen hin zum Ausdruck gebracht hätte, er trage dem Umstand, dass bereits mehr als 50 % der Studierenden Frauen sind, Rechnung und öffne jenen, die die vier Prinzipien bejahen, die Tür zur Mitarbeit. Bedeutsam er-

---

43 Damit sollte für diese Fälle, die bisher in besonderen Verbändeabkommen geregelt wurden, ein einheitliches Recht geschaffen werden. Nach den Erläuterungen des Entwurfes seien unter den bisherigen Versuchen, Studentinnen und nichtkatholischen christlichen Studenten/Studentinnen eine aktive Teilnahme zu ermöglichen, zum einen rechtlich selbständige und durch ein Freundschaftsabkommen mit einer Patronanz-Verbindung verbundene Vereine zu nennen (bei Glückauf und Kristall für evangelische Studenten, bei Babenberg Wien und Norica Wien für Studentinnen), zum anderen Damenstatute (bei Vindelicia).

schien auch die Einbindung der (Jung-)Akademikerinnen in die Berufs- und Territorialzirkel. Der BC der K.a.V. Norica hingegen lehnte den Vorschlag unter dem Aspekt einer unzweckmäßigen Einengung der Verbindungsautonomie ab. Das Tatbestandselement »eines eigenen Verbindungslebens« wurde als Einfallspforte des Verbandes in die Verbindungsautonomie erkannt und als Quelle unabsehbarer rechtlicher Querelen gesehen. Die gebotenen Vorteile erschienen dem BC, ausgehend von einer viel weiter gehenden Integrationsvorstellung für die Zukunft, nicht ausreichend, um der Festschreibung eines bestimmten Modells (Trennungslösung) zuzustimmen.

Der XXXI. CVV 1988 in St. Pölten wurde sodann ein modifizierter Vorschlag als *Antrag 7* der Verbandsführung *betreffend befreundete Vereinigungen* vorgelegt, der u. a. Abstriche bei den Mitgliedschaftsrechten mit sich gebracht hätte. In den Beratungen der CVV vom 3. 6. 1988 stieß die antragsgemäße Zusammenfassung der Frage der Einbindung nichtkatholischer Christen in den ÖCV mit der Studentinnenfrage auf Widerstand (möglicherweise war dies ohnehin die Sollbruchstelle). Dazu kam eine Summierung der ablehnenden Positionen: Es trat zur Ablehnung durch Verbindungen, denen die vorgeschlagene Regelung zu weit ging, die Ablehnung durch jene, die eine Einengung ihrer Autonomie befürchteten und diese Nachteile nicht durch entsprechende Vorteile aufgewogen erachteten. Der Antrag wurde in der Folge zurückgezogen. Damit hat der Verband die Studentinnenfrage neuerdings unbeachtet gelassen oder verkannt und diese ganz offensichtlich herandrängende gesellschaftspolitische Aufgabe – wiederum auf einige Jahre hinaus – gar nicht in Angriff genommen.

Was die Entwicklung auf *Verbindungsebene* anlangt, so ist die Zeit von 1987 bis 1989 durch ein weiteres Anwachsen der Norica Nova gekennzeichnet: Sie hatte im Mai 1989 ca. 35 Mitglieder, die ersten Philistrierungen waren erfolgt.

Das bleibend Bemerkenswerte an dieser Periode der Kooperation Noricae mit der neuen Studentinnenverbindung war einerseits, wie nachhaltig diese (bloße!) Zusammenarbeit skeptische Teile der Altherrenschaft und (zu einem geringeren Anteil) auch der Aktivitas zu emotionalisieren vermochte. Die Heftigkeit kritischer bis ablehnender mündlicher, telefonischer und schriftlicher Äußerungen Einzelner zu jeder Lebensäußerung der beiden Verbindungen musste erstaunen und ließ auf ein erhebliches Ausmaß stiller Ablehnung schließen. Andererseits war nicht nur Anfangselan, sondern mitunter auch starrer Richtigkeitsanspruch der Befürworter einer weitergehenden Integration für einen ungewohnt scharfen Diskussionsstil verantwortlich. Dem Philistervorstand war klar, dass er es mit einem Zeitproblem zu tun hatte: Den Jungen mit ihren kurzen Funktionsperioden, die sie jeweils mit einem Erfolg krönen wollten, ging alles zu langsam, den Alten zu schnell. Es wurde bald erkennbar, dass es sich um einen komplexen Lernprozess handeln würde, und dass dieser Zeit brauchte. Anders als sein sehr begeisterungsfähiger Vorgänger Dr. *Hörmann* sah sich der Autor dieses Berichtes als Phil-x nicht so sehr als Partei der Auseinandersetzung, sondern mehr als Administrator, als Moderator, manchmal als Schiedsrichter und Klagemauer. Wir wussten, dass wir das Tempo zurücknehmen mussten, um zu verhindern, dass uns die Ränder wegbrächen. Es wurden daher zum einen wieder regelmäßige Altherrenabende, die den Mitgliedern der Norica vorbehalten waren, eingeführt; auch zu den Einleitungsreferaten wurden ausschließlich Noricer eingeladen. Gewiss war dies eine Seitwärtsbewegung, der gute Besuch und die interessanten Diskussionen zeigten jedoch, dass danach wirklich ein Bedürfnis bestand. Gleiches galt für den Nc-Mittagstisch jeden Mittwoch in der Gösser-Bierklinik. Zum anderen wurde auf eine dem Vereinsrecht entsprechende Trennung der Verbindungen gedrungen: In Reaktion auf einen *Beschluss des BC vom 13. 12. 1988*[44] ersuchte der *Philisterausschuss mit Beschluss vom 16. 1. 1989* die Aktivitas der Norica, u. a. zwei getrennte Fuchsenconvente pro Semester durch die Norica zu veranstalten und die gegenseitige Berichtererstattung auf beiden Konventen nicht auf jeweilige BC/NcN-Convents-Angelegenheiten zu beziehen. In mühsamen Diskussionen wurden Formen für Weihnachtskommers und Stiftungsfest, Aussendungen, Einladungen zu gemeinsamen Veranstaltungen usw. festgelegt. Von dem Vorhaben der Norica Nova, eine protestantische Studentin aufzunehmen,[45] und von einer Statutenänderung der Norica Nova, die die Aufnahme von Burschen der K.a.V. Norica ermöglichen sollte, wurde auf Grund des letztlich doch überzeugenden Einspruchs des Philistervorstandes Abstand genommen.[46] Die Kooperation erhielt (gab sich) also Spielregeln und trug so zu einer Beruhigung der Situation bei.

Durch die vorstehende Schilderung könnte der Eindruck entstehen, die Verbindungstätigkeit hätte sich in dieser Grenzziehung, unter anderem in einem Gefeilsche um Kleinigkeiten, erschöpft. Das wäre ganz unrichtig. Norica und Norica Nova der damaligen Zeit waren stark und motiviert. Es wurden hervorragende Semesterprogramme erarbeitet und durchgeführt. Eine Woche zu Frauenfragen, eine

---

44 Darin wurde der Beschluss des BC vom 15. 10. 1985 bekräftigt, und es wurden künftige Chargenkonvente (ChC) beauftragt, für gemeinsame Programmplanung und Verwirklichung durch die ChC der Nc und NcN, Präsentation dieses Programmes in gemeinsam gestalteten Aussendungen, gemeinsame Planung und Durchführung der Fuchsenconvente, ständige gegenseitige Berichterstattung auf beiden Conventen sowie gemeinsame Budenbenützung Sorge zu tragen. Ca. 1/3 der Stimmberechtigten sprach sich dagegen aus.

45 Briefwechsel vom 28. 11./14. 12. 1988.

46 Brief des Phil-x vom 11. 6. 1989, wonach mit der Aufrechterhaltung des sogenannten »Leibburschen-Statutes« der NcN vom 7. 6. 1989, das dem Senior der Nc, dem Fuchsmajor und den Leibburschen der Studentinnen das Stimmrecht am Convent der NcN eingeräumt hatte, die strikte personelle Trennung verlassen würde und sich das Mandat des Philistervorstandes nicht auf die Kooperation mit einer gemischtgeschlechtlichen Verbindung erstrecke; am ao. Convent der NcN vom 6. 11. 1989 erfolgte die einstimmige Sistierung des »Leibburschen-Statutes«.

berührende jüdische Woche, ein interessantes Gedenkjahr 1988, eine anspruchsvolle Reihe von Veranstaltungen zum Zeitalter der Aufklärung (200 Jahre französische Revolution) 1989 sind in Erinnerung geblieben.

3. Zeitraum WS 1989/90 bis SS 1991

Diese Periode war auf *Verbindungsebene* von zunehmender Ungeduld der Befürworter einer weiter gehenden Integration der Studentinnen[47] und Spannungen mit retardierenden Kräften in der Aktivitas (die vor allem mehr Tradition, aber auch Toleranz einforderten, in der Frauenfrage jedoch durchaus unterschiedliche Auffassungen hatten)[48] gekennzeichnet. Auch die Ablehnung in einem Teil der Altherrenschaft war differenziert. Wirklichen Ärger verursachte die schleichende Erosion des Vereinbarten. Auch überzeugteste Befürworter einer Öffnung der Verbindung für Frauen, wie etwa Univ.-Prof. Dr. med. *Paul Aiginger,* mahnten zu mehr Gelassenheit.[49]

Norica Nova verzeichnete seit 1985 einen beträchtlichen jährlichen Mitgliederzuwachs[50] und hatte am Ende der vorliegenden Periode ca. 41 Mitglieder. Am 30. März 1990 zum 5. Gründungsfest verlieh sie dem Bundesminister für Auswärtige Angelegenheiten Dr. *Alois Mock* (Nc) und Frau Dr. *Elisabeth Sonnweber-Wiesner* das Ehrenband. Auch die Norica war seit dem Jahr 1985 kräftig gewachsen[51] und hatte im Jahr 1991 ca. 110 Aktive.

---

47 Vgl. für eine vollständige und gleichberechtigte Integration Helmut Wohnout, Am Scheideweg, Fenster Okt 1990, 10, unter Bezugnahme auf Univ.-Prof. DDr. Mang, Academia intern, Februar 1990, II; Andreas Aichinger, Unverbesserliche Norica? Fenster März 1991, 6; Theresa Philippi, Fenster April 1991, 7.

48 Berthold Föger/Helmuth Vavra, Bekenntnisse zweier Unverbesserlicher, Fenster Jänner 1991, 10; dieselben, Fenster April 1991, 9.

49 Univ.-Prof. Dr. med. Paul Aiginger, Festrede am Stiftungsfest vom 8. 6. 1991, an die Norica Nova gerichtet: »Habt die Geduld, den begonnenen geschichtlichen Beitrag so erfolgreich zu beenden, wie ihr ihn bisher getragen habt. Habt mehr Respekt und Geduld vor der Meinung vieler Bundesbrüder, die die Traditionen ihrer Jugendjahre nicht so schnell abwerfen können. Ihr werdet wenig Ruhm in der Geschichte ernten, wenn ihr vor lauter Wehklagen über die mangelnde Vollintegration für Studentinnen unattraktiv werdet, weil ihr unterdrückt wirkt … [und] wenn ihr die einst große Verbindung Norica schrumpfen lasst, weil die Burschen bei Nc neben geistigen Auseinandersetzungen auch gemütliches Beisammensein ohne das Dauerthema Emanzipation suchen. … Selbst entschiedene Befürworter der Vollintegration werden ehrlich zugeben, dass das Thema leichter intellektuell als emotional bewältigt werden kann.« Zitiert nach Nc-Info 234 (Gelber Brief Nov. 1991).

50 Mitgliederzuwächse der NcN: 10 (1985), 13 (1986), 5 (1987), 5 (1988), 4 (1989), 4 (1990). Quelle: Gelber Brief des Philisterverbandes der K.a.V. Norica vom 14. 4. 1992.

51 Mitgliederzuwächse der Nc: 6 (1985), 19 (1986), 11 (1987), 11 (1988), 11 (1989), 10 (1990). Quelle: wie in FN 50.

Auf *Verbandsebene* wurde im SS 1991 vom Vorort A.V. Austria Innsbruck und der Aktivitas der K.a.V. Danubia ein Antrag an die XXXIV. CVV in Innsbruck gestellt, der die *direkte Aufnahme von Frauen* in Verbindungen des ÖCV ermöglichen sollte (*Antrag 17*). Im Anschluss an die im Antrag geschlechtsneutral formulierte Einteilung der dauernden Verbindungsmitglieder in § 22 Abs 1 CO sollte in einem neuen § 22 Abs 2 CO normiert werden: »(2) Diese Arten der dauernden Mitgliedschaft stehen Männern und Frauen unter denselben Bedingungen offen. Die grundsätzliche Entscheidung über die Aufnahme von Frauen liegt in der Autonomie der Verbindung.« Anstelle des Begriffes »Cartellbruder« sollte der Begriff »Mitglied« treten. Der Antrag erreichte zwar in der Altherrenschaft einen Stimmengleichstand, verfehlte allerdings die für eine CO-Änderung in beiden Verbandsteilen erforderliche 2/3-Mehrheit.[52]

Die K.a.V. Norica wurde auf der CVV 1991 für das folgende Studienjahr zur Vorortverbindung (VOP *Norbert Kraft*) gewählt. Auch der WCV-Präsident (*Adi Leitner*) wurde von der Norica gestellt. Mitglieder der Norica Nova waren in der ÖH aktiv.

VI. Der Kampf um Aufnahme und Vollintegration weiblicher Studierender in die K.a.V. Norica von 1991 bis 1997

1. Zeitraum WS 1991/92 bis WS 1996/97. Die Cumulativconvente 1993 und 1996

1.1. Der Cumulativconvent vom 16. 1. 1993

Die vorhin beschriebene *Unruhe und Spannung* in der Verbindung setzte sich im Studienjahr 1991/92 fort.[53, 54] Es entstand sogar eine – kurzlebige – »oppositionelle« Verbindungszeitung Aciron.[55] Sorge machte sich auch in der Altherrenschaft breit. Wenn sich eine Gruppe über das Einvernehmen hinwegsetze – so befürchtete Phil-x Dr. *Vavra* –, werde dies die Situation unnütz belasten und wieder neue Emotionen

---

52 Altherrenschaft: 26 Pro, 26 Contra, 1 Enthaltung. Aktivitas: 22 Pro, 28 Contra, 1 Enthaltung. Vgl. auch Kathpress 3. 6. 1991, Nr. 103, 8; Hartmann, Für Gott und Vaterland, 712.

53 Für die Vollintegration nochmals: Helmut Wohnout, Wer zu spät kommt, den bestraft das Leben, Fenster Okt 1991, 7.

54 Für die Angliederung der NcN, gegen die Vollintegration: Anton Porenta, Wer zu früh kommt, hat auch nichts davon, Aciron Nr. 2, Dez 1991. Weit verbreitetes Unbehagen kommt auch im Fenster April/Mai 1992 zum Ausdruck. Vgl. auch noch Johannes Kasal, Rezeption und Burschung nur bei Unterstützung der Vollintegration? Eine schöne Bescherung, Fenster Dez. 1992/Jänner 1993 Nc-Info 246, 5.

55 »Norica« von hinten gelesen. Kritisch Andreas Aichinger, Die »Unverbesserlichen« und ihr »Aciron«, Fenster Jänner 1992, 6.

wecken.[56] Auch überzeugte Freunde der Norica Nova wie Dr. *Hörmann*[57] mahnten zu pacta sunt servanda.

Im November 1991 langte das über Ersuchen der Aktivitas der Norica erstellte *Rechtsgutachten des Rechtspflegers* des ÖCV, Univ.-Doz. Dr. *Mazal* (NbW), »Zur Zulässigkeit der Aufnahme weiblicher Studierender in eine Verbindung des ÖCV« ein (siehe oben unter Punkt II.3.2.). Da Doz. *Mazal* zum Ergebnis kam, dass »de lege lata«, ohne Änderung des ÖCV-Rechts, eine Aufnahme von Studentinnen in eine ÖCV-Verbindung zulässig sei, erweckte das Gutachten große Hoffnungen. Hoffnungen freilich, die es nach Ansicht so mancher im Hinblick auf seine offenkundigen Schwachstellen nicht würde erfüllen können, wenn es tatsächlich zu einem Nichtigkeitsverfahren vor dem Obersten CV-Gericht kommen sollte.

Noch im WS 1991/92, mit *Beschluss des BC vom 15. 1. 1992*, setzte sich die K.a.V. Norica »zum *Ziel, katholische Studentinnen als vollberechtigte Mitglieder* in die Verbindung *aufzunehmen*. Bei der ehestmöglichen Durchführung des Beschlusses wird das Einvernehmen mit der Altherrenschaft gesucht«.[58]

Vor dem Hintergrund dieses Beschlusses sollte die am 24. 10. 1992 erfolgte Gründung einer *Vereinigung Christlicher farbentragender Studentinnen in Österreich (VCS)*, die in der Folge mit dem ÖCV ein Freundschaftsabkommen geschlossen hat, keine Option für die Norica Nova darstellen.[59]

Im April 1992 zählte die K.a.V. Norica Nova 47 Mitglieder, davon 9 Philistrae, 32 Filiae und 6 Füchse. Die K.a.V. Norica hatte ca. 110 Aktive. Der durchschnittliche Mitgliederzuwachs in den Jahren 1985 bis 1991 betrug bei NcN 6,8 und bei Nc 11,3. Norica Nova brauchte den Vergleich mit mittleren, Norica mit allen großen Verbindungen

---

56 Gelber Brief, Nc-Info 234, Nov. 1991.

57 Kuno Hörmann, Fenster Dez. 1991, 6, mit Replik auf Wohnout, Wer zu spät kommt, Fenster Okt. 1991, 7.

58 Stimmen: 41 Pro (72 %), 16 Contra, 2 Enthaltungen. Mit einem weiteren Beschluss vom 15. 1. 1992 begrüßte der BC die regelmäßige Abhaltung eines gemeinsamen Conventes (GC) der Burschen und der Filiae »vor den getrennten Conventen der Norica und der Norica Nova als Forum insbesondere der Diskussion politischer und prinzipieller Fragen sowie zur Behandlung von Themen, die die inhaltliche und organisatorische Zusammenarbeit von Norica und Norica Nova betreffen.« Vgl. dazu auch den GC im späteren (2.) Kooperationsabkommen von 1998 und das entsprechende Verfahren vor dem OVCG, siehe unten Punkt VII.1. und 2.

59 Gerhard Hartmann, Für Gott und Vaterland, 715. Auch einer vertrauensvollen Zusammenarbeit nicht förderlich war der gleich zu Anfang von der Präsidentin des VCS gegen die Mitglieder der NcN erhobene Vorwurf, sich »nur ins gemachte Nest« setzen zu wollen und darauf sinnlos ihre Energien zu verpulvern; vgl. Henriette Svatek, VCS – Der Weg in die Zukunft, Die Akzente, Zeitschrift des Vororts Ö.k.a.V. Rhaeto-Danubia, Nr 1/93, 12. Dazu die Replik von Philipp Längle, VCS – Der Weg in die Zukunft, Fenster Jänner 1994, Nc-Info 259. Weiters aus der Sicht der Norica etwa: Markus Figl/Ulrike Rauch, Der Weg des VCS, Fenster 6/95, Nc-Info 279; Michael Werner, Quo vadis, Norica? Sind wir auf dem richtigen Weg oder haben wir uns bereits verlaufen? Aus der Sicht eines Aktiven, Fenster 2/06 (April 2006), 12.

(außer AIn) nicht zu scheuen; zusammen stand ein erhebliches Mitgliederpotenzial zur Verfügung. Norica stellte das Vorortteam und den WCV-Präsidenten.

Zufolge einer im Sommer/Herbst 1992 durchgeführten *Meinungsbefragung*[60] in der Altherrenschaft der Norica standen von 353 teilnehmenden Mitgliedern 102 Mitglieder (28,9 %) einer Studentinnenintegration in die Norica ablehnend, 251 (71,1 %) positiv oder zumindest nicht ablehnend gegenüber.

Getragen vom Ergebnis dieser Umfrage stellten der ChC und der Philisterausschuss der K.a.V. Norica »der gesellschaftlichen Entwicklung entsprechend« und auf dem Boden des Rechtsgutachtens des Rechtspflegers Univ.-Prof. Dr. *Mazal* den gemeinsamen Antrag an den im Wiener Konferenzzentrum abgehaltenen *Cumulativconvent vom 16. 1. 1993*, folgende Ergänzung der Geschäftsordnung der K.a.V. Norica zu beschließen: »§ 1a. Als aktive Mitglieder der K.a.V. Norica können männliche und weibliche Studierende aufgenommen werden.« Gemäß einer Übergangsbestimmung sollte die Zusammensetzung der Altherrenschaft davon vorerst nicht betroffen werden. Eine weitere Übergangsbestimmung hielt ausdrücklich fest, dass Norica jedenfalls im Einklang mit dem ÖCV-Recht handeln werde.[61]

Seit dem Jahr 1985 war der Meinungsbildungsprozess in der Norica fortgeschritten. Nicht nur die Fragen des »Ob«, sondern mehr und mehr auch jene des Minderheitenschutzes (in erster Linie in Form einer Sperrminorität) gelangten – vor dem Hintergrund der die Mehrheitsverhältnisse andeutenden Meinungsbefragung – ins Zentrum der Debatte. Zu der *verbandsrechtlichen* Zulässigkeitsfrage lag auf der einen Seite das *Mazal*-Gutachten (s. oben Punkt II.3.2.) vor, dem zufolge die Aufnahme katholischer Studentinnen die Satzung des ÖCV nicht berühre und auch mit dem sons-

---

60 Gelber Brief des Phil-x Dr. Rudolf Klar vom Dez. 1992; Rücklauf 353 Antworten (von ca. 570 Fragebögen); für 174 (49,30 %) war Vollintegration möglich bzw. anstrebenswert, für 67 (19 %) eine Integration nur in die Aktivitas; zehn akzeptierten die jeweilige Mehrheit. 24 (6,8 %) waren gegen eine formelle Integration, 78 (22,10 %) lehnten sie grundsätzlich ab.
Der Beschluss des Philisterausschusses auf Durchführung einer Meinungsbefragung ist positiv zu bewerten, weil er in Vorbereitung eines Cumulativconventes eine breite Beschäftigung mit dem Thema veranlasste. Eher kritisch zum Beschluss: Bernhard Raschauer, Offensiv, nicht defensiv! Fenster März/April 1992, 12.

61 Der Beschluss lautete diesbezüglich: »Sollte sich wider Erwarten im Rahmen des dafür vorgesehenen Verfahrens (Paragraph 7 Abs 2 CO)« – es handelt sich um das Verfahren zum Ausschluss einer Verbindung aus dem ÖCV – »erweisen, dass § 1a der Geschäftsordnung im unüberbrückbaren Gegensatz zum Recht des ÖCV steht, wird die Norica ihre Vorgangsweise überdenken und im Einklang mit dem ÖCV-Recht neue Schritte setzen.« Das andere »vorgesehene Verfahren«, nämlich jenes zur Nichtigerklärung von Beschlüssen durch das OCVG, bedurfte keiner Erwähnung, weil bei aufrechter Mitgliedschaft der Nc zum ÖCV ein Schiedsspruch dieses Inhaltes ohnedies als solcher die Nichtigkeit der gefassten Beschlüsse und der unmittelbar darauf gestützten Rechtsakte bewirkt hätte. Schließlich sah der Antrag eine Resolution vor, in der »die gewählten Organe der K.a.V. Norica beauftragt [wurden], die Rechtmäßigkeit der Aufnahme weiblicher Studierender innerhalb des ÖCV zu vertreten und das Modell der Vollintegration weiblicher Studierender vorzustellen.«

tigen Verbandsrecht (insbesondere der CO) schon de lege lata vereinbar sei. Auf der anderen Seite konnte sich Dkfm. Dr. *Hans Egon Gros* (Nc)[62] in seinem offenen achtseitigen Schreiben vom Dez. 1992 auf eine Stellungnahme von Präs. Dr. *Kohlegger* stützen, in der bereits die wesentlichen Argumente der etwas später verfassten »Zehn Gedanken« (s. oben Punkt II.3.3.) enthalten waren: Die Direktaufnahme von Studentinnen in eine ÖCV-Verbindung als vollberechtigte Mitglieder sei eine Satzungsfrage; der Satzung des ÖCV liege stillschweigend der Grundkonsens zugrunde, dass nur männliche Studierende in ÖCV-Verbindungen Aufnahme finden könnten; eine – für *Kohlegger* in der Sache wünschenswerte – Änderung bedürfe einer 5/6-Mehrheit in der CVV. Aus den unten näher ausgeführten Gründen (s. Punkt VIII.2.) waren der für den CC vom 16. 1. 1993 bestellte Rechtsausschuss und die antragstellenden Organe der Norica und des Philisterverbandes der Auffassung, dass es sich bei der Aufnahme von Studentinnen um keine Prinzipienfrage handle und dem Antrag keine in der (im Jahr 1968 beschlossenen) Satzung des ÖCV stillschweigend enthaltene Regel entgegenstehe. Weil aber Zweifel an der Vereinbarkeit mit dem untersatzungsrechtlichen Verbandsrecht nicht zur Gänze auszuräumen waren, sollte im Beschluss des CC ausdrücklich klargestellt werden, dass sich die K.a.V. Norica nach Maßgabe möglicher Verfahren vor Organen des ÖCV im Einklang mit dem ÖCV-Recht verhalten werde. Im Hinblick auf die Meinungsdivergenz der Gutachter war es gewiss nicht leichtfertig, den gegenständlichen Antrag zu stellen und zu beschließen, denn die Rechtsfrage konnte letzten Endes nur in einem Verfahren vor den Organen des Verbandes geklärt und verbindlich entschieden werden. Für das Verbandsrecht ließ sich also der CC der Norica vom Gutachten Dris. *Mazal* leiten.

Anderes gilt für das *Verbindungsrecht*. Da die Meinungen darüber, ob die Ergebnisse des Gutachtens Dris. *Mazal* auf einem unbestrittenen dogmatischen Weg gewonnen worden waren, auseinandergingen, übertrugen die vor dem CC antragstellenden Organe dessen zum Verbandsrecht angestellte Erwägungen nicht auf das Verbindungsrecht. Dies ungeachtet der in gleicher Weise wie im Verbandsrecht (§§ 22, 25 CO) formulierten Bestimmungen der GO der Norica über die Arten der Mitglieder (§ 1) und die Aufnahmevoraussetzungen (§ 5). Hätte man nämlich auch

---

62   Hans Egon Gros, geb. 1904, war Phil-x von 1960–1972 und Vorsitzender der AHS des ÖCV von 1968–1977. Das erwähnte Schreiben des damals fast 90-Jährigen ist ein lesenswertes Zeitdokument, das die Welt der ältesten Verbindungsgeneration gut verstehen lässt. Wie als Philistersenior der 68er-Jahre war er auch jetzt in der Studentinnenfrage nicht zu den »Rausschmeißern« zu zählen. Er widersetzte sich einer Fortsetzung der Tätigkeit der NcN nicht, trat aber für eine korrekte Einhaltung des im Jahr 1986 Vereinbarten ein. Die weitere Entwicklung sollte diesem Kenner der rechtlichen und außerrechtlichen Befindlichkeit des ÖCV Recht geben, wenn er auf das Verbandsrecht, insbesondere schon damals auf den von Prof. Mazal überhaupt nicht behandelten Studentinnen-Beschluss der CVV 1981, der im Verfahren vor dem OCVG im Jahr 1996 entscheidend werden sollte, hinwies.

hier auf die geschlechtsneutrale Formulierung für die Aufnahmewerber (§ 5 GO entspricht § 25 CO) abgestellt und die Begriffe »Füchse«, »Burschen« und »Alte Herren« in der vorangehenden, abschließenden Einteilung der Mitglieder (§ 1 GO entspricht § 22 CO) nur jeweils als pars pro toto (nämlich als Bezeichnung für alle inskribierten Personen) betrachtet, dann hätte sich der CC erübrigt. Bei Übertragung der auf die CO angewendeten Auslegungsgesichtspunkte Dris. *Mazal* auf die diesbezüglich nahezu wortgleiche GO der Norica wäre einer Rezeption von Studentinnen ohne GO-Änderung[63] ohnedies nichts im Wege gestanden. Wortlaut und Systematik der GO ergeben jedoch ein klares und zweifelsfreies Auslegungsergebnis, nämlich eine Beschränkung auf männliche Studierende. In einem solchen Fall besteht für eine satzungskonforme Auslegung (wie sie Doz. *Mazal* für die ÖCV-GO vertreten hat) kein Platz[64]. Abgesehen davon weisen die von Doz. *Mazal* angeführten teleologischen Gesichtspunkte nicht zwingend in die Richtung der Satzungswidrigkeit einer CO-Regelung, die die Mitgliedschaft auf Männer beschränkt. Auch ein moderner kommunikationstheoretischer Ansatz bei der Auslegung der in einem bestimmten Kontext von einer bestimmten Gemeinschaft gebrauchten Begriffe führt zu keinem anderen Ergebnis.[65] Mit einfacheren Worten: Es schien den Antragstellern an den CC 1993 nicht vertretbar, den Männerbund auf dem Wege der Interpretation in eine gemischtgeschlechtliche Verbindung umzuwandeln. Dies sollte Gegenstand der Beschlussfassung durch das oberste beschlussfassende Organ der Gesamtverbindung[66] sein.

---

63 Dies vertrat Univ.-Prof. Dr. Michael Lang, Über den eigenen Schatten springen, in: Norica, quo vadis? 2. Ausgabe, 1996, Nc-Info 286, 9, hielt aber verbindungspolitisch den CC für gut. Auch Univ.-Prof. Dr. Bernhard Raschauer, a.a.O., Fenster März/April 1992, 12, ist wohl so zu verstehen.

64 Vgl. die Rechtsprechung von VfGH und VwGH zur verfassungskonformen Auslegung von Gesetzen, die eine zweifelhafte Regelung voraussetzt; steht hingegen eine klare Regel in Widerspruch zur Verfassung, dann liegt eine vom VfGH wahrzunehmende Verfassungswidrigkeit vor, eine Korrektur im Auslegungsweg durch den Rechtsanwender ist ausgeschlossen. Diese Gedanken lassen sich zwanglos auf ein zweistufiges Vereinsrecht übertragen.

65 Danach hat sich die Auslegung von Normen, die in Sätzen der natürlichen Sprache zutage treten, an der zwischenmenschlichen Kommunikationspraxis zu orientieren (vgl. Rill, Hermeneutik des kommunikationstheoretischen Ansatzes, in: Potacs/Vetter, Beiträge zur juristischen Hermeneutik [1990] 53 ff.). Zur angemessenen Auslegung des Sinngehaltes von Rechtsvorschriften gehört es u. a., auch die Sprachgewohnheiten und den durch die bisherige Rechtslage, das Regelungsgebiet, die sich stellenden Sachprobleme, die Zeitumstände etc. bestimmten Kontext zu berücksichtigen. Bedenkt man nun den Sprachgebrauch in dem vorliegenden Sachgebiet, dann kann über die Kommunikationspraxis kein Zweifel bestehen. Sie verwehrt jedenfalls eine Auslegung, die die Begriffe »Bursch«, »Fuchs«, »Alter Herr« in einer taxativen Mitgliedereinteilung als eine Pars-pro-Toto-Formulierung auffasst und durch sie hindurchgreift, als stünde hier der – auch Frauen mit einschließende – Begriff »Mitglied«.

66 Es lag keine dem CC vorbehaltene, aber eine sonstige wichtige gemeinsame Angelegenheit vor, die dem CC zur Beratung und Entscheidung vorgelegt werden konnte (§ 63 GO).

Kontrovers waren auch die Auffassungen über die für eine GO-Änderung erforderliche Mehrheit (2/3 oder 3/4 der Stimmen). Da es sich hierbei um eine spezielle GO-Frage handelt, die über die Norica hinaus nicht von allgemeinem Interesse ist, soll auf sie hier nicht weiter eingegangen werden. Der Vorsitzende (Senior *Johannes Kasal*) ging aufgrund der Debatte gemäß § 60 zweiter Satz GO von der Gültigkeit des eine 2/3-Mehrheit erfordernden Zustimmungserfordernisses aus. Der am 11. 4. 1989 einstimmig gefasste BC-Beschluss, der für die Beschlussfassung über die GO eine 2/3-Mehrheit vorsah, konnte sich nämlich in diesem Umfang auf § 107 der GO aus 1978 stützen, der eine Änderung oder Neufassung der GO mit 3/4-Mehrheit auf einem BC vorgesehen hatte.[67]

Nach einer eingehenden Diskussion über die Sachanträge, die durch die allen Mitgliedern zugesandte Broschüre »Positionen zur Frau in Österreich«[68] und das erwähnte Schreiben des Alt-Phil-x Dr. *Hans Egon Gros* sowie die lange Vorgeschichte gut vorbereitet war, blieb der schärfere Gegenantrag, wonach die Aufnahme von Studentinnen in die Norica nicht erlaubt sein sollte, in der Minderheit.[69] Die erforderliche 2/3-Mehrheit für den Hauptantrag wurde mit einem Zustimmungsergebnis von 65,35 % der gültigen Stimmen knapp verfehlt.[70] »Als das Ergebnis feststand, haben wir« – wie *Otto Grumbeck* (Nc) berichtet[71] – »gemeinsam unser Bundeslied gesungen, um zu demonstrieren, was immer da passiert ist, wir gehören zusammen. Es gab keinen Jubel der einen, und die Traurigkeit der anderen wurde eben durch Singen und das anschließende Gespräch überwunden.«

1.2. Der Cumulativconvent vom 15. 6. 1996

Nach dem CC aus 1993 hatten die beiden Verbindungen nicht resigniert, vielmehr wurde versucht, »Hirne und Herzen« zu gewinnen, wie *Taibl* (Nc) schreibt.[72] Am

---

67 Der Beschluss vom 11. 4. 1989 betraf eine Neufassung der für die Vereinsbehörde bestimmten Vereinsstatuten. Eine Änderung der Satzung (zuletzt aus 1933) wurde damit, weil nicht auf einem CC beschlossen, nicht bewirkt.

68 Nc-Info 247 mit dem Ergebnis der Meinungsbefragung der Nc-Altherrenschaft 1992 und kurzen Stellungnahmen wichtiger Persönlichkeiten, wie BPräs Dr. Thomas Klestil (Baj), BM Dr. Alois Mock (Nc), Jürgen Weiss (WSB), LH-Stv Dr. Arno Gasteiger (AIn), Stadtrat DDr. Bernhard Görg (AW), Abg. Mag. Helmut Kukacka (A-D), ÖCV Verbandsseelsorger Dipl.Ing. DDr. Erwin Rotter, Univ.-Prof. Dipl.Ing. DDr. Herbert Mang (NdW, Nc; Vorsitzender der Verbandsführung des ÖCV 1987–92) ua.

69 79 Pro (24,1%), 249 Contra (75,9%), 9 Enthaltungen.

70 303 gültige Stimmen (abgegeben 304 minus 1 Enthaltung); 198 Pro (65,35%), 105 Contra (34,65%). Vgl. Johannes Kasal, Der Cumulativconvent vom 16. 1. 1993, Fenster März/April 1993, Nc-Info 249.

71 Otto Grumbeck, Frau im CV, Weißer Turm, 15. Jg, Nr. 1 (März 1993).

72 Hannes Taibl, Norica, Norica Nova und der ÖCV 1983–2003, Fenster 07/02 (Juli 2002), 14.

19.6.1993 NcN der Bundesministerin für Umwelt, Jugend und Familie, *Maria Rauch-Kallat,* die Ehrenmitgliedschaft. Mit Dr. *Josef Singer sen.* übernahm im WS 1994/95 ein Pragmatiker, der sich offensichtlich von der Unumkehrbarkeit der Situation überzeugt hatte, die Funktion des Phil-x für ein Jahr und blieb auch in der Folgeperiode Phil-xx. Er genoss das Vertrauen eines Teils der Integrationsgegner und stellte seine Kontakte zum Verband in den Dienst einer für Norica akzeptablen Lösung. Das brachte der Verbindung gewiss eine Phase der Beruhigung. Der Phil-x ab dem WS 1995/96, der Mediziner und Forscher Univ.-Prof. Dr. *Bernd Binder,* war voll Optimismus, dass er das Projekt der Vollintegration in seiner Funktionsperiode in Verbindung und Verband leicht werde durchziehen können.

Das Jahr 1996 brachte eine untrennbare Interdependenz der Ereignisse in der Norica mit jenen auf Verbandsebene.

Auf Verbandsebene begann das Jahr 1996 mit einem massiven indirekten Angriff auf Norica durch einen Antrag des Salzburger CV (SCV) an die XXXIX. CVV im Mai 1996 in Dornbirn, das für einen Ausschluss einer Verbindung aus dem ÖCV erforderliche Zustimmungserfordernis von drei Viertel auf zwei Drittel herabzusetzen. Der Antrag wurde – mangels der für die entsprechende CO-Änderung notwendigen 2/3-Mehrheit in der Aktivenkurie – abgelehnt. Ein weiterer Antrag des SCV, die Mitgliedschaft in ÖCV-Verbindungen auf das männliche Geschlecht zu beschränken, wurde im Rahmen des Aktiventages der CVV diskutiert und einer Probeabstimmung unterzogen. Mangels einer 2/3-Mehrheit am Aktiventag (19 Pro, 23 Contra) wurde der Antrag bei der CVV sodann zurückgezogen.

Am 9. 6. 1996 fand ein Gespräch zwischen Senior (Mag. *Werner Dujmovits*) und Philistersenior der Norica (Univ.-Prof. Dr. *Bernd Binder*), dem VOP *Philipp Schulmeister* und dem AHSxx des ÖCV Dr. *Rudolf Tuppa* (Baj) statt. Es wurde der Vorschlag erörtert, dass sich die Norica Nova in eine gemischtgeschlechtliche Verbindung umwandeln solle, alle ihr beitretenden männlichen Mitglieder könnten Mitglied der Norica bleiben bzw. werden.

Am 15. 6. 1996 fand neuerlich ein *Cumulativconvent* der K.a.V. Norica[73] (dieses Mal im Julius-Raab-Saal der Wirtschaftskammer Österreich) statt, dem derselbe Antragsinhalt betreffend die unmittelbare Aufnahmemöglichkeit von Studentinnen in die Norica wie im Jahr 1993 vorgelegt wurde. Auch die Loyalität gegenüber dem Verbandsrecht fand wiederum ihren beschlussmäßigen Niederschlag, und zwar in

---

73 Zur Vorbereitung der Diskussion dienten zwei Ausgaben »Norica, quo vadis?« Nc-Info 284 und
286, mit vielen Stellungnahmen von Befürwortern (u.a. Dr. Wolfgang Fritsch, Dr. Rudolf Klar,
Univ.-Prof. Dr. Michael Lang, Alexandre Mossu [Zentralpräsident des Schweizerischen StV], Dr.
Christian Sonnweber) und Gegnern der Vollintegration in der Norica (Dr. Johann Dengler, Dkfm.
Dr. Hans Egon Gros, Dr. Hannes Krasser, Dr. Peter Kresnicka, Univ.-Doz. Dr. Norbert Tschulik
[für eine eigene gemischte NcN], Gottfried Zach).

einer Präambel,[74] wo es hieß: »Sollte sich wider Erwarten herausstellen, dass das Modell der Vollintegration weiblicher Studierender in unüberbrückbarem Gegensatz zum ÖCV-Recht steht, wird die K.a.V. Norica im Einklang mit ihrer cartellrechtlich verankerten Verbindungsautonomie eine Vorgangsweise wählen, die die Wahrung des ÖCV-Rechts sicherstellt.« Dieses Mal erreichte der Antrag die für die vorgeschlagene GO-Änderung betreffend die Aufnahme weiblicher Studierender erforderliche 2/3-Mehrheit; der Antrag wurde mit 70,9 % der gültigen Stimmen angenommen.[75]

Schon am 19. 6. 1996 reagierte das Ortsparlament des Wiener CV (WCV) auf den Beschluss der Norica vom 15. 6. und beschloss das Ruhen ihrer Mitgliedschaftsrechte im WCV.[76] Die Raeto-Danubia sprach am 27. 6. 1996 für weibliche Mitglieder der Norica ein Budenverbot aus, ebenso die K.Ö.H.V. Nordgau-Wien auch für Mitglieder der Norica.[77]

Mit Schreiben vom 27. 6. 1996 ersuchte der Vorstand der Verbandsführung des ÖCV (VVF) die Norica um eine Stellungnahme zu den aktuellen Geschehnissen; die Beschlüsse der K.a.V. Norica wurden für nichtig erklärt. Die Norica antwortete mit Schreiben vom 30. 6. 1996 und erklärte, den CC-Beschluss ungeachtet der Nichtigerklärung durch den VVF nach wie vor als gültig zu betrachten. Am 1. Juli 1996 untersagte die Verbandsführung des ÖCV der Norica die Abhaltung der angekündigten Pressekonferenz zum Thema »Frauen im CV – Die nächsten Schritte« Für den Fall der Abhaltung wurde Norica die Entziehung aller Rechte im ÖCV angedroht. Mit Antrag vom 9. 7. 1996 begehrte der VVF beim Obersten CV-Gericht (OCVG) die Feststellung der Nichtigkeit des CC-Beschlusses der K.a.V. Norica vom 15. 6. 1996.[78] Somit war zum Ende des SS 1996 ein Tiefpunkt in den Beziehungen zwischen Norica einerseits und dem ÖCV, vor allem dem WCV, andererseits erreicht.

---

74 Dort wurden die gewählten Organe der K.a.V. Norica auch beauftragt, die Rechtmäßigkeit der Aufnahme weiblicher Studierender innerhalb des ÖCV zu vertreten und das Modell der Vollintegration vorzustellen.

75 463 gültige Stimmen (abgegeben 466 minus 1 Enthaltung); 328 Pro (70,84 %), 135 Contra (29,16 %). Der Kurier vom 18. 6. 1996 titelte »Mit List zu Gleichberechtigung« und sah die List unzutreffenderweise darin, dass seit der CVV vom Mai 1996 eine gemischte Verbindung nicht mehr ausgeschlossen werden könne. S. a. Kleine Zeitung 6. 10. 1996.

76 Der Beschluss des Ortsparlaments des WCV lautete: »Die Rechte e.v. Norica aus der Mitgliedschaft zum Wiener Cartellverband ruhen so lange, bis entweder das OCVG eine verbandsrechtliche Gemäßheit des CC-Beschlusses Noricae vom 15. Juni 1996 eindeutig festgestellt hat oder die Norica den genannten Beschluß ersatzlos wieder aufgehoben hat.«

77 Vgl. Adi Leitner, Die Freundschaft, die uns bindet, Academia intern 1/97, 12.

78 Vgl. den Bericht des Vorstandes der Verbandsführung »Pro-Frauen-Entscheidung – Was bisher geschah«, Weisser Turm, 18. Jg., Nr. 3 (Sept. 1996), 4; Josef Singer, Aufnahme weiblicher Studierender als aktive Mitglieder der K.a.V. Norica, ebendort, 7. Vgl. auch Wolfgang Sotill, Mit oder ohne Frauen, Kleine Zeitung, 6. 10. 1996.

Vor dem Hintergrund dieser Vertrauenskrise mag es sich erklären, dass der BC der K.a.V. Norica am Beginn des WS 1996/97 den nächsten Schritt setzte und am 10. 10. 1996 die Rezeption von Frauen in die Norica beschloss[79] rational nachvollziehen lässt sich dieses Vorpreschen vor einer Entscheidung des angerufenen Verbandsschiedsgerichtes nicht. Denn in Kenntnis der eigenen schwachen Rechtsposition[80] und auch der tatsächlichen Zusammensetzung des OCVG musste allen Beteiligten klar sein, dass die Chancen auf einen positiven Schiedsspruch äußerst gering waren. Ganz klar sollte ein Fait accompli geschaffen werden, solange man sich noch gutgläubig und naiv stellen konnte; man sah sich offenbar durch die nicht greifende Regelung der CO (3/4-Mehrheit) über einen Verbindungsausschluss ausreichend geschützt, ohne die Folgen der zu erwartenden Nichtigkeitserklärung zu durchdenken. Tatsächlich beeilte sich das Ortsparlament des WCV umgehend mit Beschluss vom 16. 10. 1996, den VVF aufzufordern, gemäß § 9 CO die Rechte der Norica bis zur Klärung der rechtlichen Situation zu suspendieren. Die BC-Mehrheit dürfte auch nicht richtig eingeschätzt haben, dass die Altherrenschaft, die ja über die Betriebsmittel verfügt, zum damaligen Zeitpunkt unter keinen Umständen aus dem ÖCV ausgeschieden wäre oder die Suspendierung ihrer Rechte in Kauf genommen hätte. Die alternden Helden von 1985 wollten einfach in einem Kraftakt endlich zu einer Lösung kommen.[81]

Der *Schiedsspruch des OCVG* erfolgte schon Anfang November 1996. Mit *Beschluss vom 11. 11. 1996, OS 1/96,* sprach das OCVG als Verbandsschiedsgericht aus:[82] »Der von einem Cumulativconvent der KaV Norica am 15. 6. 1996 unter Berufung auf die Verbindungsautonomie gefaßte Beschluß betreffend die Einfügung eines § 1a (Aufnahme weiblicher Studierender) in ihre GO wird gemäß § 105 Z 3 GerO für nichtig erklärt. Gemäß § 31 (1) 3. Satz GerO … sind alle Entscheidungen usw., die auf diesem für nichtig erklärten Beschluß beruhen, ebenso nichtig.« Nach der Begrün-

---

79 Die Rezeption der Tanja Kurz als erste Frau bei der Norica wurde beschlossen, der Akt selbst aber nicht durchgeführt. Die feierliche Rezeption der 68 Mitglieder der NcN sollte am Weihnachtskommers erfolgen, vorher sollten mit Organen des ÖCV Verhandlungen über das Cartellverhältnis der nunmehr gemischten Verbindung Norica aufgenommen werden. Auf Wunsch des Philisterausschusses vom 14. 10. 1996 wurden keine weiteren Rezeptionen beschlossen.
Vgl. auch das Interview »Kein Verständnis für die Vorgangsweise [der Nc]« mit dem Vorsitzenden der Verbandsführung, Univ.-Prof. Dr. techn. Bruno Grösel, Academia intern 8/96, 1, einem deklarierten Befürworter einer Angliederungslösung.

80 So wurde im Feststellungsantrag des VVF an das OCVG – zu Recht, wie sich zeigte – mit der ausdrücklichen, dem ÖCV-Recht angehörenden Regelung der Studentinnenfrage durch die XXIV. CVV (1981) argumentiert.

81 Zu den Vorgängen innerhalb der Aktivitas vgl. die informativen Beiträge von Gerald Loacker, Mit zweierlei Maß. Ein Bericht über den BC vom 12. Oktober 1996, Fenster 11/1996, 4, und Mathias Strasser, Norica: Ist die Luft raus? Fenster 11/1996, 5.

82 Veröffentlicht im Fenster 12/96 (WS 1996/97), Nc-Info 300, 6; Academia intern 8/96, 3;

dung dieses Beschlusses stelle der auf der XXIV. CVV 1981 auf Antrag der KöStV Austria Wien gefasste Beschluss betreffend die Studentinnenfrage fest, dass für die dem ÖCV angehörigen Verbindungen die Frage der Aufnahme von Studentinnen nur auf der Basis der Gründung rechtlich selbständiger Studentinnenvereine gelöst werden könne. Dieser von der CVV als oberstem beschlussfassenden Organ gefasste Beschluss sei für alle ÖCV-Verbindungen verbindlich. Damit sei klargestellt worden, dass die Aufnahme von weiblichen Studierenden in ÖCV-Verbindungen nicht in die Autonomie der Verbindungen falle, also in dieser Frage ein »dubium« im Sinne des Artikels 10 der Satzungen zugunsten der Autonomie der Verbindungen nicht gegeben sei. Der Beschluss der K.a.V. Norica beeinträchtige jedenfalls die Interessen der anderen Verbindungen, zum Beispiel in der Frage des Cartellverhältnisses. Der Beschluss stelle daher eine Verletzung des ÖCV-Rechtes gemäß § 10 Abs 2 CO dar, weshalb er für nichtig zu erklären gewesen sei. Die Nichtigerklärung erfasse auch alle auf den nichtigen Beschluss gestützten Entscheidungen.

Es kam so, wie es kommen musste. Nachdem in der Verhandlung vor dem OCVG die Standpunkte zur Verbindungsautonomie und zu den hehren Grundsätzen einer prinzipienkonformen berichtigenden Interpretation des § 22 CO ausgetauscht waren, steuerte der Vorsitzende[83] rasch den entscheidenden Punkt, den CVV-Beschluss von 1981, an.[84] Ohne Hoffnung auf eine Wende durch das letzte Rückzugsgefecht mit der Argumentation, dieser mit einfacher Mehrheit gefasste Beschluss selbst sei nichtig, weil er unzulässig die Verbindungsautonomie beschränke und daher keine Verbindlichkeit im Sinne des § 79 Abs 1 CO entfalte[85], konnte man sich bereits ab diesem Punkt der Verhandlung, ohne etwas zu versäumen, den im Vorraum vorbereiteten Brötchen zuwenden.

Man kann nicht sagen, dass Norica den Umweg der letzten fünf Jahre umsonst gemacht hätte – es wurde Klarheit über den Meinungsstand in der Verbindung und

---

83 Vizepräsident des VwGH i. R. Dr. Hubert Jurasek (Rd).

84 Dieser auf alle Fälle einschlägige CVV-Beschluss aus 1981 – wie immer man ihn bewertet hätte – wurde im Gutachten des jungen Dozenten Dr. Mazal, das eine sehr wichtige Rolle für die Hoffnungen der Nc und der NcN gespielt hatte, die immer bestrebt waren, einen rechtlich einwandfreien Weg zu gehen, überhaupt nicht erwähnt.

85 Wenn das OCVG den CVV-Beschluss 1981 als gültige Rechtsnorm betrachtet, liegt dem die Voraussetzung zu Grunde, dass er nicht gegen Verbandsrecht verstößt, dass also zumindest die CO es den Verbindungen nicht erlaubt, Studentinnen aufzunehmen. Insofern wäre die Auffassung, das OCVG hätte nur einen Verstoß gegen den CVV-Beschluss aus 1981 festgestellt, die Frage nach der Satzungs- und CO-Konformität des CC-Beschlusses sei offen, unzutreffend. Implizit ist diese Frage, soweit sie die CO betrifft, nicht offen geblieben. Durch den OCVG-Beschluss nicht berührt, auch nicht implizit, ist die Frage eines möglichen Widerspruchs des CC-Beschlusses der Nc vom 15. 6. 1996 zur Satzung des ÖCV. Vgl. David Christian Bauer/Ulli Rauch, Was jetzt? Der OCVG-Beschluss, Fenster 12/96 (WS 1996/97), Nc-Info 300, 7; Hannes Taibl, Norica, Norica Nova und der ÖCV 1983 – 2003, Fenster 07/02 (Juli 2002) 14, 15.

im Verband geschaffen. Das allein angestrebte Ziel einer gemischten Verbindung Norica innerhalb des ÖCV wurde jedoch vorerst verfehlt. Es verbleibt beim Status quo zweier rechtlich selbständiger Verbindungen.

2. Zeitraum SS 1997 und Beginn des WS 1997/98. Ablehnung der Neugründung einer gemischtgeschlechtlichen Verbindung neben der K.a.V. Norica

Zunächst zur *Verbandsebene*: Im März 1997 erhielt Norica auf dem Ortsparlament des WCV wieder ihr Stimmrecht.

An die XL. CVV 1997 in Wien (1. bis 4. 5. 1997) stellte die *K.a.V. Norica* den *Antrag auf Ermöglichung der direkten Aufnahme* von Studentinnen in ÖCV-Verbindungen (gleich wie der Antrag des Vorortes AIn zur CVV 1991) sowie zwei Eventualanträge.[86] Der erste Eventualantrag sah eine Lösung »in Anlehnung an das Sektionenmodell des *Schweizer* Studentenverbandes« vor, der zweite die ersatzlose Aufhebung des Beschlusses der XXIV. CVV 1981 zur Studentinnenfrage. Norica zog in der CVV den Hauptantrag zurück. Der 1. Eventualantrag sah die Möglichkeit der Aufnahme von Studentinnen als gleichberechtigte Mitglieder auch durch einzelne Verbindungen im Rahmen der Verbindungsautonomie vor, wobei diesen Mitgliedern gegenüber dem Verband nur der Status von Mitgliedern auf Probe zukommen sollte.[87] Dieser Antrag wurde nicht angenommen.[88, 89] Der 2. Eventualantrag wurde daraufhin ebenfalls zurückgezogen.

Auf dieser CVV 1997 stand auch folgender Antrag des Vorstandes des österreichischen Altherrenlandesbundes betreffend das *Verhältnis des ÖCV zur K.a.V. Norica Nova (Antrag 21)* zur Abstimmung: »Die K.a.V. Norica wird ersucht, die K.a.V.

---

86 Abgedruckt in Nc-Info 305 (1997) mit Beiträgen von Univ.-Prof. Dr. Wolfgang Mantl, Univ.-Prof. Dipl.-Ing. DDr. Herbert Mang, NR-Abg. i. R. Dr. Jörg Iro sen. sowie Berichten von Andreas Aichinger, Karin Hepp, Ulrike Rauch und Mag. Theresa Philippi über Norica und die Studentinnen von 1985 bis zum OCVG-Beschluss vom 11. 11. 1996.

87 Nach § 49bis Abs 2 der Statuten des Schweizerischen StV gelten für Studentinnen, welche nur Sektionsmitglieder [also Verbindungsmitglieder], aber nicht Mitglieder des Vereins [d. i. des Schweizerischen StV, der Direktmitglieder hat] sind, die Bestimmungen über Kandidaten. Eine Sektion [also eine Verbindung], deren Statuten die Mitgliedschaft von Studentinnen nicht ausdrücklich vorsehen, ist nicht verpflichtet, Studentinnen, die dem Verein angehören, aufzunehmen.

88 Ergebnis in der Aktivenkurie: 10 Pro, 40 Contra, in der Altherrenkurie 17 Pro, 34 Contra. (Academia intern 4/97, 2). Für die Norica hatte auf der CVV u.a. Außenminister und Vizekanzler a. D. Dr. Alois Mock das Wort ergriffen

89 Kritisches Presseecho: Die Presse 5. 5. 1997 (Männerbastion CV wurde gehalten) und Die Presse 6. 5. 1997, Der Standard 5. 5. 1997 (Zwei Schritte nach rechts), Falter 18/97 (Ganz dicht, aber ganz allein) und 18/97 (Dolm der Woche), Kurier (CV-Zwist in der ÖVP). Vgl. auch die Berichte im Fenster 2/97, Nc-Info 309.

Norica Nova als gemischtgeschlechtliche Verbindung neu zu gründen. Diese neue Verbindung wird eingeladen, ein Freundschaftsabkommen mit dem ÖCV zu beantragen. Damit nun jeder ÖCVer dieser Verbindung beitreten kann, soll § 39 CO dahingehend geändert werden, dass eine Doppelmitgliedschaft in einer ÖCV-Verbindung und einer von einer ÖCV-Verbindung gegründeten gemischtgeschlechtlichen Verbindung möglich ist. § 39 wird daher folgendermaßen neu formuliert: Ein Studierender darf, sofern nicht durch Abkommen (§ 19) etwas anderes bestimmt wird, nicht Mitglied einer außerhalb des ÖCV stehenden Hochschulverbindung sein, es sei denn, es handelt sich um eine gemischtgeschlechtliche Verbindung, die jedenfalls auf den vier Prinzipien des ÖCV beruht.« Der Antrag wurde mit großer Mehrheit, mit den Stimmen der Altherrenschaft der K.a.V. Norica, angenommen.[90]

Schon am 6. Mai 1997 reagierten Norica und Norica Nova mit jeweils einstimmigen Beschlüssen: Der Convent der K.a.V. Norica Nova schloss die Aufnahme von Männern aus. Der BC der K.a.V. Norica beschloss, auch in Zukunft am Ziel der Vollintegration von Frauen in die Norica im ÖCV festzuhalten. Dies wurde der Verbandsführung mit Schreiben vom 7. 5. 1997 mitgeteilt.

In der Folge eskalierten die Meinungsdivergenzen mit dem Verband von Neuem: Am 9. 5. 1997 erklärte die K.a.V. Norica in einer Presseaussendung, sie halte »auch in Zukunft an ihrem Ziel der Vollintegration von Frauen in die Norica innerhalb des Cartellverbandes fest«. Weiters wurde darin erklärt, »liberale, christlich-soziale Kräfte« würden im Verband an den Rand gedrängt, »reaktionär-konservative Kräfte« hätten dort das Ruder übernommen,[91] die Norica werde daher ihre offiziellen Kontakte zur Verbandsführung in Zukunft auf ein Minimum reduzieren. In ihrem Brief vom 15. 5. 1997 an die Norica bedauerte der VVF, dass die Norica mit ihrer Haltung die Tür für Gespräche zugeschlagen habe; der Senior der Norica habe mit seiner unüberlegten Vorgangsweise die bislang stets vorhanden gewesene Gesprächsbereitschaft zerstört.

Am 25. 6. 1997 wurde der Norica vom Ortsparlament des WCV neuerlich das Stimmrecht entzogen.

Was die *Verbindungsebene* anlangt, so wurde auf dem bereits erwähnten BC der K.a.V. Norica vom 6. 5. 1997 auch die Gründung einer neuen *gemischtgeschlechtlichen Verbindung* diskutiert und als »begrüßenswerte Denkvariante« und »Übergangs-

---

90 Ergebnis in der Aktivenkurie: 4 Contra und 2 Enthaltungen, in der Altherrenkurie 3 Contra, 1 Enthaltung. Vgl. auch Gerhard Hartmann, Für Gott und Vaterland, 713, mit weiteren Literaturhinweisen in Anm. 51.

91 Besonders »erschüttert« habe den Senior (Georg Oberndorfer) der Debattenbeitrag des Bundesministers a. D. Robert Lichal auf der CVV, in welchem dieser den Frauen »Rechthaberei und puren Egoismus unterstellt« und ein Frauenstimmrecht im CV nicht für notwendig erachtet habe. Siehe auch Falter 20/97.

lösung, um schließlich die Vollintegration zu erreichen«, gesehen; eine Arbeitsgruppe wurde eingesetzt, über deren (eine solche Übergangslösung befürwortende) Ergebnisse mit gemeinsamem Schreiben des Seniors, der Seniora und des Phil-x vom 23. 5. 1997 berichtet wurde. Am BC vom 19. 6. 1997 wurde die Möglichkeit der Gründung einer neuen K.a.V. *Norica Aperta* erörtert, mit der die »alte« Norica ein Kooperationsabkommen schließen könnte. Dies sollte über den Sommer geprüft werden. Dem ao. Altherrentag vom 21. 6. 1997 lagen von Univ.-Prof. Dr. *Heinz Krejci* (Nc) erarbeitete Statuten der Aperta und ein Kooperationsabkommen[92] sowie acht Gegenanträge (u. a. auch auf Beendigung der Budenmitbenützung) vor. Dem Phil-x Univ.-Prof. Dr. *Binder* – er hatte die Vertrauensfrage gestellt – wurde das Vertrauen ausgesprochen, die Abstimmung vertagt.

Bei einer Besprechung am 2. Oktober 1997 wertete der Philisterverband der Norica eine Verbindung Norica Aperta als Versuch einer Zwischenlösung und richtete an die Aktivitas die Frage, ob diese eine solche Lösung für sinnvoll erachte. Die Aktivitas der Norica und die Norica Nova lehnten nunmehr die Gründung einer Norica Aperta aus verschiedenen, in ihrer Gesamtheit nachvollziehbaren Gründen[93] ab; darin klingt wohl auch die zutreffende Einschätzung an, dass die Kräfte der Norica damals für dieses Experiment nicht mehr ausgereicht hätten.

Am BC vom 16. 10. 1997 beschloss die K.a.V. Norica: »Der BC der K.a.V. Norica hält die Existenz einer weiteren Verbindung, die die Farben der Norica trägt und eine gemischtgeschlechtliche Organisation entstehen lassen soll, gegenwärtig für unzweckmäßig und für eine unnötige Verkomplizierung des Verbindungslebens und lehnt die Gründung einer solchen Verbindung deshalb ab.«

VII. Zeitraum seit dem WS 1997/98. (Zweites) Kooperationsabkommen der K.a.V. Norica und des Philisterverbandes derselben mit der K.a.V. Norica Nova vom 30. 1. 1998

Der eben erwähnte BC vom 16. 10. 1997 schlug (wie schon in der Besprechung vom 2. 10. angeregt worden war) ein *Kooperationsabkommen zwischen Norica, dem Philisterverband und Norica Nova* in der vom neu gewählten Phil-x Dr. *Schön* am BC vorge-

---

92 Je ein Vereinsstatut des K.a.V. Norica Aperta und des Philisterverbandes derselben sowie ein Kooperationsabkommen zwischen den beiden, der K.a.V. Norica und dem Philisterverband der K.a.V. Norica.

93 Zu großer Verwaltungsaufwand, Verschwendung von Energien, nur geringer Prozentsatz der zu Norica Aperta Übertretenden, Gefahr des Ausblutens der Norica bei Rezeption neuer Mitglieder durch die Aperta, zwei Verbindungen nicht gemeinschaftsfördernd, unnötige rechtliche Überkonstruktion für Koordinierungsorgane, verschiedene Klassen innerhalb der Norica.

tragenen Form dem Philisterverband und der Norica Nova zur Annahme vor. Der BC vom 13. 11. 1997 begrüßte das ihm nunmehr vorliegende Abkommen. Der Altherrentag des Philisterverbandes vom 22. 11. 1997 nahm dieses mehrheitlich an[94], ebenso der BC der K.a.V. Norica und der Convent der K.a.V. Norica Nova jeweils am 22. 1. 1998. Das Kooperationsabkommen wurde am 30. 1. 1998 von den Vertretern der drei Vereinigungen unterfertigt.

Der Vorstand der Verbandsführung des ÖCV versandte das Kooperationsabkommen an die Teilnehmer des Altherrentages vom 28. 3. 1998 und vertrat in einem Begleitbrief die Auffassung, dass »mit diesem Abkommen nun tatsächlich ein Schlussstrich unter die vielen Diskussionen gesetzt werden« könne.[95] Ein Antrag auf Vorlage des Kooperationsabkommens zur Begutachtung an den Rechtspfleger blieb auf dem Altherrentag in der Minderheit.[96]

1. Inhalt

Dieses (zweite) Kooperationsabkommen unterscheidet sich also von den Vereinbarungen zur Zusammenarbeit der nämlichen drei selbständigen Rechtspersonen aus dem Jahr 1985 dadurch, dass es sich damals um bilaterale Vereinbarungen, teils schriftlicher, teils mündlicher Art, gehandelt hat.

Der Inhalt[97] hat sich im Kern nicht verändert und konnte sich auch im bestehenden rechtlichen Umfeld nicht ändern: zwei Korporationen (Vereine) mit je eigener Rechtspersönlichkeit (§ 1 Abs 1), organisatorische Trennung der beschlussfassenden Vereinsorgane, getrennte Willensbildung in getrennt abzuhaltenden Sitzungen in allen nicht nur die Durchführung gemeinsamer Veranstaltungen betreffenden Angelegenheiten (§ 5), prekaristische Mitbenützung des Verbindungsheims des Philisterverbandes (§ 4), gemeinsame, nach Maßgabe des Beitragsaufkommens zu finanzierende Veranstaltungen neben solchen der beiden Verbindungen (§ 2). Pro-

---

94 Fenster 6/97, Nc-Info 316, 19. Von 170 Stimmen: 112 Pro, 43 Contra, 15 Enthaltungen; Abänderung des § 2 mittels schriftlicher Nachtragsabstimmung: 35 Pro, 33 Contra. Von den Gegnern der Kooperation wurden rechtliche Änderungen, bis hin zur Aufkündigung der Budenmitbenützung der NcN, gefordert. Das fand auch am rechten Rand des Pressespektrums unter Bezugnahme auf Botschafter i. R. Dr. Johann Dengler seinen Niederschlag, vgl. derselbe, Frauenfrage spaltet Verbindung Norica, Männerbund – kein Allerweltsverein, Zur Zeit, 21.–27. Nov. 1997, Nr. 5/97.

95 Academia intern 3/98, 1. Nach Auffassung des Vorstandes der Verbandsführung (VVF) könne »auf Basis dieses Kooperationsabkommens unter Wahrung der Verpflichtungen der K.a.V. Norica als ÖCV-Verbindung eine Zusammenarbeit mit einer Studentinnenverbindung erfolgen, wie sie bereits in anderen Verbindungen seit Jahren praktiziert« werde.

96 Aus dem Bericht des VVF an den 68. Altherrentag vom 22. 5. 1998.

97 Abgedruckt unter »Causa prima«: Lösung scheint in Sicht, Academia intern 3/98, 1.

grammatisch wird in § 1 Abs 2 des Abkommens an dem Ziel festgehalten,[98] »beide Verbindungen, nach entsprechender Abstimmung mit dem ÖCV, zu vereinigen«.

Manches wurde verrechtlicht, was in den Anfangsjahren nach 1985 bewusst offengelassen worden war (Bedingungen für die Überlassung des Namens und der Farben Noricae, Gemeinsamer Convent, Kündigungsregeln). So wurde die bestehende Zustimmung zur Führung des Namensbestandteiles »Norica« und der Verbindungsfarben auf die Dauer dieses Abkommens eingeschränkt (§ 3 Abs 1) und überdies davon abhängig gemacht, »dass die K.a.V. Norica Nova auch an den vier Prinzipien des ÖCV unverbrüchlich festhält und vom Geist der K.a.V. Norica beseelt bleibt. Desgleichen muss ihr Streben aufrecht sein, dereinst in der K.a.V. Norica aufzugehen, sobald eine entsprechende Abstimmung mit dem ÖCV stattgefunden hat« (§ 3 Abs 2).[99] Angesichts der jederzeitigen einseitigen Kündigungsmöglichkeit seitens der Norica (§ 7 Abs 2) stellt der mit der Vertragsbeendigung verbundene Verlust der in Rede stehenden Rechte der Norica Nova eine unangemessene Verschlechterung ihrer bisherigen Rechtsposition dar; Norica Nova hat sich damit – im gedachten Falle der cartellrechtlichen Zulässigkeit einer vollen Integration – die Option genommen, entgegen dem Willen der Norica allenfalls doch selbständig zu bleiben, ohne dabei ihren sehr bekannten und eine positive Zukunftsoffenheit ausstrahlenden Namen zu verlieren. Mochte und mag auch breiter Konsens darüber bestehen, dass eine volle Integration konsequent und zweckmäßig ist, so hat die besprochene Regelung im Ergebnis doch etwas ein wenig Machohaftes an sich, geht doch im Konfliktsfall die Sanktion einseitig zu Lasten der Studentinnen. Die Architekten des ersten Kooperationsabkommens-Pakets aus 1985 ff.[100] hatten der neuen Studentinnenverbindung einen viel weiteren Entwicklungsrahmen zugedacht und einen größeren Vertrauensvorschuss gewährt.

Im § 5 Abs 2 des Abkommens wurde eine Regelung für den gemeinsamen Convent (GC), der aus beiden Conventen der Verbindungen besteht, getroffen. Dieser entscheidet »in Angelegenheiten, die nicht zum Aufgabenbereich eines der beiden Convente gehören und die das gemeinsame Verbindungsleben und die Durchführung der gemeinsamen Veranstaltungen betreffen«. Diese Bestimmung wurde vom OCVG für nichtig erklärt (siehe unten Punkt 2).

---

98 Gerhard Hartmann, Für Gott und Vaterland, 713.

99 Gemäß § 3 Abs 3 erklärt sich die K.a.V. Norica Nova ausdrücklich bereit, die Farben der K.a.V. Norica und den Namensbestandteil »Norica« aufzugeben, »wenn sich diese grundlegende weltanschauliche Haltung der K.a.V. Norica Nova ändern sollte«. Ob die Aufrechterhaltung des Fusionszieles als eine »grundlegende weltanschauliche Haltung« zu werten wäre, erscheint fraglich.

100 Michael Schöggl, Michael Lang, Christine Bitschnau, Dr. Kuno Hörmann, Dr. Elmar Puck.

2. Weitere Verfahren vor dem Verbandsschiedsgericht

Anders als beim ersten Kooperationsabkommen aus den Jahren 1985 ff., das dem Verband jahrelang keinen Anlass geboten hatte, in Inhalt und Form einer wohldosierten Zusammenarbeit einzugreifen, musste ein plakatives »Kooperationsabkommen« natürlich sofort wieder den Argwohn und rechtliche Bedenken des Verbandes erwecken. Tatsächlich stellte das Präsidium des WCV auf Grund des Beschlusses des 2. Wiener Ortsparlamentes vom 6. 5. 1998 mit Schriftsatz vom 11. 5. 1998 den Antrag, das OCVG wolle das Kooperationsabkommen vom 30. 1.1998 in Bezug auf die K.a.V. Norica in seiner Gesamtheit als satzungs- und cartellordnungswidrig erklären und dessen Nichtigkeit im Rahmen des ÖCV feststellen. Hinsichtlich des vorgesehenen Gemeinsamen Conventes stützte sich der Antrag auf einen mittlerweile ergangenen Beschluss des OCVG vom 4. 3. 1998.

Mit dem zuletzt zitierten Beschluss des OCVG vom 4. 3. 1998, OS 3/97-12, hatte das Verbandsschiedsgericht über einen auf den Beschluss des 3. Wiener Ortsparlamentes vom 25. 6. 1997 gestützten [aus der Zeit *vor* dem Kooperationsabkommen stammenden] Antrag des WCV-Präsidiums entschieden, dass die als »Gemeinsamer Convent (GC)« bezeichneten Zusammenkünfte der K.a.V. Norica und der K.a.V. Norica Nova keine Convente im Sinne des § 17 Abs 2 CO seien; allenfalls dort gefasste Beschlüsse seien daher unverbindlich und nach dem Recht des ÖCV nichtig; weiters stelle die Abhaltung dieser »GC« einen Verstoß gegen das dem Cartellrecht immanente Conventsgeheimnis (§§ 34 Abs 3 und 98 Abs 1 CO) dar.

Mit Beschluss vom 11. 1. 1999, OS 1/98-21, entschied das OCVG über den Nichtigerklärungsantrag des WCV-Präsidiums vom 11. 5. 1998 und sprach aus, dass § 5 Abs 2 erster Satz des Kooperationsabkommens vom 31. 1. 1998 den §§ 34 Abs 3 und 98 Abs 1 CO widerspreche.[101]

---

101 Nach der Begründung dieses Beschlusses laute § 5 Abs 2 erster Satz des Kooperationsabkommens: »In Angelegenheiten, die nicht zum Aufgabenbereich eines der beiden Convente gehören und die das gemeinsame Verbindungsleben betreffen, ENTSCHEIDET ein gemeinsamer Convent (GC).« [Hervorhebung durch das OCVG] Diese Formulierung schließe nicht aus, dass auch über Angelegenheiten, die zum Aufgabenbereich eines der beiden Convente gehörten, verhandelt werde. Eine solche Verhandlung würde aber einen Verstoß gegen das Conventsgeheimnis iSd §§ 34 Abs 3 und 98 Abs 1 CO darstellen (Beschluss vom 4. 3. 1998, OS 3/97-12). Wieso aus dem Wort »entscheidet« darauf geschlossen werden kann, dass diese Regelung dem GC die Kompetenz einräume, über nicht zu den genannten Angelegenheiten zählende Materien zu verhandeln, ist nicht nachvollziehbar. Die Norm wurde wegen eines Inhaltes für nichtig erklärt, den sie nicht hat. Auf dem Boden der Begründung des OCVG-Beschlusses bestehen gegen Beratung und Beschlussfassung durch ein solches gemeinsames Organ in den genannten Durchführungsangelegenheiten keine Bedenken. § 5 Abs 2 des Kooperationsabkommens wurde sogleich durch entsprechende Beschlüsse (für den Philisterverband am a.o. Philistertag vom 27. 1. 1999) in diesem Sinne authentisch interpretiert.

Damit noch immer nicht genug: Mit Schriftsatz vom 5. 2. 1999 beantragte das WCV-Präsidium die Wiederaufnahme des mit Beschluss des OCVG vom 11. 1. 1999 abgeschlossenen Verfahrens wegen Nichtigkeit infolge Nichterledigung sämtlicher geltend gemachter »Anklagepunkte« des Antrages vom 11. 5. 1998 (u. a. mangelndes eigenständiges Verbindungsleben, Farben und Namensbestandteil Noricae) und die diesbezügliche Fortsetzung des Verfahrens. Dieser Antrag wurde mit Beschluss des OCVG vom 15. 6. 1999, Os 2/99-11, mangels Rechtsgrundlage für ein derartiges Rechtsmittel zurückgewiesen.

3. WS 2001. Rückerhalt des Stimmrechts im Ortsparlament des WCV

Wie verhärtet die Fronten, vor allem bei den Aktiven des WCV, waren, obwohl der Vorstand der Verbandsführung das Kooperationsabkommen als »Bereinigung des in den letzten Jahren so störenden Konfliktes« begrüßt hatte[102] und alle Rechtsverfahren mit SS 1999 abgeschlossen waren, lässt sich daraus ersehen, dass es bis zur Wiedererlangung des Stimmrechtes der K.a.V. Norica auf dem Ortsparlament noch weitere 2 ½ Jahre dauern sollte. Erst mit Beschluss vom 19. 12. 2001 hob das Ortsparlament den Dauerbeschluss vom 25. 6. 1997 über die Suspendierung der Mitgliedschaftsrechte Noricae auf.[103]

VIII. Die Cartellversammlungen der Jahre 2000 und 2001. »Dreisäulenmodell« als ernsthafter Lösungsvorschlag, dennoch Aufschub der »Mädchenfrage« für unbestimmte Zeit

Noch einmal wurde die Frage der Integration von Studentinnen in die Verbindungen und den Verband Gegenstand zweier beherzter Lösungsversuche auf Verbandsebene, einmal durch die Erweiterung der Verbindungsautonomie um diese Kompetenz, das andere Mal durch eine Neuordnung des Verbandes selbst. Norica verfolgte diese Initiativen mit größtem Interesse, war aber nicht mehr deren Hauptträgerin.

---

102 Paul Hefelle, Cartellbrüderlichkeit ist gefragt, Academia intern 3/98, 1.

103 Der diesbezügliche Antrag des WCV-Präsidiums K.a.V. Bajuvaria wurde mit 26 Pro- und 3 Contrastimmen, bei einer Enthaltung angenommen. Die einstimmig beschlossene Veröffentlichung erfolgte mit der Mitteilung des WCV-Präsidiums, Norica: Mittendrin statt nur dabei, in: Academia intern 1/2002, 9.

1. Die Meinungsumfrage im ÖCV vom März 2000 zur Aufnahme von Frauen

Im März 2000 startete der Vorort Rheno-Danubia Innsbruck (VOP Mag. *Christian Gehrer*) eine ÖCV-weite Meinungsbefragung bei allen Verbindungsmitgliedern. Die Frage lautete: »Soll die Aufnahme von Studentinnen mit allen Rechten und Pflichten den einzelnen Verbindungen des ÖCV freigestellt werden?« Kurioserweise nahmen fünf Verbindungen durch Conventsbeschluss ihre Mitglieder von der Teilnahme an der Befragung durch Sperre ihrer Adressen aus,[104] was – wie *Gerhard Hartmann* es (ohnedies milde) ausdrückt[105] – »mehr als problematisch war«. Dennoch betrug die Teilnahme in beiden Verbandsteilen ca. 55 %. Am 27. April 2000 wurde folgendes Ergebnis ermittelt: Aktivitas 49,3 % Pro, 50,7 % Contra; Altherrenschaft 61,9 % Pro, 37,9 % Contra, 0,2 % ungültig; Gesamt 60,2 % Pro, 39,6 % Contra.[106]

2. Die XLIII. CVV in Brixen im Juni 2000

Der *Antrag* des Vorortes Rheno-Danubia betreffend »Vollintegration von Studentinnen im Rahmen der Verbindungsautonomie« (Antrag 8) an die XLIII. CVV 2000 sah (nach den CVV 1991 und 1997 zu wiederholtem Male) eine Änderung des § 22 Abs 2 CO wie folgt vor: »Unter der Voraussetzung, dass sich eine Verbindung im Rahmen ihrer Verbindungsautonomie auf dem beschlußfassenden Gremium der Gesamtverbindung grundsätzlich für die Aufnahme von Frauen ausgesprochen hat, stehen diese Arten der Mitgliedschaft« [Arten der dauernden Mitgliedschaft] »Männern und Frauen unter denselben Bedingungen offen.«[107] Der Rechtsaus-

---

104 Es handelte sich um die Verbindungen Austria Wien, Franco-Bavaria, Marco-Danubia, Nordgau Wien und Saxo-Bavaria. Zu deren Motiven vgl. die Erklärung der Franco-Bavaria »Unsere Meinung zählt [sic] auch« in: Franco-Bayern-Briefe Nr. 2 Mai/2000, 12, wonach »die Zentralorgane des Verbandes (Vorort, Verbandsführung, etc.) keine Legitimation« hätten, »sich in Sachfragen an die Mitglieder der einzelnen Verbindungen zu wenden«. Die Meinungsbefragung, die inhaltlich eine unzulässige Urabstimmung sei, werde abgelehnt und die eigenen Mitglieder seien von ihr auszunehmen gewesen. Tatsächlich waren in den fünf Verbindungen 155 aktive Urmitglieder und in der Altherrenschaft 1.207 Urmitglieder (zum Teil gegen ihren Willen) von der Teilnahme ausgeschlossen.

105 Gerhard Hartmann, Für Gott und Vaterland, 713.

106 Es wurden in der Aktivitas 706 Befragungskarten retourniert (Rücklauf 55,3 %), davon 348 Pro, 358 Contra; bei der Altherrenschaft 4.521 Karten (Rücklauf 54,2 %), davon 2.797 Pro, 1.712 Contra. Vgl. Mit freundlichen Grüßen – Ztg. des Vorortes K.A.V. Rheno-Danubia Nr. 4; Academia intern 3/2000, 1.

107 Bei einem Wechsel des Hochschulortes sollten sich weibliche Mitglieder nur bei für Frauen offenen Verbindungen melden können (vorgeschlagener § 49 Z 1 CO). Der Antrag hätte sohin rein männliche Verbindungen nicht tangiert.

schuss der CVV stellte fest, dass eine 5/6-Mehrheit für die Annahme des Antrages 8 notwendig sei.[108] Während auf den bisherigen CVV (u. a. 1991, 1997) und auch nach Auffassung des Rechtspflegers Dr. *Wolfgang Binder*[109] ein Antrag des wiedergegebenen Inhaltes als ein CO-Änderungsantrag, der mit 2/3-Mehrheit beschlossen werden könne, aufgefasst worden war, ließ sich der Rechtsausschuss bei seiner Festlegung auf ein Zustimmungserfordernis von 5/6 der Stimmen[110] offensichtlich vom Rechtsgutachten des Präs. Dr. *Kohlegger* (vgl. oben Punkt II 3.3.) leiten, wonach eine Satzungsänderung erforderlich sei. Dessen Ergebnis stützt sich auf eine Begründung, die rechtlich nicht geteilt werden kann. Die Begründung, die zentral auf der Lehre von der Geschäftsgrundlage aufbaut, übersieht, dass die Auslegung der Satzung eines Vereines, wie der Verfassungsgerichtshof wiederholt judiziert hat, »nicht wie die eines Rechtsgeschäftes, sondern wie die einer generellen Norm zu erfolgen [hat]. Es kommt also auf ihren *objektiven Sinn* und nicht bloß auf die ihr vom Proponenten gegebene subjektive Interpretation an (VfSlg 8844/1980).«[111] In der Folge hat der VfGH seine Meinung in mehreren Erkenntnissen noch unterstrichen.[112] Die Geltung für eine sehr große Zahl von Mitgliedern, die offene Mitgliederstruktur und die Vielzahl der Organe und wechselnder Organwalter sprechen für die Richtigkeit dieser Auslegungsmethode. Der geschlechtsneutral formulierten Satzung des ÖCV kann nach ihrem objektiven Sinn, im Besonderen auch im Lichte des Prinzips religio, keine Beschränkung auf Männer entnommen werden. Aber auch dann, wenn man die Regeln für die Auslegung rechtsgeschäftlicher Willenserklärungen zugrunde legen wollte, wäre zu bedenken, dass die geltende Satzung des ÖCV nach zweijähriger Überarbeitung im Jahr 1968 beschlossen wurde. Das Frauenstudium war nicht nur seit Jahrzehnten rechtlich möglich, sondern auch zahlenmäßig bereits eine beachtenswerte Realität (z. B. Lehramtsstudien); die ersten Beiträge zur »Studentinnenfrage« (Angliederung oder Eingliederung in den ÖCV) in der Academia waren bereits geschrieben.[113] Verwendet diese Satzung nun – anders als die CO

---

108 Vgl. dazu den polemischen Bericht von Christian Sauer/Karl Koller/Christoph Löffelhardt, Kommentare zur CVV, Das Fenster 5/2000, Nc-Info 390, 16.

109 In mfG – Ztg des Vorortes K.A.V. Rheno-Danubia, Sondernummer 02/2000, führte Binder zur Frage 4 nach dem Quorum, »um die Aufnahme von Studentinnen in Verbindungsautonomie zu entlassen« [sic] aus: »Eine andere Möglichkeit« [außer der von Kohlegger vorgeschlagenen Satzungsänderung] »wäre eine Änderung des § 22 Cartellordnung (Verbindungsmitglieder). 1996 bzw. 1997 wurden diesbezügliche Anträge jeweils zurückgezogen; eine Änderung des § 22 CO ist mit 2/3-Mehrheit in beiden Verbandsteilen bei einer CVV möglich.«

110 Auf das Verhältnis zu § 16 der Vereinsstatuten des ÖCV idF aus 1989 („Satzungsänderung« im Sinne von Statutenänderung mit 2/3-Mehrheit – früher 4/5-Mehrheit) kann hier nicht weiter eingegangen werden.

111 Unter Bezugnahme auf OGH 20.6.1974, 7 Ob 109/74, RZ 1974, 20.

112 VfSlg 9052/1981, 9366/1982, 9566/1982; VfGH 21.6.1988, B 625/87.

113 Vgl. oben FN 14.

– den neutralen Begriff »Mitglied«, dann kann sich niemand darauf berufen, dass das damit Erklärte nicht so verstehen wäre, wie es in der sprachlichen Kommunikation zu verstehen ist, sondern reduziert auf den Begriff »männliches Mitglied«. Für die Heranziehung der Lehre von den objektiven Grundlagen des Rechtsgeschäftes zur Ergänzung oder Korrektur des ausdrücklich Vereinbarten fehlt im Jahr 1968 die Grundlage. Mit anderen Worten: Im Falle einer mit 2/3-Mehrheit beschlossenen CO-Änderung zur Ermöglichung der Aufnahme von Studentinnen kann sich die in der Minderheit gebliebene Gruppe auf keine in der Satzung enthaltene Willens*erklärung* berufen, die einem solchen Beschluss entgegenstünde. Abschließend sei die Frage erlaubt, ob unerreichbar hohe Zustimmungserfordernisse wirklich die Einheit des Verbandes auf Dauer besser erhalten als eine weniger starre Verfassung. Sie zwingen den Verband in ein Korsett, das ein zeitgerechtes und zeitgemäßes Reagieren auf ein geändertes soziologisches Umfeld faktisch völlig ausschließt. Soll ein Sechstel der auf der CVV Stimmberechtigten jegliche Fortentwicklung unterbinden können, die von einer breiten Mehrheit der Mitglieder der ÖCV-Verbindungen für sinnvoll und realisierbar erachtet wird?

Der Antrag 8 erreichte dann in beiden Kurien nicht einmal die einfache Mehrheit.[114] Der Rechtsausschuss hatte sich – wie ihm prompt unterstellt wurde – umsonst gefürchtet.[115]

Ungeachtet dieser erstarrten Frontlage schien auf der CVV 2000 doch noch einmal Schwung in die Studentinnenfrage zu kommen. Ein Eventualantrag der Altherrenschaft der KÖHV Pannonia setzte bei einer Änderung der Verbandsstruktur an und schlug eine Gliederung desselben in drei Sektionen vor, und zwar 1. in Verbindungen, die nur Studenten, 2. solche, die Studenten und Studentinnen, und 3. solche, die nur Studentinnen aufnehmen; eine Kommission solle bis zur CVV 2001 erste Vorschläge erarbeiten. Dieser Antrag wurde angenommen.[116]

---

114 Stimmen in Altherrenkurie 24 Pro, 29 Contra; in der Aktivenkurie 17 Pro, 31 Contra, 1 Enthaltung.
115 Der Standard, 5. 6. 2000, 10.
116 In der Altherrenkurie 4 Contra und 5 Enthaltungen, in der Aktivenkurie 8 Contra und 9 Enthaltungen. Der Antrag hätte 5/6 der Stimmen erreicht, ein Quorum, das selbstverständlich für die bloße Einrichtung einer Kommission nicht erforderlich gewesen wäre. Etwas euphemistisch: Siegbert Nagl, CVV in Brixen – 5/6-Mehrheit für Integration von Frauen in den CV, 105er, Ztg des WCV-Vorsitzes Amelungia 1999/2000, Nr. 4, 4.

3. Die XLIV. CVV in Baden bei Wien im Mai 2001

Am Studententag in Klagenfurt vom 5. 1. 2001 präsentierte die auf der CVV 2000 eingesetzte Reformkommission für die »Integration von Frauen in den ÖCV« unter Vorsitz des Rechtspflegers ihre Ergebnisse. Es wurden ein Dreisäulen- und ein Zweisäulenmodell ausgearbeitet.[117] Beim *Dreisäulenmodell* sollte der ÖCV aus drei Säulen[118] zugeordneten Verbindungen (A-Verbindungen: männlich, B-Verbindungen: weiblich und C-Verbindungen: gemischt) bestehen, beim *Zweisäulenmodell* aus A-Verbindungen und B-Verbindungen. Aktivitas und Altherrenschaft einer Verbindung könnten nur gemeinsam einer Kategorie (Säule) zugehören. Bei Aufnahme einer andersgeschlechtlichen Person durch eine A- oder B-Verbindung hätte ein Kategorienwechsel in eine C-Verbindung zu erfolgen. Mitglieder, die diesfalls mit ihrer Zugehörigkeit nicht (mehr) einverstanden wären, könnten als Urmitglied zu einer anderen Verbindung wechseln. Für Abstimmungen auf der CVV sollte nach beiden Modellen einer Minderheit von 1/3 der A-Verbindungen jeder Kurie (Aktive, Philister) das Antragsrecht auf Beschlussfassung (durch die A-Verbindungen) darüber zukommen, dass über einen bestimmten (Sach-)Antrag nur die A-Verbindungen abstimmen dürfen; also eine »Notbremse« und Zweiklassenmitgliedschaft zugunsten der männlichen A-Verbindungen. Aus den in jedem Bundesland bestehenden Altherrenlandesbünden sollten geschlechtsneutral bezeichnete »Philister-Landesbünde« werden; da ihre Mitglieder schon heute nicht die Verbindungen, sondern deren Mitglieder als Einzelpersonen seien, werde von der Reformkommission vorgeschlagen, hier keine Minderheitsrechte oder andere Unterscheidungen einzuführen. Die als notwendig erachtete Ergänzung des Art 10 der Satzung des ÖCV sollte lauten: »Sie [die Verbindungen des ÖCV] können rein männlich, rein weiblich, oder gemischt geschlechtlich organisiert sein.«

Die Reformkommission stellte an die XLIV. CVV 2001 in Baden bei Wien den *Antrag* auf Neufassung des Art 10 der Satzung des ÖCV mit der vorhin zitierten Bestimmung als neuem Absatz 2.

Die Altherrenschaft der K.a.V. Norica stellte den *Eventualantrag*, die CVV möge der Kommission Dank und Anerkennung aussprechen; die Kommission werde ersucht, »in Fortführung des praktizierten iterativen Prozesses für die nächste ... CVV ... das vorliegende ›3-Säulen-Modell‹ abstimmungsreif zu detaillieren und auszuformulieren«.

Der Altherrenlandesbund Wien stellte den weiteren *Eventualantrag*, die CVV

---

117 Vgl. Rudolf Preyer, Licht am Ende des Tunnels? Academia intern 1/2001, 8.

118 Die Bezeichnung als »Gruppen«, »Säulen«, »Kategorien« oder »Sektionen« blieb noch offen. M. E. wäre der Begriff »Sektionen« unzweckmäßig, weil er in der Schweiz für die Verbindungen oder im Österr. Alpenverein für die verbandsangehörigen Vereine verwendet wird.

möge eine noch zu beschließende Kommission beauftragen, Möglichkeit und Zweckmäßigkeit einer Holdinglösung zur Integration von mehrgeschlechtlichen Verbindungen oder Verbindungen mit ausschließlich weiblichen Mitgliedern in den ÖCV unter (zumindest wesentlicher) Aufrechterhaltung der Strukturen des ÖCV zu prüfen. Die Ausarbeitung textlicher Änderungen der Rechtsgrundlagen sei nicht Aufgabe der Kommission. Dies sei weiterer Vorbereitung nach allfälliger Beschlussfassung durch die CVV 2002 vorbehalten.

Der Hauptantrag wurde in der Aktivenkurie mit 18 Pro- und 31 Gegenstimmen, in der Altherrenkurie mit 34 Pro- und 20 Gegenstimmen *abgelehnt*. Der Eventualantrag der Norica wurde bereits in der Aktivenkurie mit 18 Pro- und 27 Gegenstimmen bei einer Enthaltung *abgelehnt*. Der Eventualantrag des AHLB Wien wurde bereits in der Aktivenkurie mit 3 Pro- und 42 Gegenstimmen *abgelehnt*.

Ablehnung, Ablehnung, Ablehnung. Das ungeliebte Thema ist vom Tisch, wieder einmal vertagt auf unbestimmte Zeit.

IX. Schlussbemerkungen

Die skizzierte Entwicklungsgeschichte der »Studentinnenfrage« in und mit der Norica regt zu nachstehenden Gedanken an:

Willkommen und Abwehr, Öffnen oder Verschließen der Türen für Studentinnen sind Konstanten im Ablauf dieser 23 Jahre der Verbindungs- und Verbandsgeschichte. Willkommensfreude und Abwehrprozess, manchmal auch Willkommensprozess und Abwehrfreude. Freude, Stolz, Jubel auf der einen Seite (z. B. am Gründungsfest der Norica Nova; nach der Abstimmung am CC vom 15. 6. 1996), Traurigkeit und Rückzug auf der anderen Seite. Aber auch Niedergeschlagenheit, Zorn, Konsternierung, Resignation auf der Seite der Träger der Idee einer offenen Norica wegen Rückschlägen oder als Unrecht empfundener Sanktionen (z. B. Verbot der freien Meinungsäußerung in einer Pressekonferenz, wiederholter Ausschluss vom Ortsparlament, verbale Angriffe[119], weniger als halblustige Gedichte[120]), Erleichterung, Genugtuung, Gleichgültigkeit auf der anderen Seite. Auch wenn mit klarem Verstand die gesellschafts-, verbands- und verbindungspolitische Bedeutung des Vorhabens, künftige Akademikerinnen fest und gleichberechtigt an unsere Wer-

---

119 Dies betrifft den informellen »Diskurs« im Verband, aber vor allem anfangs auch in der Verbindung. Engelbert Bitschnau, Fenster 1/96 Nc-Info 281, 11, berichtet über einen Sbg Zirkeltag zu Weihnachten 1995: »Es gab Wortmeldungen, in denen ein wertneutrales Wort für ›Frau‹ kein einziges Mal, dafür aber Dutzend Mal das Wort ›Weiber‹ vorkam.«

120 Ein solches findet sich sogar im Falter 18/97 abgedruckt.

tegemeinschaft zu binden, erkannt und zugestanden wird, kann eine tiefliegende Schicht von Emotionen das tatsächliche Wollen und Handeln nachhaltig anders bestimmen. Das war an sich bekannt. Wie bedeutend dieser Faktor wirklich ist, erwies sich in den erlebten 23 Jahren. Freilich können Aufklärung und Diskussion, vor allem Kennenlernen der handelnden Personen, zu einer Einstellungsänderung führen. Auch dafür gibt es Beispiele.

Zu beobachten war, dass die Abwehr gegen die Hereinnahme von Studentinnen anfangs überwiegend mit inhaltlichen Argumenten begründet wurde. Als hier dann der Worte genug gewechselt waren, verlagerte sich die Argumentation mehr und mehr, als ein *fortgesetzter Abwehrprozess*, auf den endlosen und immer wieder kreativen Streit über Sperrminoritäten oder zumindest Regeln zur Abgrenzung mädchenfreier Zonen. Der Begriff »Abwehrprozess« ist für die Jahre 1996 bis 1999 (2001) auch in der juristischen Bedeutung des Wortes zu verstehen (Verfahren vor dem OCVG, der Verbandsführung, deren Vorstand, dem WCV).

Die Norica hat die verschiedensten *Modelle* der indirekten und der direkten Integration (An- und Eingliederung) von Studentinnen debattiert, bisher aber alle bis auf die *Vollintegration* in die im ÖCV verbleibende Norica als Ziel verworfen. *Realisierbar war* jedoch nur eine *Angliederung* der K.a.V. Norica Nova, einer außerhalb des ÖCV stehenden Studentinnenverbindung, an die K.a.V. Norica. Gewiss sprechen verschiedene Verstandesgründe in erster Linie für eine Vollintegration (Situation in koedukativer Schule, auf der Universität und am Arbeitsplatz ist eben gemischtgeschlechtlich; an sich beste Lösung auch aus der Sicht der Norica, weil die Studentinnen so am besten an den kollektiven Erfahrungen, Kenntnissen und Fertigkeiten der Patronanzverbindung teilhaben und in die Verbindung hineinwachsen können[121]). Dennoch vermag die Ausschließlichkeit und die Vehemenz, mit der die volle Integration als Ziel verfolgt wurde und wird, nur aus der Gefühlswelt („unsere Norica«; viel eingesetztes Prestige und Herzblut) erklärt zu werden.[122],[123]

Hochrangiges, zum Teil oberstes Ziel der Amtsträger im ÖCV wie auch vieler CVer sind *Einheit und Kohäsion des Verbandes*. Auch in der mehrfach erwähnten Stellungnahme von Präs. Dr. *Kohlegger* wird diese Einheit beschworen. Angesichts der Einbuße an gesellschaftspolitischer Bedeutung hat dieser Topos gewiss nicht das

---

121 S. auch oben Punkt II.1.

122 Z. B. kann die Wahl des Zeitpunktes für den Rezeptionsbeschluss des BC vom 10. 10. 1996 mit rationalen, strategischen oder taktischen Erwägungen nicht begründet werden (s. oben Punkt VI.1.1.).

123 Vgl. zur Frage einer möglichen Neudefinition der Ziele: Michael Werner, Quo vadis, Norica? Sind wir auf dem richtigen Weg oder haben wir uns bereits verlaufen? Aus der Sicht eines Aktiven, Fenster 2/06 (April 2006), 12. Dazu die Replik ohne neuen Lösungsansatz Dietbert Helbig-Neupauer, Et audiatur altera pars, Der Pulverturm. Meinungsforum der K.a.V. Saxo-Bavaria Prag in Wien, Nr. 1/März 2008, 8.

ehemalige Gewicht, motiviert aber entscheidend die handelnden Personen. Auch die Norica hat bisher ausnahmslos in allen Rechtsfragen das Verbandsrecht in der Auslegung, die die zuständigen Organe in den die Norica betreffenden Entscheidungen vorgenommen haben, respektiert.[124] Die Rechtsauffassung des Rechtsausschusses der CVV 2000 in Brixen, dass die Frage der Aufnahme von Studentinnen in eine ÖCV-Verbindung eine Satzungsfrage (5/6-Mehrheit) sei, ist verfehlt. Es handelt sich um keine Prinzipienfrage, und die Annahme, dass der im Jahr 1968 neu formulierten Satzung des ÖCV der stillschweigende Grundkonsens über den Ausschluss von Frauen zugrunde liege, ist unbegründet. Diese Festlegung auf eine 5/6-Mehrheit, die der Einheit des Verbandes dienen sollte, birgt vielmehr selbst die Gefahr in sich, eine Spaltung auszulösen. Schraubt man das Zustimmungserfordernis von bisher 2/3 auf 5/6 der Stimmen hinauf, dann erscheint jede Fortentwicklung des Verbandsrechts in dieser Sachfrage aussichtslos. Das Gebot der Stunde kann aber – wie uns der jung gebliebene *Jörg Iro sen.* zuruft – nicht heißen: »Gesundschrumpfen! Wir dürfen nicht auf die Hälfte wertvoller potenzieller Bekenner unserer Grundsätze verzichten. Versuchen wir nicht, das Rad der Geschichte zurückzudrehen! Denn immer noch und mehr denn je hat der ÖCV eine große gesellschaftspolitische Mission zu erfüllen: die Gesellschaft mit dem Geist unserer Prinzipien zu durchsetzen.«[125]

Unter den Voraussetzungen einer 5/6-Mehrheit für die Öffnung für Frauen wird es früher oder später einen Reform-CV geben, der nach dem Dreisäulenmodell aufgebaut sein könnte. Auch die weit überzogenen Verhinderungspotenziale in der bestehenden CO, die durch die fehlende Stimmengewichtung nach Größe der Verbindungen entstehen, könnten diese Überlegungen, hier aus demokratiepolitischen Erwägungen, beschleunigen.[126] Eine solche Initiative wird dann entstehen, wenn sich mehrere Verbindungen, die ihre Interessen im derzeitigen Verbandsrecht nicht

---

124 Hinsichtlich des CC-Beschlusses vom 25. 6. 1996, des umstrittenen Rezeptionsbeschlusses vom 10. 10. 1996, der vor dem OCVG-Beschluss vom 11. 11. 1996 ergangen war, oder eines strittigen Punktes des Kooperationsvertrages vom 30. 1. 1998. Norica respektierte aber auch rechtlich nicht unproblematische Entscheidungen wie z. B. die Untersagung einer Pressekonferenz (1997).

125 Jörg Iro sen., Kein Verzicht auf Erneuerung, in: K.a.V. Norica (Hrsg), Gemeinsam in die Zukunft, Nc-Info 305 (1997) 13.

126 Eduard Saxinger, CV im dritten Jahrtausend, Festrede zum 26. Stiftungsfest der Severina am 17. 11. 2007, zeigt, zu welcher Verzerrung des Stimmgewichtes des einzelnen CVers es führt, dass jede Verbindung – ungeachtet der enormen Unterschiede in der Mitgliederzahl – je eine Stimme hat. Er errechnet, dass die Stimmen von 150 Aktiven ausreichen, um einen Beschluss, der immerhin insgesamt 11.000 Personen berührt, zu unterbinden. Er spricht sich für eine Stimmengewichtung nach der Mitgliederzahl aus. Im Übrigen ist auch für Saxinger – er war Rechtspfleger des ÖCV von 1976 bis 1980 – die Aufnahme von Studentinnen keine Frage der Prinzipien, sondern im autonomen Bereich der Verbindung zu lösen.

ausreichend gewahrt sehen, auf ein gemeinsames Vorgehen verständigen.[127] Ob sich der ÖCV in einem solchen Fall selbst für das Dreisäulenmodell öffnet, oder ob es zu einer anderen Art der Zusammenarbeit kommt, wird sich zeigen.

Auch in der K.a.V. Norica hat die Erhaltung der *Einheit und Kohäsion der Verbindung* einen hohen Stellenwert. Die 68er Jahre waren hier eine Bewährungsprobe, die die Norica durch die bei ihr gelebte Lebensfreundschaft gemeistert hat. Anders als in manch anderen Verbindungen hat Norica ihre Intellektuellen in diesen Jahren nicht hinausgesäubert oder gemobbt. Für ihre mit Geduld, Zuhören und freundschaftlichem Rat geübte stille Autorität sind die Phil-x Dkfm. Dr. *Hans Egon Gros* und Dr. *Lukas Beroldingen* in Erinnerung geblieben. Vor diesem Hintergrund durfte es keine Spaltung, aber auch kein Abbröckeln der Verbindung an den Rändern wegen der Studentinnenfrage, die ja keine Prinzipienprobleme aufwarf, geben.

Was eine *Abspaltung* anlangt, wurde eine solche nie (auch nicht bei den Minderheiten in Aktivitas und Altherrenschaft) ernstlich in Erwägung gezogen. Abgesehen davon, dass der Philisterausschuss immer, ganz überwiegend schon in den ersten Jahren, der Idee, Studentinnen an die Norica zu binden, zugetan war, ergab schon unsere damalige Analyse, dass eine Trennung von den Befürwortern der Integration unsere besten Köpfe in der Aktivitas gekostet hätte. Meines Erachtens war der Prozess schon im Jahr 1986 unumkehrbar, endgültig könnte man die Unumkehrbarkeit vielleicht mit dem Jahr 1992 ansetzen (Meinungsbefragung 1992). Dass auch ursprünglich ablehnende Pragmatiker dies erkannten, war von Bedeutung für die Kohäsion in der Verbindung.

Das Ziel, keine Freunde durch *Austritte* zu verlieren, konnte nahezu vollständig erreicht werden. Die Verbindungsgewohnheiten überzeugter Gegner können nicht nur durch fortschrittsfeindliche Sperrminoritäten geschützt werden, sondern vor allem auch dadurch, dass eine so große Verbindung wie die Norica, die sich ohnedies in viele informelle Kreise gliedert, Gelegenheiten anbietet, an denen diese Gruppe gern teilnimmt.[128] Dies erleichtert es ihnen, in der Gemeinschaft zu verbleiben. Unter den wenigen Austritten sind leider zwei, die mich im Herzen geschmerzt haben: jene von *Walter Antoniolli*[129] und eines weiteren sehr lieben Freundes und Leh-

---

127 Nach Saxinger (vorige FN) sollten sich dann, wenn es zu keiner Reform des Stimmrechtes komme und den Verbindungen auch nicht mehr Autonomie eingeräumt werde, »die geistig und intellektuell beweglichen und Reformen zugänglichen Verbindungen innerhalb des ÖCV zusammenschließen und sich nach gemeinsamen Regeln strukturieren.«

128 Z. B. die vom derzeitigen Phil-x Georg Krasser wiederbelebten Altherrenabende oder mit großem Erfolg weitergeführten Nc-Reisen und Nc-Skikurse.

129 Walter Antoniolli, geb. 1907, war em. o. Univ.-Prof. und Präsident des VfGH i. R. Seinem (vom Verbindungsgericht im Übrigen nie in Behandlung gezogenen) Austrittsschreiben im Jahr 1997 lag möglicherweise ein Missverständnis zugrunde, denn die geplante Norica Nova Aperta, durch deren Gründung er seine alte Nc zum Absterben verurteilt sah, wurde dann gar nicht ins Leben gerufen.

rers. Traurig habe ich auch den im sehr hohen Alter erfolgten Austritt des Alt-Phil-x Dr. *Hans Egon Gros*, der noch mit 92 Jahren auf dem CC von 1996 das Wort ergriffen hatte, empfunden. Austritte und innere Emigration gehören zum Thema und mussten daher Erwähnung finden. Und doch gilt für die Altherrenschaft, was *Robert Krasser* klar erkennt, wenn er ausführt, es müsse »das Philisterium den Eigenwert und die Rechte der Jugend jederzeit respektieren und dieser volle Entfaltungsmöglichkeit zubilligen. … bei aller Entschiedenheit und Unerbittlichkeit im wirklich Grundsätzlichen muß der Aktivitas vertrauensvoll Spielraum für die freie Übung ihrer Kräfte gelassen werden.«[130] Was immer das wirklich Grundsätzliche aus heutiger Sicht ist, eine Prinzipienfrage ist die Studentinnenfrage jedenfalls nicht.

Der enorm hohe *Außendruck*, den der Verband in den Jahren 1996 bis 1999 gegen die Norica aufgebaut hat, ließ die *Verbindung zusammenrücken*. Bei allem Kopfschütteln und Tadeln, es taten einem die Aktiven auch mitunter leid. Nach außen folgte daraus in entscheidenden Fragen ein geschlossenes Auftreten von Aktivitas und Altherrenschaft. Das hervorragende Spendenaufkommen für die Budenrenovierung (um ca. 6,8 Mio. S) kam just in dieser Phase zustande.

Das Thema von Einheit und Trennung wurde auch durch das *Projekt Norica Aperta* im Jahr 1997 berührt. Das nicht uninteressante Angebot der CVV 1997 auf Anerkennung von Doppelmitgliedschaften von Noricern in einer gemischten neuen Verbindung wurde ernst diskutiert und beschlussreif durchdacht (s. oben Punkt VI.2.). Mit Nachwuchszahlen wie in den 50er-Jahren (jeweils 20 bis 30 Füchse) wäre das Projekt, das sicherlich eine gewisse Aufteilung des personellen Potenzials mit sich gebracht hätte, durchführbar gewesen. Über die erforderlichen Personalreserven verfügte Norica aber nicht mehr.[131]

Die Norica Nova hatte am 31. 5. 2008 101 Mitglieder (45 Aktive – Filiae, 7 Fuchsen, 49 Philistrae). Damit würde sie im ÖCV zu den Verbindungen mit mittlerem Mitgliederstand zählen. Nicht nur im Hinblick auf diese nüchternen Zahlen, sondern wegen ihres kreativen Beitrages zum Verbindungsprogramm und dessen Durchführung sowie wegen des Gemeinschaftsgeistes, der Zuverlässigkeit und der Loyalität ihrer Mitglieder ist die Norica Nova ein Zugewinn für die Norica, keine Verarmung. Sie leistete und leistet einen nicht wegzudenkenden Beitrag zum Verbindungsleben. Ich danke für Wertschätzung und Freundschaft, die dem Philistervorstand und -ausschuss entgegengebracht wurden, obwohl wir vor allem anfangs mitunter glaubten, die Grenzen der Kooperation doch recht scharf und eng ziehen zu müssen. Auch denke ich mit Anerkennung an die Gründerinnen und die ers-

---

130 Robert Krasser, Katholische Farbstudenten (1952), 16
131 Die K.a.V. Norica hatte am 31. 5. 2008: 73 Burschen und 5 Fuchsen (529 Urphilister, 54 Bandphilister, zwölf Ehrenphilister, ein Ehrenmitglied); Summe 674 Mitglieder.

ten Seniorae, mit Freude an die harten juristischen Sträuße mit *Chris Bitschnau*, der Juristin der Norica Nova der ersten Stunde, und ihre Handschlagsqualität. Auch freuen wir uns alle über die familiäre und berufliche Weiterentwicklung der ersten Verbindungsgenerationen und hören belustigt, wie selbstverständlich Carteller die Mitglieder der NcN im beruflichen Umfeld ohne Umschweife und ohne jeden Vorbehalt dem Verband zurechnen und gerne das cartellbrüderliche/-schwesterliche »Du« gebrauchen. Unumkehrbarkeit der Fakten also auch hier. Den Studentinnen und Akademikerinnen der Norica Nova ist mit großer Zuversicht und in aller Gelassenheit – außerhalb oder innerhalb der Norica – anhaltender Erfolg zu wünschen.

Michaela Steinacker

Norica Nova – Männerbund und Neue Frau

Von der Veränderung einer Verbindung aus der Sicht einer heute 45-jährigen Frau

1981 – ein besonderes Jahr in meinem Leben. Der erste Schritt zum »wirklichen« Erwachsenwerden war geprägt durch den Studienbeginn in Wien und die Übersiedlung in unsere Studentenwohnung in der Messerschmidtgasse. Mein Bruder Martin (er studierte so wie ich Jus) war schon im Jahr davor in die Katholische akademische Verbindung Norica im Österreichischen Cartellverband (ÖCV) eingetreten und einige unserer damals schon gemeinsamen Freunde ebenso.

Für mich war es daher vom ersten Tag meiner »Wiener Zeit« an klar, dass ich auch Veranstaltungen auf der Norica besuchen werde, umso mehr, als jahrelange Übung mich/uns auf Verbindendes vorbereitet hatte: Es gab keine Wanderung, bei der nicht die Familie Michalitsch lautstark und falsch einschlägige Lieder sang, vom »Gaudeamus igitur« bis zur Fuchsen- und Burschenstrophe der Norica, und das Tarockieren wurde uns sozusagen mit der Muttermilch mitgegeben – in einem Sechs-Personenhaushalt gab es schnell vier, die sich zusammensetzten und taktische Spielzüge, Risikobereitschaft und das Bilden von Allianzen austesteten. Selbstverständlich gibt es nur von meinen Brüdern Kinderfotos mit Band und Deckel des Vaters – aber nicht, weil in unserer Familie nicht ein offener, gleichwertiger Erziehungsstil zum Tragen kam, sondern weil vor rund 40 Jahren kaum jemand über diesen Teil der Gleichberechtigung nachgedacht hatte, war doch nur rund ein Fünftel der Studierenden weiblich und die Zugehörigkeit von Mädchen zu einer CV-Verbindung nicht aktuell gewesen.

Und dann waren wir da: Mädchen, die zum Großteil aus alten norischen Familien stammten und aktiv am Verbindungsleben teilnahmen. Wir schlossen Freundschaften, lebten die Prinzipien, diskutierten heftig, brachten uns ein und wurden ein Bestandteil des Verbindungslebens, so wie es ja in der Vergangenheit oftmals tolle Frauen in ihrer Rolle als Coleurdamen auch getan hatten. Wir verwurzelten in der Norica, engagierten uns oftmals weit über das geforderte Ausmaß eines Fuchsen oder Aktiven für die Verbindung, wir waren Teil der Norica-Familienskikurse in Altenmarkt am Zauchensee, und man(n), Frau, Alte Herren schätzten uns. Im Jubelsemester SS 1983 wurde das 100. Stiftungsfest der Norica gefeiert, ich war damals die 13. (versteckte) Charge, arbeitete mit, als gehörte ich dazu, und bekam zu Semesterende einen Zipf verliehen – immerhin Dank und Anerkennung in einer möglichen Form.

Aus dieser Selbstverständlichkeit des Dabeiseins, der Studienrealität (in den 80er-Jahren waren bereits rund 40 % der Studierenden Mädchen, Tendenz steigend) und unserem Unverständnis, warum wir Studentinnen denn bei den wichtigen Entscheidungen der Norica vor der Türe stehen mussten, obwohl man uns davor und danach um unsere Meinungen und Argumente gefragt hatte, entstand langsam in einem Evolutionsprozess der Wille, voll mitgestalten zu dürfen.

Christine Bitschnau, Michaela Bitschnau, Sissy Freytag, Christine Michalitsch und ich, fünf weibliche Studierende, die so wie viele Noricer auch unterschiedliche Charaktere waren und sind, einander aber in der Vielfalt großartig forderten und unterstützten, wollten die Gleichberechtigung! Wir konnten und können an den vier Prinzipien nichts Geschlechtsspezifisches finden.

Das Prinzip *scientia* wurde von uns allen ernst genommen, wir studierten gewissenhaft (Micha auch gleich 2-mal!), es umfasste für uns aber auch ein Prinzip des Sich-weiterbilden-Wollens, ein Streben nach Allgemeinbildung und einen Drang nach Information, die Gleichgültigkeit gegenüber gesellschaftlichen Themen ausschließen (Präsens! – gilt für uns noch immer!).

Das Prinzip *patria* – wir bekannten und bekennen uns zum souveränen Staat Österreich als unserer Heimat, wir sind bereit zu verantwortungsvollem politischen Denken und Handeln sowie zur Erfüllung unserer staatsbürgerlichen Pflichten. Es beinhaltet für uns ein grundsätzliches Demokratiebewusstsein und ein Bekenntnis zu demokratischen Mechanismen, die wir mittragen, damit nicht andere für uns entscheiden oder uns manipulieren. Dr. Eduard Saxinger hat hiezu in seiner vielbeachteten Festrede anlässlich des 26. Stiftungsfestes e.v. K.Ö.St.V. Severina im November 2007 die Frage erhoben, inwieweit die Strukturen des Gesamtverbandes – nicht der einzelnen Verbindungen – bei kritischer Betrachtung überhaupt demokratiepolitisch unserer heutigen Zeit entsprechen und weiterhin vertreten werden können. Darüber hinaus beinhaltet für uns das Prinzip *patria* auch ein grundsätzliches Bekenntnis zur Familie als Keimzelle des Staates und als Voraussetzung für eine funktionierende Gesellschaft.

Amicitia – gelebte und erlebte Lebensfreundschaft (ich blicke auf mehr als 25 Jahre in dieser Gemeinschaft zurück!) mit Männern und Frauen, in aller Differenziertheit und vielfältiger Ausprägung, die eine Verbindung abhebt von einem Club oder Verein. Gleiche Gesinnung, die zusammenschweißt, aber a priori noch lange nicht Freundschaft bedeutet, dazu noch wechselseitige Unterstützung, Entwicklung von Ideen und gemeinsame Realisierung – all dies aber auf der Basis eines besonderen Vertrauens, von dem ich hoffe, dass jeder es schon erlebt hat.

Unser Prinzip *religio*, die Aufforderung, unser tägliches Handeln nach den christlichen Grundsätzen auszurichten und daher in der gelebten Nächstenliebe hilfsbereit, tolerant, offen, sozial engagiert und gewissenhaft zu sein. Zugegeben: Das zu schreiben ist leichter als die stetige Umsetzung. Wir haben die Prinzipien ernst genommen und immer wieder geprüft, ob es denn für uns Studentinnen und Philistrae möglich ist, diese zu leben. Voll Stolz können wir zurückblicken und behaupten, dass Frau-Sein uns nicht im Geringsten am Leben der vier Prinzipien gehindert hat bzw. hindert.

Die Norica und die Themen, die diskutiert wurden, änderten sich durch das faktische Vorhandensein der engagierten Mädchen in den 1980er-Jahren, insbesondere ab 1983. Die Norica war gesellschaftspolitisch orientiert, kein Thema wurde ausgelassen, es war eine Zeit von starken Persönlichkeiten sowohl in der Aktivitas als auch in Funktionen der Altherrenschaft. Die Aktivitas erachtete einige der Traditionen als überholt, so gab es zu dieser Zeit z. B. keine Kneipen. Die freien Diskussionen und eine teils tolerante, liberale Grundstimmung ließen Raum für die Öffnung.

Natürlich gab es Widerstände, denn die diskutierten Veränderungen, dass man Frauen als Vollmitglieder in die Norica aufnehmen sollte, brachte die schon 100 Jahre bestehende Ordnung ins Wanken. Damals standen die aktiven Noricer mehrheitlich zur unterstützenden Diskussion zur Verfügung. Die Argumente gegen eine Vollintegration brachten viele Ängste und Vorurteile an die Oberfläche: von der festen Überzeugung, dass Frauen ein kleineres Gehirn hätten, der Nichteignung zur Lebensfreundschaft, der männermordenden Gottesanbeterin und Zerstörerin von Männerfreundschaften, den Ängsten, dass Frauen Burschen überlegen seien, reifere 18-jährige Studentinnen den männlichen Kollegen den Raum zum »Abschleifen« nähmen, der Abschaffung des Rückzugsraumes für Männer (Trinken unter seinesgleichen, sich gehen lassen, …), der Unmöglichkeit, Verbindungstraditionen zu leben (hier wurde zumeist zugestanden, dass dies nicht für die Prinzipien gilt) oder der Sorge von Frauen Alter Herren, dass sich diverse Interessen nicht ausschließlich auf intellektuelle Diskussionen beschränken; und dann waren da noch die juristischen Schranken und Hindernisse (hier darf ich auf die Ausführungen meiner Koautoren verweisen), die, wenn sonst durch die gelebte Praxis die Argumente zahnlos wurden, immer noch ein unüberwindbares Hindernis waren (und sind).

Initiativen und Engagement waren gefragt. Wir, die Gründerinnen, der Großteil der Aktivitas und Teile der Altherrenschaft wollten die Vollintegration von Studentinnen in die Verbindung und sahen die Zeit reif für diese Veränderung.

Persönlichkeiten wie Michael Spindelegger, Andreas Tuchacek, Martin Michalitsch, Stefan Köck, Sebastian Huber, Helmut Wohnout, Michael Schöggl, Michael Lang und Aurelius Freytag trugen als Senioren die Verbindung und die Gedanken der Aufnahme der Studentinnen in dieser Zeit. Die Philistersenioren von 1981 bis zur Gründung der Norica Nova im Oktober 1985, Otto Tschulik, Otto Bernau und Kuno Hörmann, kannten schon unsere Väter, waren offen, wortgewaltig, aufgeschlossen, juristische Feinspitze und gaben uns jenen Vertrauensvorschuss, den gelebte amicitia in sich birgt. Ihnen und den ChC (Chargenconventen) der Entwicklungsphase bis zum BC (Burschenconvent) im März 1985 ist es zu verdanken, dass der Beschluss zur Vollintegration von Studentinnen in die Norica gefasst wurde und eine Kommission zur Erarbeitung des »Studentinnenstatuts« eingesetzt wurde. Die Norica war im Umbruch, diskutiert wurde zum Teil auch untergriffig, ein gesellschaftspolitischer Ruck ging durch die Verbindung. Aber viele waren bereit, das Risiko der Veränderung zu tragen. Sie sahen die Chance, die in der Öffnung lag und die Noricas herausragende Stellung in der Gesellschaft und dem ÖCV wieder manifestieren könnte. Im Juni wurde das Statut dem Cumulativconvent der Norica zur Abstimmung vorgelegt. Und wir Mädchen: Selten empfanden wir so ein Verlangen, mit dabei zu sein, wie bei diesem CC, wo über unser Schicksal entschieden wurde, wir unsere Argumente nicht mehr persönlich vortragen konnten, wir dieses Gefühl, »Coleurstudenten 2. Klasse« zu sein, wirklich vorgeführt bekamen.

Im Jahr 1985, nach drei oder vier Jahren intensivsten Verbindungslebens, fühlten wir uns bereits als ein Teil dieser Norica. Freundschaften zwischen Burschen und Mädchen waren entstanden, heute können wir sagen: Lebensfreundschaften. Wir treffen uns zum Abendessen, gehen gemeinsam ins Theater, reisen gemeinsam, holen uns Rat oder Trost und teilen die Freude über Gelungenes oder Schönes, ohne das hohe Maß an Neid zu verspüren, das in der heutigen Gesellschaft so üblich ist. Wir gönnen dem anderen etwas.

Wir standen vor der Tür und wurden nicht hineingelassen. Herbergsuchende einer anderen Generation, unsere Aufnahme (einfache Mehrheit ja, aber nicht die geforderte ¾-Mehrheit) hätte die Öffnung unserer Norica, eine gesellschaftspolitische Neuorientierung bedeutet und wäre damit Triebkraft bei der schon damals längst überfälligen Reform des ÖCV gewesen.

Chri Bitschnau (sie war die juristische, emotionale, direkte), Micha Bitschnau (die umgängliche Grenzgängerin, die viel Zeit in das Verbindungs- und Diskussionsleben investierte), Sissy Freytag (die generationenverbindende), Christine Michalitsch (die sachlich analytische) und ich (die ? emotional-strategische), wir fünf Studentinnen hatten mehrere Treffen in unserer Studentenwohnung, wo wir heiß (es war Sommer) diskutierten. Klar war, dass wir keinen eigenen Verein mit eigenem Budenleben gründen wollten, um emanzipatorisch, ja vielleicht sogar feministisch auftreten zu können. Es war die Zeit, in der sich Frauen immer mehr ihrer Stellung und Rechte bewusst wurden und zahlreiche Frauengruppen, um dies zu beweisen, durch Radikalität und Totalitätsansprüche vieles zerstörten und ein harmonisches Miteinander der Geschlechter verhinderten. Wir fühlten uns der Norica als großer Gemeinschaft verbunden, wollten »nur« gleichwertig sein.

Unser Ergebnis war die Gründung der Norica Nova, die »Zweistammtheorie« als Basis. Bildlich sahen wir zwei Bäume, ganz nahe aneinander gepflanzt, die eng umschlungen in der Zukunft verwuchsen und irgendwann einmal eine gemeinsame Krone hätten, wo keiner mehr wüsste, wo jetzt der Urstamm gewesen wäre.

Wir entschlossen uns zur vereinsrechtlichen Gründung einer rechtlich selbständigen, von der Norica getrennten und in allem unabhängigen Verbindung, die aber von den Statuten, der Geschäftsordnung und den Prinzipien her so angelegt war, dass jederzeit eine Fusion mit der Norica möglich wäre. Erklärtes und abgestimmtes Ziel war die Zusammenarbeit auf intellektuellem Niveau ab dem 1. Semester der Gründung. Unser Budenleben sollte das Unileben abbilden und das Ziel, Teil einer wachsenden Noricagemeinschaft zu sein, die die Vollintegration anstrebt, nicht aus den Augen lassen.

8. Oktober 1985 – Semesterbeginn und Treffen der Fünf in der Messerschmidtgasse.

Wir alle hatten unseren Teil zur Vorbereitung der Gründung geleistet, die eine den Entwurf für die Geschäftsordnung (GO) verfasst, die andere die Vorgangsweise zur Vereinsgründung gecheckt, die dritte die Bänder bestellt und abgeholt, eine andere die ChC über die geplante Vorgangsweise informiert und die Zusammenarbeitsform für das Wintersemester 1985/86 besprochen.

Wir stellten uns im Kreis auf, eine Stimmung zwischen eigenartig, blödelnd und auch im Bewusstsein eines wichtigen Augenblickes: Wir Gründerinnen legten uns wechselseitig die Bänder (Weinbänder in weiß-blau-gold) um und schworen einander gleichzeitig, alles Erdenkliche für die Vollintegration zu tun. Ich erinnere mich noch, dass ich sagte, der schönste Tag wird für mich sein, wenn ich einmal das Burschenband Noricae im Rahmen eines Kommerses oder Stiftungsfestes erhalte (ich nahm an, dass dies im Laufe meines restlichen Jus-Studiums erfolgen würde).

Wir sangen die Noricastrophe, die Filiastrophe gab es noch nicht, auch nicht die Bezeichnungen als Filiae oder Philistrae, und die Festlegung unserer LeibBURSCHEN stand an.

Die nächsten Wochen und Monate waren dem Hineinfinden in die neue Gemeinsamkeit gewidmet, Christine Michalitsch war die erste »Kontaktcharge« zum ChC Noricae, und wir alle, gemeinsam mit unseren ersten Fuchsen, bauten das »Unternehmen« auf: die nötige Infrastruktur, die Geschäftsordnung, die Convente der Norica Nova, die ersten Rezeptionen (unsere Ansprüche waren hoch, wir wollten doch beweisen, wie toll und überdurchschnittlich engagiert weibliche Studierende sind); David Faimann und Judit Marte schrieben für uns die Filia- und Fuchsenstrophe, die im Rahmen des Gründungsfestes am 20. März 1986 dann der breiten Norica-Öffentlichkeit vorgestellt wurde. Anni Bernau, Edith Mock und Marilies Flemming, drei Top-Frauen, erklärten sich bereit, unser Vorhaben durch die Übernahme der Patronanz zu unterstützen, Anni und Edith zutiefst verwurzelt in der Norica, Schutzschild und Blitzableiter zugleich und für uns damals wie heute Vorbilder und besondere Bindeglieder zur Altherrenschaft.

Die Norica Nova brauchte einen Zirkel, viele Entwürfe wurden verworfen, dann der ganz dezente akzeptiert, der das kleine **n** angehängt hat – frischer Trieb an altem Stamme, besser konnte man es bildlich nicht ausdrücken. Wir diskutierten den Umgang mit dem »DU«, in der Norica und bei befreundeten Verbindungen: Unsere damalige Festlegung war, dass, wer uns duzt, zurückgeduzt wird. Für mich ist das heute noch eine gängige Vorgangsweise, wenn ich in meinem Beruf mit CVern zu tun habe, allerdings ist es heute oft so, dass man(n) von meiner »CV-Herkunft« weiß und es oftmals vor oder nach dem Gespräch seitens der CVer den Hinweis auf deren Verbandszugehörigkeit, auf meine CV-Herkunft oder gar eine »gemeinsame Verbandszugehörigkeit« gibt und das »Du« dann eine Selbstverständlichkeit ist.

Was den österreichischen Cartellverband anbelangte, spürten wir nicht den Drang zur Missionierung. Unser Ziel war nicht, dass alle Studentenverbindungen zukünftig auch Mädchen aufnehmen müssten. Unserer offenen und toleranten Grundeinstellung folgend war und ist für uns eine Lösung logisch, die Vielfalt im Status der diversen Verbindungen anbietet und sicherstellt, dass jede(r), egal ob Mann oder Frau, seine/ihre Verbindung finden kann. Dies bedeutet, dass die Statuten des ÖCV sowohl gemischte als auch rein männliche oder weibliche Studentenverbindungen zulassen sollten.

Betrachtet man eingehender den gesellschaftspolitischen Wandel der Stellung der Frau, so ist dieser sicherlich auch geprägt von der wirtschaftlichen Situation nach dem Wiederaufbau Österreichs nach dem Zweiten Weltkrieg. Mit dem steigenden Wohlstand war es ein anzustrebendes Familienziel, dass man(n) es sich leisten konnte, dass Frauen zu Hause blieben und nicht in den Erwerbsprozess eingegliedert wurden.

Die Diskussionen über die Gleichberechtigung der Frauen wurden intensiver in den 70er- und 80er-Jahren geführt, wohl auch ausgelöst durch ein nicht mehr so konservatives Familienbild, das Frauen mehr Freiheiten und Rechte zugestand, wobei gleichzeitig auch Rechte, Pflichten und Sicherheit nach dem klassischen Familienbild aufgegeben wurden.

An den stetig steigenden Zahlen der Studierenden an den Universitäten lässt sich auch das große Interesse einer aufstrebenden weiblichen Generation ablesen, die Lust auf Bildung und Eroberung von Positionen in der Gesellschaft hatte.

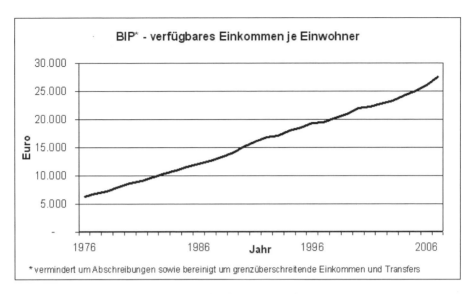

Quelle: Statistik Austria, Volkswirtschaftliche Gesamtrechnung

[stetiger ansteigender volkswirtschaftlicher Wohlstand]

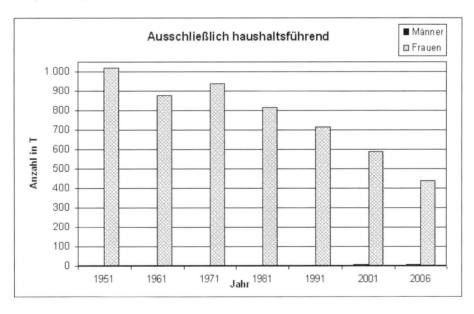

Quelle: Statistik Austria, Lebensunterhalt der Bevölkerung

[deutlicher Rückgang des alleinigen »Hausfrauendaseins«]

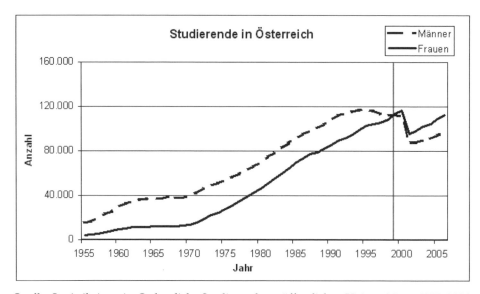

Quelle: Statistik Austria, Ordentliche Studierende an öffentlichen Universitäten 1955–2006 [seit den 90er-Jahren mehr weibliche als männliche Studierende, erstmals Studienjahr 1999/2000]

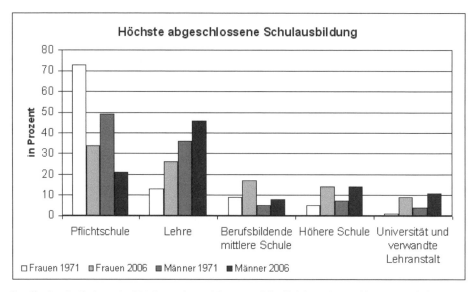

Quelle: Statistik Austria, Höchste abgeschlossene Schulbildung [signifikante Ausbildungssteigerungen bei Frauen]

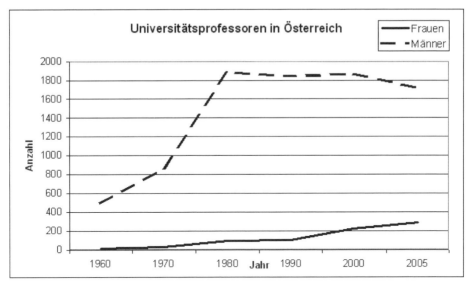

Quelle: Statistik Austria, Lehrpersonal an Schulen und Universitäten
[signifikanter Anstieg bei weiblichen Professoren, während hingegen die männliche Quote rückläufig ist]

Wir erlebten und erleben den Wandel der Stellung der Frau in Beruf und Familie mit.

Frauen, die nunmehr vermehrt in anspruchsvolle Berufe streben, Männer, die plötzlich Partner haben, die ihre Beziehung weit weg vom herkömmlichen Rollenbild gestalten wollen, Themen wie partnerschaftliche Teilung der Haushaltsarbeit und der Familienaufgaben (Kindererziehung, Wegbegleitung der Kinder bei schulischen Aufgabenstellungen, Elternbetreuung) und die neue Selbständigkeit und Selbstsicherheit des weiblichen Geschlechts. Natürlich musste die Politik eine Reihe von gesetzlichen Rahmenbedingungen schaffen, die diese gesellschaftlichen Forderungen unterstützten. Themen wie Vereinbarkeit von Familie und Beruf wurden und werden diskutiert und Lösungsansätze gesucht. Die Möglichkeiten der Teilzeitarbeit wurden vermehrt geschaffen, bei vielen Berufsgruppen auch gesetzlich verankert, Kinderbetreuungseinrichtungen den Bedürfnissen der Familien angepasst und die Karenzmöglichkeiten nach der Geburt eines Kindes völlig neu und in einem wirtschaftlich gänzlich anderen Umfang geregelt. Die letzten 20 Jahre geben Zeugnis von Notwendigkeiten, die, ausgelöst durch geänderte gesellschaftliche Fakten, umgesetzt werden mussten. In den Jahren 1988 bis 1990 konnte ich als Ministersekretärin im Umwelt- und Familienressort hautnah die differenten Meinungen aufgrund der divergierenden Wertehaltungen zwischen Sozialisten und

Christlichsozialen miterleben. Ich meine, dass alle familienpolitischen Regelungen die Familie schützen und unterstützen müssen, aber auch so viel Freiheit und subsidiäre Gestaltungsmöglichkeiten zulassen sollen, dass jede Partnerschaft für sich entscheiden kann, wie sie das Zusammenspiel und die Aufgabenteilungen betreffend Familie und Beruf löst und meistert.

Eine Autorin, die mich sehr beeindruckt, ist Getrud Höhler, Wirtschaftsberaterin, die in ihrem Buch »Wölfin unter Wölfen – Warum Männer ohne Frauen Fehler machen« sowohl eine evolutionäre Betrachtung der Verschiedenartigkeit von Mann und Frau liefert als auch überzeugend Lösungsmodelle für gemischte Teams bringt und als Ergebnis das Ziel, nämlich gemeinsam zu siegen, definiert.

Daran schließt sich als logische Fortentwicklung die Thematik von Frauen in Führungspositionen an. Natürlich gab es immer einige herausragende Beispiele von Frauen, die es auch im vorigen Jahrhundert geschafft haben, eine führende Position in Beruf oder Politik einzunehmen, doch war ihr Anteil an der Gesamtheit der Führungspositionen gering.

Heute, im Jahr 2008, finden wir Chefinnen in vielen Bereichen, und einige davon könnten auch Mitglied einer Verbindung im ÖCV sein.

Alle fünf Gründerinnen der Norica Nova verkörpern heute ein positives und modernes Frauenbild. Jede von uns ist ihren Weg gegangen und hat unter Beweis gestellt, dass die Vereinbarkeit von Familie, Beruf und Karriere möglich ist. Sicher haben wir eine extrem hohe Bereitschaft zur Leistung gezeigt und immer wieder Herausforderungen gesucht. Letztendlich bilden wir in unseren Ehen bzw. Partnerschaften, mit unseren Männer und Kindern die moderne Gesellschaft ab. Wir leben mit Partnern zusammen, die bereit waren, sich den Zeichen der Zeit zu stellen und ihren Teil an Kinderbetreuung, Haushaltsführung und Familienkoordination zu übernehmen. Sie haben in diesen Bereichen viel dazugelernt, waren oft die ersten männlichen Begleiter, die an Buchstabentagen in der Schule oder Ausflügen teilnahmen oder unter musternden Blicken der Kollegen um 17 Uhr mitteilten, gehen zu müssen, da die Kinder von der Betreuung abzuholen seien.

Die modernen Männer hatten aber auch die große Chance, ihre Kinder tatsächlich kennenzulernen und nach ihren Vorstellungen mitzuerziehen und für sie auch wichtiger Ansprechpartner und Freund zu werden. Denn auch hier gilt: Gemeinsam Erlebtes, egal ob gut oder schlecht, verbindet. Wir Frauen, die versuchen, Kind, Mann, Karriere und Haushalt unter einen Hut zu bekommen, wollen ja nur zu oft und aus unserer Sicht selbstverständlich die Nummer eins bei den Kindern sein und bleiben. Wir lassen es nicht gerne zu, dass der Partner oder eine andere Bezugsperson unserem Kind wichtiger ist als wir selbst. Oft legen wir uns die Latte des »alles Wollens« so hoch, dass unter dem Strich Überforderung bleibt und das Gefühl, für uns selbst niemals etwas Gutes zu tun, geschweige denn ausreichend Zeit zu haben.

Die Vereinbarkeit von Familie und Beruf erfordert viel Disziplin, wechselseitiges Verständnis und Abstimmung von jedem der Beteiligten. Wesentlich für ein Gelingen ist, dass Kinder und Partner sich aufeinander verlassen können. Ein vereinbarter Termin »muss« halten, sonst kippt das so sorgsam ausgeklügelte System. Und dann noch das Problem des Unvorhergesehenen! Die Anzahl der Fangnetze, die benötigt werden, um erfolgreich die Vereinbarkeit zu schaffen, ist am besten unendlich, denn: Man(n) braucht sie.

Dieser Beitrag zielt nicht darauf ab, eine Arbeit über die verschiedenen Arten und die Vor- und Nachteile der Kinderbetreuungseinrichtungen zu schreiben; gut ist, dass es heute eine breite Palette davon gibt, aus der man wählen kann und die meist auch leistbar sind. Vor Kurzem habe ich in einem Interview gemeint, die Schwierigkeiten, Karriere zu machen, lägen meist im privaten Bereich und sind nicht so sehr darin begründet, dass Frauen es in der Arbeit beim Weg an die Spitze schwerer haben. Wenn man Dr. Höhler folgt, haben auch schon etliche männliche Chefs verstanden, dass im Zusammenspiel der Verschiedenartigkeit, der Umsetzungszugänge und Qualitäten die besten Chancen für den Erfolg der Firma liegen. Dies gilt meines Erachtens auch für die »Firma CV«.

Wichtig bei all dem erscheint mir, dass jeder Mensch seinen Weg findet und damit glücklich und zufrieden ist. Der größte persönliche Erfolg liegt in dem Glück, das man empfindet. Und Basis dieses Glücksempfindens ist doch, dass man jene Werte und Grundhaltungen, die einem als Mensch wichtig sind, lebt und dazu einen Beitrag leistet, dass diese Werte im privaten und beruflichen Umfeld Wirkung entfalten. Letztendlich hinterlassen wir mit unserem Tun Spuren – mein Anspruch ist, solche zu hinterlassen, auf denen in der Zukunft auch andere wandern wollen.

Unsere Spuren haben wir jedenfalls mit der Gründung der Norica Nova hinterlassen.

Doch die Tatsache, dass nach 23 Jahren der rechtlich selbständige Verein noch immer existiert und die gemeinsame, vorhin beschriebene Baumkrone noch nicht gewachsen ist, gibt zu denken. Sicherlich sind uns die Noricer (Aktivitas und Altherrenschaft) in Sachen Integration so weit wie möglich entgegengekommen und haben sich gegenüber dem Verband stets exponiert. Für diesen Mut und das Durchhaltevermögen möchte ich schlichtweg »Danke« sagen.

Was Frauen wirklich wollen … insbesondere, wenn wir uns kritisch fragen, ob nicht einfach die Bequemlichkeit, der Wunsch nach Harmonie und die rechtlichen Hürden letztendlich den Sieg davongetragen haben und die hohen Ansprüche der Gründungszeit in Vergessenheit geraten sind? Der oben geschilderte Wandel der Gesellschaft fordert heute mehr denn je die Vollintegration der Frauen in die Norica und den ÖCV. Gesellschaftliches Gestalten ohne die Einbeziehung von Frauen entsprach schon vor 25 Jahren nicht den Erfordernissen der Zeit. Der Anspruch der

Norica über Jahrzehnte, eine führende Rolle im Verband, in der Politik und der Gesellschaft einzunehmen, lässt sich bei objektiver Wertung ohne eine Vollintegration von Frauen – ohne Wenn und Aber – heute nicht mehr halten.

Für mich ist das Ziel damals wie heute die gemeinsame Norica, der ich mich seit vielen Jahren verbunden fühle. Die Umsetzung sollte im Rahmen der Verbindungsautonomie im ÖCV oder in einem neuen Reform-CV erfolgen.

Und wie sieht nun das Ende der Geschichte aus?

Wird es eine Generation von Aktiven geben, die sich über ihre Ziele und Ansprüche klar wird und voll Überzeugung und Entschlossenheit diese anstrebt?

Wird der Elan diesmal reichen, um die Vollintegration umzusetzen?

Werde ich jemals das Band Noricae überreicht bekommen?

Ich danke vielen Menschen für die bisherige Wegbegleitung, ihre Zuwendung und Freundschaft, einige darf ich hier stellvertretend für alle nennen:

Die Liebe zur Norica ist grundgelegt durch meinen Vater, Dr. Walter Michalitsch (Nc), und meine Mutter Johanna, die durch ihre Gastfreundschaft und unser offenes Haus den Grundstein für viele meiner Lebensfreundschaften gelegt haben.

Dankbar bin ich meinem Mann Walter (Nc), der für viele Männer Beispiel sein soll in seiner Großzügigkeit und Hilfsbereitschaft, und meinen Kindern Christoph (Nc) und Cathi (Nc in spe?), die unsere Werthaltungen selbst nach kritischer Betrachtung und Pubertät für nachahmenswert gefunden haben. Außerdem meiner Lieblings- und Bundesschwester Christine sowie meinem Leibburschen Michael Schöggl für anregende, kritische und aufmunternde Beiträge und die Unterstützung meines Erinnerungsvermögens beim Verfassen dieses Artikels.

Autorenverzeichnis

Ernst BRUCKMÜLLER

Geb. 1945 in St. Leonhard am Forst/NÖ; 1963 Matura in Melk; Studium der Geschichte und Germanistik in Wien; 1969 Promotion Dr. phil.; 1976 Habilitation; 1977 ao. Univ.-Prof. für Wirtschafts- und Sozialgeschichte an der Universität Wien; seit 2000 Universitätsprofessor ebenda. 1981 Mitbegründer des Karl von Vogelsang-Instituts für Erforschung der Christlichen Demokratie in Österreich, seit 1991 Vorsitzender des Instituts für Österreichkunde, 2001/02 Gastprofessor an der Ecole practique des hautes études, IVe section (Sorbonne, Paris); seit 2003 Korrespondierendes, seit 2006 Wirkliches Mitglied der Österreichischen Akademie der Wissenschaften; 2002–2005 Leiter des Ludwig Boltzmann-Instituts für Geschichte des ländlichen Raumes, seit 2005 Vorsitzender des Instituts für Geschichte des ländlichen Raumes in St. Pölten.

Wichtigste Veröffentlichungen (inkl. Aufsätze etwa 215): Nation Österreich. Kulturelles Bewußtsein und gesellschaftlich-politische Prozesse, Wien [2]1996 (engl. Ausgabe 2003); F. W. Putzger, Historischer Weltatlas zur allgemeinen und österreichischen Geschichte. Neubearbeitung 1998 (Wien [2]2000); Sozialgeschichte Österreichs, Wien [2]2001 (frz. Ausgabe 2003); gem. m. Peter Claus Hartmann (Hg.), Putzger, Historischer Weltatlas, 103. Auflage (Berlin 2001); Österreich-Lexikon (Hg.) [3]2004; gem. m. Emil Brix u. Hannes Stekl (Hg.), Memoria Austriae, 3 Bde., Wien 2004 und 2005; gem. m. Dieter Binder, Essay über Österreich. Grundfragen von Identität und Geschichte 1918–2000 (Wien – München 2005).

Markus FIGL

Geb. 1973 in Wien; 1993 bis 1998 Studium der Rechtswissenschaften an der Universität Wien mit Auslandsstudium an der Katholischen Universität Leuven, Belgien; überschneidend bis 2001 Studium der Politikwissenschaft an der Universität Wien; Studienabschluss 1998 mit akadem. Grad Mag. iur. bzw. 2001 mit Mag. phil.

1999–2006 Parlamentarischer Mitarbeiter; seit 2006 Politischer Berater des II. Nationalratspräsidenten. Politische Funktionen: 2001 - 2005 Bezirksrat im Ersten Wiener Gemeindebezirk, seit 2005 Stellvertretender Bezirksvorsteher des Ersten Wiener Gemeindebezirkes, u.a. Vorsitzender des Finanzausschusses.

Außerdem zahlreiche ehrenamtliche Funktionen wie bspw. 2003–2006 Sprecher der Parlamentarischen Mitarbeiter, 2003–2005 Internationaler Sekretär der Jungen

ÖVP, 1999–2006 Obmann der Jungen ÖVP Innere Stadt, seit 2006 Stellvertretender Bezirksparteiobmann Innere Stadt und seit 2004 Präsident von *C*³ *- Die Akademie für kompetente Kommunikation*. Hält regelmäßig Seminare und Fachvorträge im politischen Bereich. Verfasst regelmäßig Kommentare und Fachbeiträge für öffentliche Medien.

Benno KOCH

Geb. 1938 in Feldkirch/Vorarlberg; Studium der Rechtswissenschaften an der Rechts- und Staatswissenschaftlichen Fakultät der Universität Wien; Promotion 1961; Auslandsstudien in Paris (Sorbonne, Juridische Fakultät) und London (London School of Languages).

Seit 1963 Angestellter der Wirtschaftskammer Österreich, Außenwirtschaftsorganisation; 1964–1967 an der Außenhandelsstelle Kinshasa, Dem. Republik Kongo. 1968–1971 an der Außenhandelsstelle Bangkok, Thailand. Nach Inlandsaufenthalt 1976–1986 Handelsdelegierter Neu Delhi, Indien, 1986–1991 Inlandsdienst als Leiter der Gruppe Organisation (Personal und Verwaltung in der Abt. für Handelspolitik und Außenhandel). 1991–2000 Österreichischer Handelsdelegierter in den Vereinigten Staaten, New York. Seit 2001 im Ruhestand.

Verfassung zahlreicher Wirtschafts- und Situationsberichte über die Gastländer für österreichische Tageszeitungen und Magazine; Vorträge in Wirtschaftskreisen, Universitäten und Schulen in Österreich wie auch in den Gastländern; Radio- und Fernsehinterviews in Österreich, Indien und USA.

Heinz KREJCI

Geb. 1941 in Wien; 1963 Dr. iur. an der Wiener Rechtswissenschaftlichen Fakultät und Univ.-Ass. am Institut für Arbeits- und Sozialrecht; 1972 Habilitation aus diesen Fächern und aus Zivilrecht; 1973–1976 ao. Univ.-Prof. in Wien; 1973/74 Gastprofessor für Arbeits- und Wirtschaftsrecht an der FU Berlin; 1976–1985 o. Univ.-Prof. für Privatrecht an der Grazer Rechtswissenschaftlichen Fakultät; ab 1982 Vorstand des dortigen Instituts für Bürgerliches Recht; 1984/85 Prädekan; seit 1985 o. Univ.-Prof. für Handels- und Wertpapierrecht an der Wiener Rechtswissenschaftlichen Fakultät; 1992–2008 Vorstand des Instituts für Unternehmens- und Wirtschaftsrecht.

Vorstandsmitglied in zahlreichen wissenschaftlichen Vereinigungen; Gutachter, Schiedsrichter, rechtspolitischer Berater mehrerer Ministerien.

Mehr als 350 wissenschaftliche Publikationen im Zivil-, Unternehmens-, Arbeits- und Sozialrecht; davon rund 70 Bücher und Broschüren, darunter führende Lehrbücher und Kommentare.

Michael LANG

Geb. 1965 in Wien; Diplomstudium der Betriebswirtschaftslehre an der Wirtschaftsuniversität Wien und der Rechtswissenschaften an der Universität Wien; seit 1987
zunächst Studien- und dann Universitätsassistent an der Wirtschaftsuniversität
Wien; Dissertation 1990 an der Rechtswissenschaftlichen Fakultät an der Universität Wien; 1992 Universitätsdozent für »Finanzrecht«; seit 1994 Universitätsprofessor
für Finanzrecht mit Schwerpunkt Internationales Steuerrecht an der Wirtschaftsuniversität Wien.

Seit 1998 Vorstand des Instituts für Österreichisches und Internationales Steuerrecht der WU, seit 2008 auch Vorstand des Departments für Öffentliches Recht und
Steuerrecht; von 2002–2005 Vorsitzender der WU-Professor(inn)en, Kuriensprecher
und Senatsvorsitzender; seit 1998 Wissenschaftlicher Leiter des LL.M.-Studiums
International Tax Law der WU; seit 2004 Sprecher des vom FWF eingerichteten Spe-
zialforschungsbereichs »International Tax Coordination«; seit 2006 Vorsitzender
des Academic Committee (AC) der European Association of Tax Law Professors
(EATLP); Gastprofessuren u. a. an Universitäten in Paris, New York, Peking, Wa-
shington, Sydney, Sao Paolo.

Veröffentlichungen: Herausgeberschaften von Schriftenreihen und Fachzeitschriften im Bereich des Steuer- und Wirtschaftsrechtes; unter anderem Mitglied
des Wissenschaftlichen Beirates von Rivista de Direito Tributário Internacional
(Brasilien) sowie des Editorial Advisory Board von Foreign Tax Law Review (China); (Mit-)Herausgeber von fast 70 Büchern und Verfasser von mehr als 400 Fach-
aufsätzen und Beiträgen in Sammelwerken.

Wolfgang MANTL

Geb. 1939 in Wien; 1961 Dr. iur.; 1962 Assistent in Wien, 1965 in Graz, 1977 Ex-
traordinarius, 1979 Ordinarius für Politikwissenschaft und Verfassungsrecht an
der Rechtswissenschaftlichen Fakultät der Universität Graz, 2007 Emeritierung,
1990–1994 Vorstand des Instituts für Öffentliches Recht, Politikwissenschaft und
Verwaltungslehre; 1986–1989 Vorsitzender des Wissenschaftlichen Beirats der Österreichischen Forschungsgemeinschaft in Wien, 1994–2000 Stv. Vorsitzender des
Österreichischen Universitätenkuratoriums in Wien, 2003–2005 Gründungsvor-
sitzender des Österreichischen Wissenschaftsrates in Wien, 2005–2008 Leiter des
Forschungsprojektes »Universitäten Mittel- und Südosteuropas«; seit 1994 Gastprofessuren in Leiden/Niederlande, Fribourg/Freiburg/Schweiz und Lemberg/L'viv/
Ukraine (hier 2006 Ehrendoktorat); 2003–2008 Lehrbeauftragter für Politikwissenschaft an der Fachhochschule Joanneum in Graz; 1993 Wahl zum Korrespondieren-
den Mitglied, 1999 zum Wirklichen Mitglied der Österreichischen Akademie der

Wissenschaften in Wien.

Wichtigste Veröffentlichungen: Repräsentation und Identität. Demokratie im Konflikt. 1975. – Politikanalysen. Untersuchungen zur pluralistischen Demokratie. 2007. Herausgeber bzw. Mitherausgeber: Katholisches Soziallexikon. 2.A. 1980 – Studien zu Politik und Verwaltung, seit 1981 (bisher 90 Bände) – Wien um 1900. Aufbruch in die Moderne. 1986 – Politik in Österreich. Die Zweite Republik: Bestand und Wandel. 1992 – Effizienz der Gesetzesproduktion. Deregulierung im internationalen Vergleich. 1995 – Liberalismus. Perspektiven und Interpretationen. 1996 – Gigatrends. Erkundungen der Zukunft unserer Lebenswelt. 2003.

Wolfgang MOSER

Geb. 1970 in Wien; 1990–1996 Studium der Technischen Mathematik und Datentechnik an der TU Wien und University of York; Graduierung Diplomingenieur; zusätzlich MBA-Studium »Merger and Acquisitions«.

1996–2003 angestellter Unternehmensberater; Leitung von IT-Projekten an der Deutschen Börse und der Bank Austria; 2003 bis 2008 Aufbau eines eigenen Unternehmens, Entwicklung und Durchführung von Schulungsmodulen zu Referenzmodellen des IT-Servicemanagements; Prozessberatung und Coaching bei IT-Dienstleistern von Banken, Telekom-Unternehmen sowie Softwareherstellern. Seit 2008 freiberufliche Arbeit als Unternehmensberater.

Elmar PUCK

Honorarprofessor Dr. iur.; Senatspräsident des Verwaltungsgerichtshofes i. R. Geb. 1940 in Wien; Studium an der Universität Wien; Promotion 1963; in der Folge Studium des Verfassungsrechtes und der Politischen Wissenschaften an der Faculté de Droit de l'Université de Paris. 1965–1970 Universitätsassistent an der Universität Wien.

1970–1979 Verfassungsgerichtshof, zuletzt Leiter des Evidenzbüros. Seit 1980 Mitglied (Hofrat) des Verwaltungsgerichtshofes, von 1997 bis 2005 Senatspräsident; Vorsitzender zunächst in Senaten für Fremden- und Asylrecht, sodann in Senaten für wirtschaftsrechtliche Angelegenheiten. Seit 2006 Stellvertreter Rechtsschutzbeauftragter im Bundesministerium für Justiz. Honorarprofessor an der Rechtswissenschaftlichen Fakultät der Universität Wien. Lehrtätigkeit und Publikationen im Besonderen auf dem Gebiet des Wirtschaftsverwaltungsrechtes und der Verwaltungsgerichtsbarkeit; seit 1972 Lehrbeauftragter für Wirtschaftsrecht an der Technischen Universität Wien; von 1982 bis 2003 Lehrbeauftragter bzw. Gastprofessor der Wirtschaftsuniversität Wien.

Romeo REICHEL

Geb. 1950 in Wien; 1970–1980 Studium der Medizin an der Universität Wien; Promotion zum Doktor der Gesamten Heilkunde 1980; Ausbildung zu den Gegenfächern Gynäkologie und Geburtshilfe an Universitätskliniken in Wien, im Krankenhaus der Barmherzigen Brüder Eisenstadt, im Krankenhaus Lainz und im Krankenhaus Wiener Neustadt. 1982–1986 Universitätsassistent an der I. Universitäts-Frauenklinik. Facharzt für Frauenheilkunde und Geburtshilfe, sodann Oberarzt und seit 1992 Assistenzprofessor. 1994/95 Leiter der Kinderwunschambulanz der Abteilung für Gynäkologische Endokrinologie der Universitäts-Frauenklinik und seit 1995 tätig als Facharzt für Gynäkologie und Geburtshilfe in eigener Ordination. Während der Zeit an der Klinik 31 medizinisch-wissenschaftliche Publikationen.

Hochschulpolitisches Engagement als Vorsitzender der Fakultätsvertretung Medizin, Studienabschnittsvertreter und Mitglied des Akademischen Senats der Universität Wien. Standespolitische Funktionen als Obmann der Sektion Turnusärzte der Ärztekammer Wien und Mitglied des Vorstandes auf Bundesebene. 1992–1995 zwei Jahre Leiter der Medizinischen Abteilung eines Pharmaunternehmens, dann Konsulent des Unternehmens.

2005 bis 2007 theologische Ausbildung und Ausbildung zum Ständigen Diakon mit Weihe 2007.

Michael SCHWEITZER

Geb. 1943 in Wien; 1967 Promotion zum Dr. iur. in Wien; 1974 Habilitation in Mainz; 1976 Professor an der Universität Mainz; Lehrtätigkeit an den Universitäten Göttingen, Heidelberg und Mannheim; seit 1980 ordentlicher Professor und Inhaber des Lehrstuhls für Staats- und Verwaltungsrecht, Völkerrecht und Europarecht an der Universität Passau; Wissenschaftlicher Leiter des EG-Dokumentationszentrums Passau; Wissenschaftlicher Direktor des Centrum für Europarecht an der Universität Passau; Wissenschaftlicher Leiter der LL.M-Lehrgänge Europarecht und Europäisches und Internationales Wirtschaftsrecht in Schloss Hofen/Lochau; 1989 bis 1991 Richter an einem Völkerrechtlichen Schiedsgericht; 1993 bis 1995 Europa-Informationsbeauftragter des Landes Oberösterreich; Korrespondierendes Mitglied der Österreichischen Akademie der Wissenschaften; 1998 bis 2004 Prorektor der Universität Passau.

Wichtigste Veröffentlichungen: 43 Bücher als Autor oder Herausgeber, 230 sonstige wissenschaftliche Arbeiten, u. a.: »Das Völkergewohnheitsrecht und seine Geltung für neu entstehende Staaten« (1969): »Dauernde Neutralität und europäische Integration« (1977); »Österreich und die EWG« (1987) (mit Waldemar Hummer); »Europäisches Verwaltungsrecht (1981) (Hg.); »Staatsrecht III. Staatsrecht – Völker-

recht – Europarecht« 9. A. (2008); »Handbuch der Völkerrechtspraxis der Bundes-
republik Deutschland« (2004) (mit Albrecht Weber); »Europarecht. Das Recht der
Europäischen Union« (2007) (mit Waldemar Hummer und Walter Obwexer).

Christian SONNWEBER

Geb. 1957 in Innsbruck; Universität Innsbruck; Mitglied bei Leopoldina - Innsbruck
und Norica, Wien, Vorortspräsident des ÖCV 1979/80, Amtsträger für Bildungswesen des ÖCV 1989–1993. Dr. iur. 1981; 1981–1989 Siemens AG Österreich, 1989–1992
Sekretär und dann Büroleiter der Bundesparteiobmänner DI Josef Riegler und Dr.
Erhard Busek; 1992–1994 Raiffeisenzentralbank Österreich AG, Leiter Vorstands-
sekretariat/Sektorbüro; 1997 Geschäftsführer der Österreichischen Notariatskam-
mer, der Notariatskammer für Wien, Niederösterreich und Burgenland sowie der
Österreichischen Gesellschaft für Information und Zusammenarbeit im Notariat
GmbH; Geschäftsführer der cyberDOC GmbH & Co KG; 2001 Generalsekretär der
Österreichischen Notariatskammer.

Diplomierter Verbands-/NPO-Manager VMI Fribourg; Mediator.

Michaela STEINACKER

Geb. 1962 in Wien; geb. Michalitsch; ab 1981 Studium der Rechtswissenschaften an
der Rechts- und Staatswissenschaftlichen Fakultät der Universität Wien; Sponsion
1986; anschließend Tätigkeit in Zivilingenieurbüro und 1988–1990 Bundesministerium für Umwelt, Jugend und Familie, Ministersekretär; nach Mutterschutz (zwei
Kinder) und Karenz Rechtspraktikantin; 1992–1999 Assistentin des Vorstandes und
Leiterin des Bereiches Beteiligungsverwaltung und Recht einer großen österreichischen Realitätenaktiengesellschaft, anschließend leitende Funktion und alleinver-
antwortliche Geschäftsführerin für Sanierungsmanagement zweier bedeutender
Wohnungseigentumsgesellschaften. 2003–2004 kfm. Geschäftsführerin der BIG
Services Immobilienmanagement des Bundes mbH, 2005–2008 Geschäftsführerin
der ÖBB-Immobilienmanagement GmbH sowie der ÖBB-Werbecenter GmbH und
seit Mitte 2008 Mitglied der Geschäftsleitung der Raiffeisen-Holding Niederöster-
reich-Wien regGenmbH.

Nebenberufliche Funktionen als Mitglied des Hochschulrates der Pädagogischen
Hochschule Niederösterreich, als Vorstandsmitglied des Wirtschaftsforums der
Führungskräfte sowie seit 2001 Mitglied des Aufsichtsrates der EVN Energiever-
sorgung Niederösterreich AG.

Bitte beachten Sie die Inserate auf den nachfolgenden Seiten.
Wir danken den Inserenten
und wir danken den Spendern von Druckkostenbeiträgen.
Durch ihre Großzügigkeit haben sie das Erscheinen
dieses Sammelbandes ermöglicht.

K.a.V. Norica
Philisterverband

BÖHLER UDDEHOLM

materializing visions

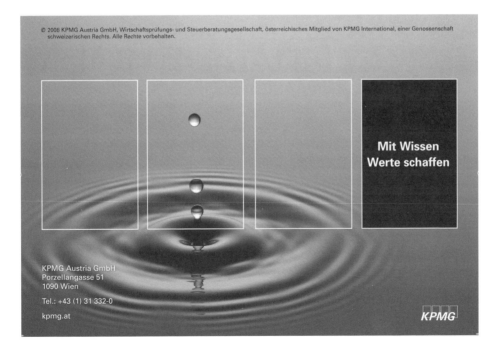

FÜR SIE GEKNÜPFT:
DAS DICHTESTE
NETZWERK
IN CEE.

Information: Hr. Mag. Joseph Eberle, +43-1-717 07-1487,
e-mail: joseph.eberle@rzb.at, **www.rzb.at**

MEINE BUSINESS-BANK.

Die EVN ist immer für Sie da.

Energie vernünftig nutzen

Wenn Sie Näheres über verlässliche Energie aus einer Hand, zuvorkommendes Service, innovative Leistungspakete und maßgeschneiderte Tarife wissen wollen, dann ist die EVN selbstverständlich auch für Sie da:

Kostenloses Service-Telefon
0800 800 100
www.evn.at

Die OeNB sorgt dafür, dass Ihr Euro auch in den nächsten Jahren stabil bleibt.

Stabilität und Sicherheit sind das Ergebnis aller geld-politischen Entscheidungen der Oesterreichischen Nationalbank. Damit der Euro eine der stabilsten Währungen der Welt bleibt und Sie auch in Zukunft mit seinem Wert rechnen können. Mehr Informati-onen über die OeNB finden Sie unter www.oenb.at

Stabilität und Sicherheit

ᴓNB

OESTERREICHISCHE NATIONALBANK
EUROSYSTEM

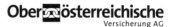